KB116888

철학은

날씨를
바꾼다

철학은 날씨를 바꾼다

1판 1쇄 발행   2024. 1. 12.
1판 12쇄 발행 2024. 7. 11.

지은이 서동욱

발행인 박강휘
편집 정경윤 디자인 조명이 마케팅 고은미, 이유리 홍보 이한솔
발행처 김영사
등록 1979년 5월 17일(제406-2003-036호)
주소 경기도 파주시 문발로 197(문발동) 우편번호 10881
전화 마케팅부 031)955-3100, 편집부 031)955-3200 | 팩스 031)955-3111

값은 뒤표지에 있습니다.
ISBN 978-89-349-7135-1 03100

홈페이지 www.gimmyoung.com   블로그 blog.naver.com/gybook
인스타그램 instagram.com/gimmyoung 이메일 bestbook@gimmyoung.com

좋은 독자가 좋은 책을 만듭니다.
김영사는 독자 여러분의 의견에 항상 귀 기울이고 있습니다.

철학은

날씨를
바꾼다

삶을 쓰다듬는 위안의 책

서동욱 지음

김영사

거대한 구름이 몰려오니 조심하라 인간들이여!
이렇게 그대가 말할 때,
창조하는 자들은 모두 가혹하다,
이렇게 그대가 가르칠 때,
오 차라투스트라여
그대는 날씨의 조짐에 대해 얼마나 조예가 깊은지!

프리드리히 니체, 《차라투스트라는 이렇게 말했다》에서

날씨를 선물하는 일기예보

비가 오면 젖은 흙 속에서 깨어난 나무 향기가 밀려온다. 태어나기도 전에 이미 탯줄을 통해 몸에 스며들었던 것 같은 그 내음은, 내가 어떤 방황을 하더라도 결국 대지의 일원이라는 것을 알려준다. 툭 툭 소리가 점점 커지는 하늘을 겨우 가린 우산 아래서, 비가 부딪치며 짙은 색이 천천히 번지는 산책로 담벼락을 한참 바라보기도 한다. 비가 오는 이 예외적인 하루를 좋아한다. 하루라는 낱말은 아주 가볍고 보드라운 어떤 생명 같아서 발음할 때마다 선물처럼 반갑고, 어제의 시간으로 보내야 하는 일이 아쉽다.

또 커다란 잎사귀가 자신에게 입혀진 황금 도금의 무게를 못 이겨 아래로 떨어질 때 잎사귀의 그 느린 동작을 큰 눈으로 물끄러미 바라보는 우리 집 가을 강아지와 함께 나무들 사

6

이에 서 있는 것도 좋다. 어떤 제식祭式에 초대하는 것처럼 걸음마다 나무들이 길을 열어주면, 우리는 숲에 대한 예의를 잃지 않으려고 사각거리는 낙엽 소리를 미안해하며 조심스럽게 들어선다. 가을이 그토록 금색을 잘 입혀놓으면 모든 것은 무거워져 떨어지지 않을 수 없다. 대지는 모든 것의 쇠락과 갑자기 누리는 화려함 때문에 그저 고요하고 처연할 뿐이다.

조금 있으면 변덕스러운 추위도 찾아오고, 누구에게도 지지 않는 영하零下도 달래야 한다. 추위의 볼모였던 따뜻한 바람이 한 번 두 번 풀려나 거리를 두리번거리게 되면, 마침내 감동적인 툭 툭 소리가 어느 해 지는 거리에서 다시 내 우산 아래 들어설 것이다. 이렇게 날씨가 있다. 반팔 티셔츠와 목도리와 외투와 우산과 장화가 늘 곁에 있으니 인간은 날씨 인간이고, 그러니 날씨에 대한 이야기부터 시작하고 싶다.

날씨가 우리를 만드는 것이지 우리가 날씨를 만드는 것은 아니다. 생각 또는 철학도 날씨가 만들어낸다. 독일의 검은 숲 속에 오두막을 짓고 숨기 좋아했던 하이데거Martin Heidegger는, 오두막에 폭풍이 치고 눈이 오면 그때가 철학자의 시간이라고 말했다. 오두막을 눈으로 덮어 따뜻하게 만드는 날씨는 생각의 알을 암탉의 체온으로 데우는 부화기이다.

중요한 것은 반대 방향에서 질문을 던지는 것이다. 날씨가 만드는 사상이 아니라 날씨를 만드는 사상은 없는가? 고대 민족이 먼 옛날 마음에 담았던 '레인메이커rainmaker'의 꿈을 철학은 간직하고 있는가? 철학은 오래전부터 날씨의 언저리를 맴돌며 거기에 손을 대고 싶어 했다. 헤라클레이토스Ἡράκλειτος는 사람들에게 수수께끼처럼 말했다. 당신은 폭우로부터 가뭄을 만들어낼 능력이 있는가? 캄캄한 불빛과도 같다고 모순을 동원해 표현할 수밖에 없는 이 매력적인 철학자는 이렇게 날씨를 만드는 착상을 최초로 사상사에 끌어들인다. 물음의 수신자가 된 그 누구도 그의 진의를 이해하진 못했을지라도 말이다.

니체Friedrich Wilhelm Nietzsche 역시 《차라투스트라는 이렇게 말했다》(3부의 〈해뜨기 전에〉)에서 날씨를 바꾸고자 한다. '떠도는 구름'으로부터 '청명한 하늘'로, 그러니까 구름 뒤에 숨은 인간들을 억압하는 원리들로부터 자유로. 나는 자유와 하늘의 청명함을 푸른색 종처럼 모든 것 위에 펼쳐놓았다고 차라투스트라는 말한다. 날씨는 바꿀 수 있다.

그러나 인간은 땅을 정복하거나 나라를 세우듯 날씨를 바꿀 수는 없다. 인간을 무력하게 만드는 날씨는 늘 인간에게 겸손에 대해 알려준다. 그리스를 정복하려 했던 페르시아 왕 크세르크세스Xerxēs는, 그리스로 가는 길목인 헬레스폰투스 해협에 다리를 놓아 군사들을 전진하게 하려 했다. 그러나 다리가 완성되자마자 바람이 불어와 다리를 쓸어가버린다. 크세르크세스는 헬레스폰투스 해협에 대해 분노해 바다에다 채찍 삼백 대를 때리고, 족쇄도 한 쌍 던져넣는다. 헤로도토스Ἡρόδοτος의《역사》 7권이 전하는 이야기다. 그러나 날씨는 위대한 대왕을 무시하고 제 할 일만 할 뿐이며, 날씨를 굴복시키려 할수록 인간은 자신의 미련함만을 뽐내게 될 뿐이다.

《삼국지》가 종말을 향해 치닫는 103회는 이런 이야기를 담고 있다. 제갈량은 상방곡 전투에서 비로소 위나라 사마의에게 마지막 승리를 빼앗을 기회를 얻는다. 골짜기 깊은 곳으로 사마씨 삼부자를 유인하고 불 공격을 하자 사마의와 두 아들은 부둥켜안고 우리 삼부자가 오늘 여기서 죽는구나 하며 통곡한다. 그때 소나기가 퍼부어 불을 꺼주고 삼부자는 달아날 수 있게 된다. 일은 사람이 꾸미지만 결론은 날씨가 내린다.

《삼국지》의 이 진리는 이후 모든 세대의 소풍과 야유회와 운동회가 늘 절실하게 확인한다. 날씨는 인간이 동원하는 모든 계산으로부터 달아나 저 하고 싶은 일을 하는 고삐 풀린 말이다. 오랜 경전도 인간이 손댈 수 없는 날씨의 이 비밀을 잘 안다. "바람은 제가 불고 싶은 대로 분다. 너는 그 소리를 듣고도 어디서 불어와서 어디로 가는지를 모른다"(〈요한〉, 3:8, 공동번역). 우리는 날씨에 대해서 뭘 어쩔 수 없다. 날씨를 정확히 예측하는 일조차 영원한 좌절을 친구로 삼는다.

그러나 내 마음은 어둠 속에서도 햇살처럼 켜져야 하며, 가뭄 속에서도 그토록 좋아하는 빗소리가 울려 퍼지는 우산 아래의 원형 극장을 만들어야 한다. 진정 모든 변화는 생각으로부터 일어나는 것이다. 생각의 눈은 삶에서 어디에 햇살이 깃들고 어디에 반가운 여름비가 오는지 찾아주어야 한다. 삶의 구석구석을 응시하면서 말이다. 삶에 햇살을 찾아주는 것도, 가뭄 속에 간직된 비 향기를 기억해내는 것도 생각의 노력에서 시작한다.

나는 정말 날씨를 만들어내던 그 행복한 여름을 간직하고 있다. 정원에서 태양을 향해 분무기로 빗방울을 날려 보내면 경이로운 무지개가 나타나던 어린 시절을 기억한다. 물보라가 솟구치면서 잠시 잠깐 내 머리엔 곡면이 매우 아름다운 작은 부메랑 같은 무지개가 생겼다. 우리 가족이 이사 오기 오래전에 이 집에 살던 누군가가 정원에 숨겨둔 뜻하지 않은 보물을 꺼내는 듯한 기적 같은 놀이였다. 그렇게 나는 나에게 날씨를 선물했다. 이제 막 태어난 여신처럼 하늘로 오르는 무지개가 힘을 잃고 떨어질까 봐 혼자서 그녀를 어깨로 떠받치는 어린 사제처럼, 분무기가 점점 무거워지는 어린 손으로 태양을 향해 계속 빗방울을 뿌렸다.

그 정원을 오래전에 떠나온 나는 이제 다른 이들에게도 날씨를 선물할 수 있을까? 지금은 타인에게 건네는 글만이 무지개를 꺼낼 수 있는 길이다. 그리고 축제일인 듯 그 무지개 아래로 다가오는 사람들 사이에 있는 게 좋다. 마치 누군가의 셀카의 배경에 우연히 찍힌, 멍하게 무지개를 올려다보며 셀카의 주인공이 누리는 행복을 편들어주는 사람처럼.

누군가에게 날씨를 선물로 주는 일기예보 스크립트를 써내려갈 수 있을까? 일기예보는 날씨를 알려줄 뿐 아니라, 이미

파산한 이를 위로하며 구제책을 조언하듯 옷을 따뜻하게 입어라, 우산을 잊지 말고 출근하라 말한다. 그런 스크립트를 작성하고 싶어 이 책을 썼다. 그리하여 이 책은 수많은 이야기가 되었다. 이는 그야말로 비와 바람과 햇살과 추위와 더위가 넘쳐나는, 울고 괴로워하며 웃고 또 쓸쓸해하는 세계에 대한 이야기이다.

세계에 대한 체험은 계획적인 공부거리가 될 수 없다. 세계 안에 나 있는 심연들 때문에, 우리가 한눈에 볼 수 있는 세계의 모습은 없고 파편들뿐이다. 그러므로 이 책은 세계의 탐색자를 재촉하기보다 여기서 그냥 쉬라고 말한다. 보라, 세상은 깨어졌다. 그 파편들이 아름다우니, 이제 조개껍데기들이 빛을 반사해 우주로 돌려보내는 아침이면 하나씩 주워보자. 그리고 조각들을 당신이 원하는 대로 맞추어보자. 하나의 세계가 당신의 손안에서 꼬리가 아름다운 별처럼 태어나 바람을 타고 움직이며 기분 좋은 궤도를 만들 때까지. 그 별이 궤도를 다 돌면 하루가 지나는 이 세계는 온전히 당신의 것이다. 이것이 내가 당신에게 희망하는 '읽기'이다.

사랑하는 이의 웃음은 태양 아래 마개를 연 환타 한 병처럼 세상을 오렌지 빛깔로 만든다. 분명 두 사람 위를 지나간 것은, 기상청의 예보를 바꾸고 갑자기 자신의 항로를 만들며 나타난 태양이다. 탄산수 한 병이 분무기처럼 뿌려대는 입자의 우주 속에 물처럼, 빛처럼 나타난 태양. 삶은 곧 파괴될 것을 알면서도 영원히 그것을 응시하며 웃고 싶다. 모든 장애물을 걷어내고 자신의 날씨를 찾게 된 순간에. 일상의 작은 문으로 들어서는 그 놀라운 순간에 대한 감사를 간직하지 않았다면 나는 글을 쓰지 않았을 것이다.

2024년 봄을 건너다보며
서동욱

철학은
날씨를
바꾼다

철학은 ——————
—————— 날씨를
바꾼다 ——————

차례

1부

우리는 성숙할 수 있을까

삶, 우주, 그리고 모든 것에 대한 해답

우리는 늘 해답에 대해 목말라한다. 높은 성적을 얻을 수 있는 해답, 직장에서 성공할 수 있는 해답, 이상형을 만날 수 있는 해답 …… 우리는 이런 해답을 향한 편리한 최단 거리를 발견하지 못해 안달한다. 그래서 옆 사람이 만들어놓은 답을 슬쩍 가져다 써본다. 남의 공부 방법을 모방해보기도 하고, 각종 노하우를 수집해보기도 한다. 그런데 '이것이 정답'이라고 남들이 자랑하는 게, 내 경우엔 잘 적용되지 않는다. 도무지 왜 정답이라고 하는지조차 이해되지 않는다.

'해답'을 주제로 한 소설이 있다. 개그를 우주적 차원의 교향시처럼 읊고, 터무니없음이 대단한 예술이 될 수 있음을 보인 더글러스 애덤스Douglas Noel Adams의 재기 넘치는 작품《은하수를 여행하는 히치하이커를 위한 안내서》이다. 이 소설의 골

19

격을 이루는 이야기가 바로 '삶, 우주, 그리고 모든 것에 대한 해답'이다.

아득한 옛날 우주에서 두 번째로 똑똑한 컴퓨터인 '깊은 생각'에게 사람들은 '삶, 우주, 그리고 모든 것에 대한 해답'이 무엇이냐는 질문을 던진다. 컴퓨터는 750만 년 동안 연산한 뒤 답을 주면서 답이 마음에 들지 않을 것이라고 말한다. 답은 '42'. 해답은 얻었지만 도무지 왜 '42'가 해답인지 이해할 수가 없다. 컴퓨터는 말한다. 제대로 된 질문을 던지지 않았기 때문이라고.

"솔직히 말씀드리자면, 제 생각에 문제는 여러분이 본래의 질문을 정확히 파악하지 못한 데 있는 것 같습니다." 컴퓨터가 말했다. "하지만 그건 위대한 질문이었어! 삶, 우주 그리고 모든 것에 관한 궁극적인 질문." 룬퀄이 으르릉거렸다. "그래요, 하지만 실제로 그게 뭘까요?" 바보들을 기꺼이 참아주는 듯한 분위기를 풍기며 깊은 생각이 말했다. 망연자실한 침묵이 서서히 그들을 스치고 지나갔다. 그들은 컴퓨터를 뚫어져라 쳐다보다가 서로의 얼굴을 바라봤다. "글쎄, 그냥 모든 것 … 모든 것 …." 룬퀄이 자신 없이 말했다. "바로 그렇습니다! 그러므로 진짜 질문이 무엇인지 알게 되면 그 해답의 의미 역시 알 수 있게 될 것입니다." 깊은 생각이 말했다.[1]

○●○ 동명의 책을 원작으로 한 영화 〈은하수를 여행하는 히치하이커를 위한 안내서〉 속 컴퓨터 '깊은 생각'은 '삶, 우주, 그리고 모든 것에 대한 해답'을 알려달라는 질문에 '42'라는 대답을 내놓는다.

　그러면서 제대로 된 질문을 찾기 위해 새로운 컴퓨터를 만들 것을 제안하는데, 그 컴퓨터가 바로 '지구'이다. "저는 제 다음에 올 바로 그 컴퓨터에 대해서 말하고 있는 겁니다. (⋯) 저 같은 것은 그것의 일개 작동 변수조차 계산할 수 없는 그 컴퓨터 말입니다."[2] 깊은 생각은 그리스도의 도래를 예견하는 세례 요한처럼 이야기하고 있다.

　해답이 아닌 질문을 찾기 위한 컴퓨터인 지구는 오랜 세월 그 질문을 연산해내고, 마침내 출력 직전에 도달한다. 지구는 과연 제대로 된 질문에 도달했을까? 소설을 직접 읽어보며 확인하고 싶은 사람들을 위해 입을 다물어야 할 것이다. 이 이야기는 제대로 된 질문을 통해 얻어지는 것이 아니라면, 설령 해답이 주어지더라도 그것은 호두알처럼 꼭 닫힌 채 우리의 이해를 허락하지 않을 것이라고 말하고 있다.

우리는 성급하다. 그래서 남이 찾은 답안을 빌려서 빨리 사용해보려는 유혹을 떨치지 못한다. 성공적인 사업의 해답, 공부의 해답을 찾아 이리저리 몰려다닌다. 그런데 남들이 찾아낸 해답이 자기 자신에게도 꼭 맞던가? 얼마간 참고는 될지 몰라도 결코 자신을 위한 해답은 되지 못할 것이다. 왜 그런가? 해답이란 그 해답을 얻어낸 질문과 뗄 수 없이 연결되어 있으며, 따라서 활짝 핀 꽃송이를 꺾어 가지듯 해답만을 똑 따낼 방법은 없기 때문이다. 해답이란 문제로부터 필연적으로 도출되는 결과이다. 해결해야만 하는 문제가 해답의 범위와 성격을 결정하는 것이다. 그리고 해결해야만 하는 문제는 각자가 앓는 저만의 질병처럼 각자의 삶으로부터만 피어오른다.

가령 프랑스 작가 클로드 시몽Claude Simon은 자신의 문체에 대한 고민에 빠졌을 때 미국 작가 윌리엄 포크너William Faulkner의 소설을 접하고서 어떻게 문체를 구사해야 하는지 해답을 찾았다. 포크너의 소설은 클로드 시몽 이전에도 읽혔고 그 이후에도 읽히고 있지만, 모든 사람이 아니라 오로지 자신만의 문제를 품고 있던 시몽에게만 해답이 되어준 것이다. 러시아 민요 또한 많은 사람의 귀에 울려 퍼졌지만, 교향곡을 작곡하

철학은
날씨를
바꾼다

22

며 악상에 대한 고민에 빠졌던 베토벤Ludwig van Beethoven에게만 해답이 되어 민요조의 분위기를 지닌 〈7번 교향곡〉의 4악장을 완성할 수 있도록 해주었다. 해답은 널려 있지만, 제대로 된 문제를 가진 사람의 눈에만 보인다. 아무런 문제의식 없는 빈털터리가 그것을 집어 들면 그저 돌멩이, 아니면 영문 모를 '42'라는 숫자로만 나타난다.

소설로 돌아가보자. '삶, 우주, 그리고 모든 것에 대한 해답'이 문제이기나 한 것인가? 이 추상적이고 포괄적인 문제는 모든 것을 노력 없이 단번에 알아내겠다는 미련한 욕심의 표현에 불과하다. 마치 전혀 공부하지 않은 이가 침대에 빈둥거리며 누워 내일 시험에서 백 점 맞을 궁리를 하는 것처럼. 저 질문의 정답은 확실히 '42'이다. 그러나 질문을 자신의 삶에서 절실하게 피워내지 못한 이에게 질문은 추상적인 남의 질문이며, 따라서 해답 역시 이해할 수 없는 것이다. 저 거대한 문제가 제대로 된 질문의 모습이 되기 위해선, 의미심장하게도 '지구'라는 컴퓨터가 자신의 장구한 전 역사를 조금도 건너뛰지 않고 하나하나 몸소 체험해야 했다.

기생충의
예술과 철학

"가련한 인생아. 인종의 거머리야. 가치 없는 인생아. 밥버러
지야, 기생충아!" 이 욕설이 기생충(넓은 의미의 모든 기식자)에
대한 나의 최초의 예술적 체험은 아닌데, 기억할 수 있는 처
음의 자리에는 '시골 쥐와 서울 쥐' 이야기가 있기 때문이다.
중학교 시절 교과서에서 읽었던 김동인의 〈붉은 산〉에 나오
는 저 구절은, 조국 없이 만주에서 기생충으로 살아간 한 민
족의 이야기에 줄곧 젖어들게 했다. 그렇게 기생충 또는 기식
자는 내가 예술을 통해 삶을 체험하는 하나의 방식이 되었다.

그 개념을 통해 체험해본 세계는 다양하다. 기식자는 전자
화되어서 컴퓨터 프로그램을 숙주로 삼는 바이러스로 체험되
기도 하고, 영화 〈기생충〉의 형태로도 나타난다. '기식자', '기
생충', '바이러스' 등은 한편으로 엄밀히 구별되는 개념들이

24

지만, 이 글에선 '숙주를 통해서만 기능하는 자들'이라는 측면에서 같은 의의를 지닌 개념들로 사용할 것이다. 우리는 기생충이라는 개념에서 세상의 다양한 모습을 바라보기 위한 어떤 열쇠를 얻을 수 있는가? 이것이 이 글에서 우리가 답을 얻고 싶은 물음이다.

기생충은 전근대에서 '위생적인' 근대로 들어서기 위한 문턱으로 체험되기도 했다. 근대국가는 위생이 자신의 생존을 위해 달성해야 할 과제임을 간파했기에, 근대문학은 수시로 기생충과의 긴장 관계를 보여준다. 가령 이상의 〈날개〉에서 주인공 '나'는 "19세기는 되도록 봉쇄하여 버리오"라고 말할 만큼 앞서나가는 모더니스트로, 그의 정신은 맑은 은화로 일컬어진다. 반면 그의 육신은 "내 횟배 앓는 뱃속"으로 표현되는데, 불편한 이 횟배(회충으로 인한 배앓이)는 어쩌면 근대정신이 메고 가는 전근대적 유산 같은 것이 아닐까?

다른 맥락에선 실생활에서 기생충에 대해 느끼는 두려움도 목격할 수 있다. 나쓰메 소세키夏目漱石의 《도련님》에서 주인공은 고기를 구워 먹으며 말한다. "이봐, 그건 아직 덜 익었어. 그런 걸 먹으면 촌충 생겨."[1] 부정한 음식에 대한 두려움은 어느 시대건 있었으나, 그 두려움을 눈에 보이지도 않는 기생충 알로 체험하는 것은 과학 또는 현미경이라는 수단을 손에 꼭 쥔 채 국가 보건을 염려하는 근대의 두드러진 모습이다.

무엇보다도 끔찍한 기생충의 예술은 미셸 투르니에Michel

Tournier의 소설 《메테오르》에서 읽을 수 있다. 무도회를 겸한 약혼식 연회에서 주인공은 짧은 치마를 입고 박수를 받으며 중앙에 선다. 그런데 무언가가 그녀의 무도화 위를 굴러서 바닥에 떨어진다.

> 언뜻 보기에 그것은 길고 희끄무레한 한 줌의 스파게티였다. 그러나 그것은 느린 연동 운동으로 활발하게 살아 움직이는 물체였다. 나는 즉시 고리 모양의 띠로 얽힌 그 타래 속에서 도로 청소부들의 촌충을 알아보았다.[2]

약혼식 날 춤추러 무대에 오른 주인공의 뱃속에서 촌충이 빠져나와 마룻바닥에서 살아 있는 스파게티처럼 주인공 대신 춤추고 있는 것이다. 그녀의 애인은 옆에서 케이크를 먹던 부인의 접시를 뺏어 얼른 치우려 하나 잘 되지 않는다.

> 나는 그녀의 접시와 작은 숟가락을 빼앗고 두 걸음 나가서 파비네의 발밑에 무릎을 꿇었다. 작은 숟가락을 이용해서 접시 안에 촌충을 담았다. 녀석은 한 줌의 뱀장어처럼 미끈거리며 빠져나갔기 때문에 그 일은 아주 까다로웠다.[3]

더러운 장면이 많은 토마스 핀천Thomas Pynchon의 《중력의 무지개》도 이 엽기적인 광경을 당해낼 수는 없다! 손님들은 연회장을 빠져나갔다. 다음날 예비 신부는 혼자서 신혼여행을 가게 된다. 공공 앞에서 촌충 좀 흘렸다고, 그게 그렇게 큰 죄인가? 결혼과 파티가 종결될 만큼? 어쨌든 이 흥미로운 소설적 성취는 기생충이 사회가 거부하는 극한의 혐오 대상임을 증언한다. 나중에 보겠지만 기생충은 사실 사회적인데, 숙주에게 침투해 새로운 차원을 열어주는 일종의 '매개자'라는 점에서 그렇다.

기생충은 완전히 박멸될 수 있는가? 위생의 기준이 더할 나위 없이 높아져서 기생충은 과거에 비해 많이 사라졌으며, 기생충에 대한 혐오감 역시 더욱 가차 없어졌다. 그러나 형태가 어찌 되었든 우리는 늘 기식자와 함께 살아왔다. 하찮아 보이지만 떠나지 않는 온갖 고질적인 질병이 알려주는 것처럼, 우리의 삶은 숙주로서의 삶이다. 베토벤과 무소르그스키Модест Мусоргский가 곡을 붙였던 괴테Johann Wolfgang von Goethe의 〈벼룩의 노래〉에서처럼, 왕궁이 간신배를 근절하지 못하듯 가련한 숙주는 벼룩에게 물리면서도 그놈을 꼭 눌러 박멸하지 못하는 그런 운명을 가졌다.

숙주의 입장에서 기생충은 이론의 여지가 없는 박멸의 대상이다. 기생충에 대한 논의도 박멸이라는 과제에서 완성되고 끝난다. 그러나 기생충의 행위 유형은 그 이상의 의미 있는 성찰 대상이다. 기생충은 다분히 주체의 근본적 지위를 뒤

흔드는 현대철학적 면모를 지니고 있다. 기생충은 근대적 주체(가령 데카르트의 '실체')와 달리 독립된 주체로 있을 수 없고 말 그대로 다른 것에 기생함으로써만 존재한다는 점, 즉 숙주 없이는 정체성이 없다는 점, 그리고 동일성을 지닌 주체로서가 아니라 숙주의 동일성을 파괴하는 데서 모습을 드러낸다는 점에서 그렇다.

그렇다면 숙주의 동일성을 파괴하는 기식자는 무슨 일을 하는가? 기식자 또는 기생충을 가리키는 'Parasite'로 제목을 붙인 철학자 세르Michel Serres의 책에는 이런 구절이 있다.

어떤 크리스털에 불순물을 집어넣어 보라. 그러면 여러분은 요행히도 트랜지스터를 생산하게 될 것이다. 반도체를 말이다. 이때부터 사람들은 도태를 이해했다. 기식자는 재가동자이다. 그는 불가역적인 순환을 창조하고, 하나의 방향을 창조한다. 그는 방향을 만든다.[4]

'불순물'인 기식자는 숙주가 도달한 막다른 골목을 열어 새로운 길을 창조한다는 것이다. 이에 대한 흥미로운 예를 영화 〈프로메테우스〉에서 찾아볼 수 있다. 사실 이 영화가 포함된 '에일리언' 시리즈 전체가 기생충 감염에 관한 이야기라고 해도 좋을 것이다.

영화가 시작되면 곧 외계에서 온 '인류의 창조자'는 기생충

○●○ 영화 〈프로메테우스〉에서 '인류의 창조자'는 이질적인 것을 마신 후 동일성이 분해되고, 불가역적인 지구의 역사가 시작된다.

이라 할 만한 뭔가를 마신다. 그러면 그의 동일성이 분해되면서 불가역적인 시간, 그야말로 새로운 지구의 역사가 진행되기 시작한다. 바로 기생충에 감염된 창조자로부터 인간의 유전자와 세포가 탄생해서 자신의 시간과 방향을 지니게 되는 것이다. 이 장면을 담은 〈프로메테우스〉의 공식 예고편에는 다음과 같은 내레이션이 얹혀 있다. "왕은 통치한다. 그러고 나서 죽는다. 이는 피할 수 없다." 어떤 막다른 골목을 뚫어야 할 때 외계인 왕은 이질적인 것, 기생자가 일으키는 동일성의 파괴를 통한 변신을 필요로 하며, 그것은 불가역적인 새로운 길을 열어나간다.

불순물로서 기생자의 역할 가운데 가장 핵심적인 것을 꼭

집자면, 그것은 세르의 말처럼 '메시지의 차단'이다. "기식자는 무엇인가? 조직자이고 관계이다. 그것은 살아 있는 체계의 한 장소에서 기관의 메시지들을 차단한다. 그것은 아마 소음일 것이다."[5] 기식자는 일종의 '소음'이다. 이 말에 대한 많은 예를 발견할 수 있는데, 최근 우리에게 가장 친숙한 것은 '랜섬웨어'이다. 갑자기 찾아들어 컴퓨터 안에 기식하는 이 불청객의 본질은 파일들을 암호화하는 것이다. 다시 말해 익숙하게 소통하던 파일들 사이에 끼어들어 소음을 만들고, 그렇게 해서 말이 통하지 않도록 하는 것이다.

이 기식자의 행동 방식을 형상화한 작품이 바로 봉준호 감독의 영화 〈기생충〉이다. 아들, 딸, 아빠, 엄마 등 차례로 나타나는 기생충들이 하는 일이란 무엇인가? 거짓말이라는 '소음'을 만들어내어 숙주에게 진짜 정보가 전달되지 못하도록 하는 일 외에 다른 것이 아니다. 이 영화에서 기생충들은 말(거짓말)을 통해 숙주 속에 침투한다. 기존의 메시지를 차단하는 일종의 '소음 만들기'가 기생충이 숙주에 침입하는 방식인 것이다. 기생충 서사는 많은 경우 숙주의 관점에서 공포 이야기로 만들어졌지만('에일리언' 시리즈), 기생충의 관점에선 정보를 속이고 숙주 속에 들어앉는 즐거운 이야기가 된다.

말이 통하지 않게 하는 소음을 만들어낸 가장 위대한 인물 가운데 하나는 아마도 그리스도이리라. 헤롯의 입장에서 그리스도는 왕국에 침투해 숙주의 왕 자리를 차지하려는 명백

○●○ 기생충 서사는 기생충의 관점에서는 즐거운 이야기다. 영화 〈기생충〉은 거짓말이라는 소음을 만들어 숙주의 정보 체계를 교란하는 방식으로 숙주에 침입하는 기생충의 이야기다.

한 기식자, 박멸의 대상이다. 결국 이 기식자가 한 일은 무엇인가? 바로 '복음'이라 불리는, 지금까지 없었던 소음을 만들어 기성 종교와 사람들 사이의 정보 체계를 차단한 것 아니겠는가? 그리고 이런 식으로 이 기식자는 지금껏 없었던 하나의 방향을 창조한 것이다.

그렇다면 기식자라는 개념을 숙주의 관점에서 박멸의 대상으로 보는 것은 그 개념의 더 넓은 가능성에 대해 눈감는 일이다. 기식자는 숙주를 새로운 차원에, 새롭게 창조된 길 위에 올려놓는 자이다. 그런 점에서 생리학자 레리슈René Leriche의 말은 매우 흥미롭다.

질병은 인간에 붙어살고 있는 기식자, 그것이 탈진시키는 인간을 뜯어먹고 살아가는 기식자로 더 이상 나타나지 않는다. 우리는 여기서 생리학적인 질서의 일탈, 처음에는 미미한 그런 일탈의 결과를 본다. 질병은 결국 하나의 새로운 생리학적인 질서이다. 치료학은 병에 걸린 인간을 이러한 새로운 질서에 적응시켜야 한다.[6]

이 말이 단지 생리학에만 해당하는가? 그렇지 않다. 영화 〈기생충〉이 한국 사회에서 가리켜 보이는 지점 역시 저 말에 포개진다. 우리의 사회적 벽들은 타인(기식자)의 개입을 통해 부서질 수밖에 없다. 타인의 침투는 방어되거나 거부될 문제가 아니라, 침투받은 자를 변화하게 만드는 문제, 새로운 신체와 질서를 탄생시키는 문제이다.

반복, 인생과 역사와 예술의 비밀

덴마크 철학자 키르케고르Søren Kierkegaard는 파혼한 약혼녀가 다른 남자와 결혼을 약속한 뒤 얼마간의 충격 속에서 《반복》이라는 책을 완성한다. '정신적으로' 돌싱이 된 기쁨을 거기서 이렇게 표현한다.

> 나는 다시 나 자신입니다. 이제 나는 반복을 획득하였습니다. (…) 이래도 반복이란 존재하지 않는다고 하겠습니까? 나는 모든 것을 갑절로 되찾은 것이 아닐까요?[1]

돌싱이 된 게 얼마나 신나면 저럴까? 다시 독신이 된 것을 모든 것의 갑절의 회복이라고 환호하는 철학서도 드물 것이다. 저 말을 할 때 키르케고르는 반복의 긍정성에 대한 욥의

33

이야기를 염두에 두고 있었다. 욥이야말로 고통 뒤에 모든 것을 반복해서 갑절로 받은 자이다. "야훼께서 욥의 소유를 전보다 두 배나 돌려주셨다"(《욥기》, 42: 11, 공동번역). 키르케고르의 독신 복귀도 두 배의 기쁨이다.

단지 반복했을 뿐인데 뭔가 대단한 것이 생산되고 있다. 철학자들을 그토록 매료시킨 반복은 삶의 놀라운 비밀을 감춘 듯 보인다. 어떤 의미에서 우리는 반복에 익숙하다. 우리가 삶을 헤아리는 방식, 육십갑자의 회귀인 '환갑還甲'에서 '환'은 당연히 반복을 뜻한다. 나이의 주기만 그런 것이 아니라 역사도 그렇다. 독일 시인 횔덜린Friedrich Hölderlin이 꿈꾼 것은 유럽 문명의 이상理想이 반복되는 것, 즉 고대 그리스의 반복을 통한 유럽 문명의 '회춘verjüngen'이다. 회춘, 다시 말해 젊음을 반복하는 일은 횔덜린의 근본적인 관심사이다. 그의 여러 서정시뿐 아니라, 대표작 가운데 하나인 희곡《엠페도클레스의 죽음》에서도 회춘은 다음의 구절들이 알려주듯 작품의 근본에 위치한다.

> 세상을 하직한 자들 모두는 다시 한번
> 기꺼이 회춘하는 법이오.
> (…)
> 그리고 하나의 진실이 도움을 준다.
> (…)

상상할 수 없는 행운이 나에게

이 시들어가는 자에게 신적인 청춘을 되돌려주는 것을.[2]

휠덜린은 굴러떨어지고 있는 문명의 회춘, '젊음의 반복'을 희망하고 있는 것이다. 그러나 다른 한편, 오래도록 사람들은 시간의 흐름을 반복이 아니라 새로운 어떤 것을 향한 전진으로 믿어왔다. 헤겔Georg Wilhelm Friedrich Hegel의 《정신현상학》에 나오는 다음과 같은 말은 시간이 새로운 것을 향한 행진이라는 생각을 대표한다. "정신은 지금까지의 일상 세계나 관념 체계에 결별을 고하고 이를 과거의 품속에 묻어버린 채 바야흐로 변혁을 이룩할 찰나에 이르러 있다."[3] 과거를 낡은 것으로 묻어버린 채 새로운 것을 계속 추구하는 태도는 서구 근대 발전의 원동력이기도 했다.

그러나 시간과 삶이 일직선을 따라 움직이는 것이 아니라 근본적으로 반복의 질서를 따르는 것은 아닌지 생각해보아야 한다. 반복이 지탱하는 것들은 삶 안에서 쉽게 찾아볼 수 있다. 시와 노래가 그렇다. 정보 전달의 관점에서 시와 노래는 말의 낭비이다. 한 번 말해도 알아들을 간단한 내용을 반복하는 까닭이다. 그러나 첼란Paul Celan의 〈죽음의 푸가〉 같은 작품이 잘 보여주듯 반복 자체가 시의 본질을 이룬다. 정보의 전달이 아니라 말의 반복이 시를 이루는 것이다. 노래는 요약할 수 없고 후렴은 반복해 불러야만 완성된다.

얀 카이에르스Jan Caeyers가 쓴 베토벤 전기에 나오는 이야기는 반복이 음악의 근본을 이룬다는 것을 잘 알려준다. 베토벤이 〈3번 교향곡〉을 다듬던 시기의 이야기다. "베토벤은 제시부를 반복하는 문제를 놓고 오랫동안 결정을 내리지 못했다. 그러나 그는 로프코비츠 궁에서 리허설을 해본 뒤에 반복하지 않으면 교향곡의 맛을 살릴 수 없다는 사실을 깨달았다."[4] 이러한 예는 수도 없을 것이다. 현대 음악에서 하나만 더 예로 들자면, 필립 글래스Philip Glass의 오페라 〈포토그래퍼〉나 〈해변의 아인슈타인〉 역시 전적으로 선율의 반복에 의존하는 작품이다. 다른 맥락에서 영화도 그런데, 가령 1977년 〈스타워즈〉 속 루크 스카이워커의 이야기는 2015년 〈깨어난 포스〉속 레이의 이야기로 세대를 거치며 반복된다.

단지 예술작품만이 반복을 기둥으로 삼는 것은 아니다. 반복은 우리가 살아가는 근본적인 방식이다. 불쾌한 것을 피하고 쾌락을 좇는 우리의 성향을 배신하는 우리의 놀라운 점 가운데 하나는, 나쁜 일을 겪으면 잊기보다는 맛난 먹이처럼 되새김질한다는 것이다. 우리는 악몽을 반복해서 꾸며, 한밤중 이불킥을 하면서 낮의 실수를 계속 반추한다. 프로이트Sigmund Freud가 《쾌락원칙을 넘어서》에서 적절히 분석했듯, 이는 우리에게 침투한 자극을 어떻게든 해소하기 위한 행위다. 어떤 문제 때문에 악몽을 계속 꾼다면, 그것은 무의식적으로 그 문제의 자리로 돌아가 해결해보기 위해서다. 한밤중 잠을 이루지

○ ● ○ 2015년 〈깨어난 포스〉 속 레이의 이야기에서는 1977년 〈스타워즈〉 속 루크 스카이워커
의 이야기가 반복된다.

못하고 낮에 있었던 자신의 실수를 끊임없이 반추한다면, 그
문제를 어떻게든 합리적으로 변명해 실수의 비극적 충격을
완화하기 위해서다. 이렇게 우리는 상처를 치유하기 위해 상
처의 자리로 되돌아가는 반복을 한다.

　인생의 어느 순간 어떤 이에게 사랑을 느끼게 되는 것 또한
반복의 문제가 아닐까? 토마스 만Thomas Mann의 소설《마의 산》
이 이에 대해 잘 알려준다. 다보스의 요양원이 배경인 이 소
설에서 주인공 한스 카스트로프는 매번 식당 문을 예의 없이
소란스레 열고 들어오는 쇼샤 부인에게 처음엔 눈길이 끌리
게 되고, 다음엔 사랑에 빠지게 된다. 하는 짓은 밉상인데 왜
하필 이 부인인가?

37

한스도 의식하지 못하는 일이었지만, 쇼샤는 한스가 초등학교 시절 호감을 품었던 히페라는 소년과 닮았다. 한스는 동성인 히페를 연인으로 사랑한 적이 없다. 그런데 히페에 대한 호감은 히페를 닮은 쇼샤에 대한 사랑이 탄생하는 조건이 되었던 것이다. 요컨대 과거의 히페는 현재의 쇼샤에 대한 사랑 속에서 반복된다. 그러니 반복은 어떤 것이 동일한 모습으로 다시 찾아온다는 뜻이 아니다. 즉 히페는 히페로서 반복되지 않는다. 히페가 쇼샤로 변신하고서 반복된다고 해야 할 것이다. 요컨대 반복은 서로 다른, 즉 차이 나는 것들(히페와 쇼샤) 사이에서 생긴다.

바로 이런 까닭에 현대의 중요한 반복의 사상가 들뢰즈Gilles Deleuze는 반복을 '차이의 반복'으로 정의했던 것이다. 히페는 쇼샤라는 가면으로 위장하고서만 반복되고, 히페에 대한 소년의 호감은 쇼샤에 대한 이성적 애정으로 둔갑하고서만 반복된다. 그러니 반복은 잘 보존된 집안의 보물이 상속되듯 동일성을 유지한 무언가가 되돌아오는 것이 전혀 아니다. 반복의 다른 이름은 변신이며, 그런 까닭에 반복이 이루어짐에도 새로운 무엇인가가 나타나는 것으로 보인다.

만일 반복이 과거의 것이 새로운 모습을 하고 나타나는 것이라면, 반복은 새로운 것이 출현하기 위한 조건이라고 해야 하지 않을까? 우리는 종교 문제를 다루는 프로이트의 《인간 모세와 일신교》에서 이 문제를 이해하기 위한 실마리를 얻을 수 있다. 기독교가 유대교의 문을 닫고 새로운 종교로 탄생할 수 있었던 조건은 무엇인가? 아마도 한 인물의 반복이었을 것이다. 예수 그리스도는 유대교의 근본에 자리 잡은 모세를 반복한다. 파라오의 유아 살해에서 살아남은 모세처럼 예수는 헤롯의 유아 살해로부터 살아남았고, 유대 민족의 구원자를 자처한 모세처럼 예수 역시 구원자를 자처했다. 모세에 대한 사람들의 희구는 그리스도라는 인물을 통해 분출할 수 있었고, 기독교라는 새로운 종교는 반복을 디딤돌 삼아서 높이 날아올랐다. 같은 맥락에서 들뢰즈가 《차이와 반복》에서 제시하는 반복의 예들도 생각해볼 수 있을 것이다. 바울의 반복으로서 루터Martin Luther, 오만왕傲慢王 타르퀴니우스Tarquinius와 그의 아들 섹스투스Sextus를 몰아내고 세운 로마 공화정의 반복으로서 프랑스대혁명.

　반복은 새로운 것이 출현하기 위한 조건일 뿐 아니라, 과거의 것을 새롭게 이해하기 위한 조건이기도 하다. 우리는 현재 속에서 과거의 것을 반추하며, 이를 통해 비로소 제대로 과거의 의미를 이해한다. 이런 이해 방식의 비밀을 잘 보여주는 오래된 문헌 가운데 하나가 아우구스티누스Aurelius Augustinus의 《고백록》이다.

　　늦게야 당신을 사랑했습니다! 이토록 오래되고 이토록
　　새로운 아름다움이시여, 늦게야 당신을 사랑했습니다!

(…) 당신은 저와 함께 계셨건만 저는 당신과 함께 있지 않았습니다.[5]

핵심은 마지막 구절에 있다. 당신(하느님)은 늘 나와 함께 있었다. 그러나 그 의미를 깨달은 것은 늦게 이루어지는 반추 속에서다. 배움이란 늘 늦게 되새겨보는 반복을 통해 이루어지고, 과거는 현재에 반복됨으로써만 그 진정한 의미를 획득하게 된다.

아우구스티누스의 저 반복의 체험을 우리는 프루스트Marcel Proust의 《잃어버린 시간을 찾아서》 속 유명한 마들렌 과자 체험에서도 발견한다. 어린 시절의 마들렌 체험은 어른이 된 후 반복한 마들렌 체험 속에서야 비로소 그 행복한 비밀을 알려 온다. 이 소설의 주인공처럼 우리는 어떤 것을 겪을 당시엔 그 의미를 모르고, 오랜 시간이 흐른 뒤 반복할 기회가 생겼을 때 비로소 그 진정한 의미를 배우게 된다.

같은 맥락에서 역사를 창조하는 일 역시 이해할 수 있다. 들뢰즈만큼이나 반복을 자신의 철학에서 핵심으로 삼은 하이데거는 어떤 의미에서 저런 아우구스티누스적인 반복을 계승한다고 해도 좋을 텐데, 그는 과거를 다시 깨닫게 되는 것을 반복이라 여겼다. 하이데거는 《형이상학 입문》에서 이렇게 말한다.

하나의 시작은, 사람들이 이미 지나간, 잘 알려진 것을
그저 똑같은 방법으로 모방해서 단순하게 반복함으로
써가 아니라, 출발이 '원천적으로 고유하게' 다시 시작
됨으로써, 따라서 진정한 시작이 지니는 모든 난처함,
어둠, 불확실성과 함께 다시 한번 출발함으로써 되살아
날 수 있는 것이다.[6]

　　과거란 먼지 쓴 유물처럼 사망한 채 고정되어 있는 것이 아
니다. 그것은 다시 시작함을 통해 현재에 반복된다. 과거를 다
시 시작하는 일을 통해 비로소 인간은 오늘을 위한 역사를 만
든다.

자기기만,
영혼의 질병

내가 그처럼 나 자신을 속일 수 있다는 걸 알게 되자 나
는 소름이 오싹 끼쳤지. 그래, 그 여자한테 손을 대지는
않았지. 하지만 나는 그 여자가 나를 만지도록 일을 꾸
몄어. 그리고 적어도 내가 생각하기엔 그게 더 나빠.[1]

도대체 무슨 일이 일어난 걸까? 저 말에서 적어도 우리가
알게 된 건 자신을 속이는 일, 자기기만이 벌어졌다는 것이다.
내가 나 자신을 속일 수 있다면, 또는 내가 나에게 속아 넘어
간다면, 그리하여 나의 한평생이란 전과자가 별을 달듯 자신
이 만든 거짓의 감옥을 계속 들랑거리는 일이라면, 삶이란 얼
마나 무서운가.
　위의 문장은 폴 오스터Paul Auster의 《거대한 괴물》에 나오는

구절이다. 사연은 이렇다. 미국의 독립기념일을 맞은 파티에서 주인공은 호감이 가는 한 여성과 마주한다. 분위기가 무르익자 그는 그녀에게 손을 대고 싶다는 욕망이 생긴다. 때마침 밖에는 독립기념일의 불꽃놀이가 시작되었다. 주인공은 그녀의 몸에 손을 대서는 안 된다는 사실을 존중하면서도 그녀와 접촉할 수 있도록 자신을 속인다. 그는 불꽃놀이를 더 잘 보려고 창밖으로 나가 건물 외벽의 비상계단에 위태롭게 섰다. 깜짝 놀란 여자는 그가 떨어질까 봐 뒤에서 끌어안는다. 소원대로 신체적 접촉이 이루어진 것이다.

그러나 주인공은 자신에게 이렇게 변명하리라. '내가 원한 게 아니야. 난 불꽃놀이를 보고 싶었을 뿐인데, 여자가 와서 끌어안았을 뿐이야.' 남자는 욕망을 부정하는 방식으로 욕망을 충족하는 기만을 저지른 것이다. 남자가 원했던 신체 접촉은 이제 남자의 책임이 아닌 우연한 일로 둔갑한다. 책임지지 않는 것, 어쩔 수 없었다고 변명하는 것, 이것이 자기기만이다. "나 자신에게 마리아 터너의 다리를 만지고 싶다는 고백을 하기가 너무 부끄러워서 용서받을 수 없는 짓을 했던 셈이지. 그 정도로까지 자신을 기만했다면 무슨 일을 당해도 싼 거고."[2]

우리는 토마스 만의 소설 《요셉과 그 형제들》에서도 자기기만의 흥미로운 예를 찾아볼 수 있다. 이집트로 팔려 간 요셉은 이집트 장군의 하인이 되고, 장군의 아내가 요셉에게 사랑의 감정을 품게 된 이야기는 잘 알려져 있다. 요셉을 질투한 다른 하인들은 요셉이 집 안에서 불미스러운 일을 저지른다고 장군의 아내에게 거짓말을 한다. 이제 그녀는 집 안의 재산을 지키는 안주인으로서 자신이 사랑하는 요셉을 수시로 감시하고 추궁한다. 그러나 그녀가 요셉을 감시하는 일만 했을까? "사랑하는 자의 말이 담고 있는 내용이 무엇이면 어떠랴. (…) 어떤 대화든 사랑의 대화가 되는 것이다."[3] 힐난과 감시의 말이더라도, 사랑하는 자와 나눈다면 감미로운 사랑의 대화가 된다. 그러나 그녀는 사랑의 대화 같은 것은 생각해본 적도 없으며 오로지 안주인으로서 하인을 감시하는 의무만 다할 뿐이라고 자신에게 변명한다.

> 집안의 불미스러운 일이 이처럼 심각하니 자신이 이를
> 막는 데 참여함으로써 얻게 되는 즐거움은 — 그녀는 이
> 것을 근심과 열성이라 불렀다 — 정당한 것이라 여겼다.
> 인간이 어느 정도까지 자신을 속일 수 있는지, 사뭇 놀
> 랍다.[4]

요셉을 감시하는 중에 찾아온 쾌락은, 언제 불어올지 모르는 바람이나 갑자기 내리는 소나기처럼 자신이 책임지지 않아도 되는 우연한 것이 되어버린다. 쾌락을 즐기면서도 나는 그것을 원하지 않았다고, 나와 무관한 일이라고 변명하는 것,

이것이 자기기만이다.

더욱 흥미로운 자기기만의 한 모습을 우리는 유럽 최대 연애 사건의 주인공인 아벨라르Pierre Abélard와 엘로이즈Héloïse에게서 찾아볼 수 있다. 중세의 대표적인 철학자 가운데 한 사람인 아벨라르는 동료 성직자의 조카딸인 엘로이즈의 가정교사가 된다. 둘의 관계는 이내 사제 관계에서 연인 관계로 발전한다. 비밀이 될 수 없었던 이 연애는 아벨라르가 거세당하고, 엘로이즈가 수녀원에 들어감으로써 막을 내린다. 엘로이즈와의 사랑을 고백한 아벨라르의 편지는 겉으로 사제 관계였던 이들이 어떻게 사랑놀이를 했는지 잘 알려준다.

> 교육이란 구실하에 우리는 완전히 사랑에 몰두했던 것이네. (…) 때로 나는 매질을 가하기까지 하였다네. 그것은 분노의 매질이 아닌 사랑의 매질이었으며, 미움의 매질이 아닌 애정의 매질이었던 것이네. 그리고 이 매질은 온갖 향료보다도 더 감미롭기만 하였던 것이네. (…) 여간해서는 그 일에 진력나지 아니하였던 것이네.[5]

때리고, 거기서 향료보다 더 감미로운 쾌락을 얻고 …. 아벨라르는 꼭 사드 후작marquis de Sade 같지 않은가! 체벌하는 아벨라르는 선생으로서 의무를 다한다고 자부하지만, 이는 그저 아벨라르 본인도 모르게 뒷문으로 사랑의 쾌락이 들어오도록 하는 기만적 수단에 불과한 것이다. 쾌락은 마치 선생으로서 의무를 다하는 동안 우연히 줍게 된 금화 한 닢처럼 취급된다. 이런 식으로 '나는 어쩔 수 없었어', '이 사태에 대해 나는 책임이 없어'라고 핑계 대는 것이 자기기만이다. 이것이 기만인 까닭은, 근본적으로 자신의 선택에서 기인하는 것인데도 자신은 그에 대해 수동적이라고 스스로에게 거짓 변명하기 때문이다.

나는 어쩔 수 없었다고 변명하는 저 기만의 바탕에는 사실 '자발적인 선택'이 자리 잡고 있다. 사르트르Jean-Paul Sartre는《실존주의는 휴머니즘이다》에서 재미있는 예를 소개한다. 한 여인이 누군가 전화를 걸어 명령을 내린다고 호소한다. "그는 자기가 하느님이래요!" 그녀는 하느님의 전화를 받고 하느님의 명령을 어쩔 수 없이 따르는 중이다. 누가 신의 명령을 거역하겠는가? 그녀가 신의 명령에 따라 설령 살인을 했다 한들, 누구도 그녀를 비난할 수 없으리라. 신 앞에서 감히 그녀는 어쩔 수가 없었을 테니까. 과연 그럴까?

그녀는 이런 의구심을 품을 수 있으리라. 전화를 걸어온 자는 정말 하느님일까? 혹시 장난 전화였다면? 아니, 정말로 내가 전화를 받기나 한 걸까? 하느님으로부터 전화를 받았다고 착각한 것은 아닐까? 이런 의혹에 대해 답해줄 수 있는 자는 오직 한 사람, 그녀 자신이다. 그녀만이 자신이 받은 전화가 하느님을 사칭한 장난 전화라고, 또는 정말 하느님의 명령이라고 '결정'할 수 있다. 그렇다면 그녀는 하느님의 명령을 어쩔 수 없이 따라야만 하는 자가 아니다. 그 이전에 스스로 하느님의 명령을 받은 자가 되기로 '능동적으로' 결단을 내린 자이다. 이런 결단이 아예 없었던 것처럼, 어쩔 수 없이 하느님의 명령을 따라야 하는 수동적 상황만 있었던 것처럼 변명한다는 점에서 그녀의 의식은 자기기만적이다.

토마스 만의 소설《파우스트 박사》에서 니체를 모델로 한 주인공 레버퀸은 니체처럼 정신질환을 앓고 있는데, 하느님을 만난 저 여인과 유사하게(또는 반대로) '악마'와 대면한다. 그는 저 여인처럼 초현실적인 존재에게 현혹되면서도 그의 정체를 이렇게 간파한다. "당신은 순전히 내 안에 들어 있고 나한테서 나온 것들만 말하고 있고, 당신 자신한테서 우러나온 것은 한마디도 하지 않았소."[6] 신 또는 악마의 명령이 있는 것이 아니라, 내가 신과 악마를 이용해 나 자신을 속일 뿐이다. 모든 것은 내 의식의 결단으로부터 유래하는 것이다.

중요한 점은 사회를 절망에 빠트리는, 불의가 정의를 이기는 많은 상황들은 바로 이런 자기기만에서 생겨난다는 것이다. 우리는 직장에서, 이런저런 크고 작은 공동체에서, 정치의 영역에서 불의를 목격하고, 또 누군가를 희생양으로 삼는 음모를 목격하기도 한다. 이런 일들이 명백히 정의롭지 못하다는 것을 양심이 알려줄 때 사람들은 어떻게 하는가? 정의에 헌신하는가?

슬프게도 그렇지 못한 경우가 더 많다. 불의 앞에서 자기기만적 정신은, 나는 이 공동체 안에서 별달리 힘이 없어서 어쩔 수 없었다고 변명한다. 더 나쁘게는, 직책상 그것은 내 일이 아니라서 모르겠다고 답하며, 다른 사람들이 처리할 문제라고 외면한다. 능동적으로 판단하고 자발적으로 결단을 내리는 나 자신의 상위 심급에 나의 보잘것없는 직책을 놓아두고서, 그 직책에 어쩔 수 없이 복종할 뿐이라고 변명하며 정의의 요구를 외면하는 것이다. 이때 나는 '직책상 어쩔 수 없는 자'가 아니라, '직책의 핑계를 대며 어쩔 수 없는 자가 되기로 능동적으로 선택한 자'이다. 그러나 마치 자신의 선택이 아니었던 것처럼 믿으려 한다는 점에서 나의 영혼은 자기기만적이다.

사람들은 오래전부터 난처하고 귀찮은 정의의 요구를 피하기 위해서 자기기만이라는 달콤한 이불 속으로 피신해왔다. 신화에 나오는 최초의 인간 가운데 한 명은 이런 유명한 변명을 만들어냈다. "내가 내 형제를 지키는 사람입니까?" 타인을 지키는 일은 내 직무가 아니라서 나는 당신이 들고 온 문제를 해결해줄 수 없으며, 다른 곳에 가서 물어보라는 뜻이다. 그러나 인류에 대한 책임을 지는 데 직책이 필요한가? 직무에 따라서만 타인을 지키는 사람이 어디 있으며, 직무에 따라서만 정의에 헌신하는 자가 어디 있는가? 정의에 대한 헌신은 내가 자리한 어떤 사회적 직책에도 제한받지 않는다.

카인은 타인을 지키는 자가 되지 않기로 결단했듯, 반대로 타인을 지키는 자가 되기로 결단할 수도 있었다. 그렇게 하지 못하는 것처럼 처신하는 이상 그는 자기기만적 의식의 화신이다. 인류가 이런 카인을 알고 있었다는 것은, 자기기만이라는 의식의 비열한 환부를 인간의 근본에서 발견하고 있었다는 뜻이다. 그렇다면 인간은 자신이 찾아낸 그 환부를 죽음에 이르도록 방치하지 않고 치료할 수도 있으리라.

서양의 본질, 우울과 여행:
바다 이야기 1

철학은
날씨를
바꾼다

우울(멜랑콜리아melancholia)을 떨쳐버리기 위해 바닷바람을 쐬고 있는 여행자는 일상과 영화 속에, 현실과 허구 속에 흔하고 흔하다. 무거운 마음을 지닌 이 여행자의 뒤에는 장대한 역사가 자리 잡고 있다.

둘 다 늘 누워 있지만, 고양이들은 게으름을 즐기듯 보이고 개들은 우울해 보인다. 명상가를 흉내 내듯 웅크린 개를 보면, "비장脾臟이 개를 지배한다"는 고대인의 말이 떠오른다. 서양 말에서 '비장'을 뜻하는 'spleen'은 우울을 뜻하기도 한다. 그래서 알브레히트 뒤러Albrecht Dürer의 판화 〈멜렌콜리아 I〉에는 우울의 상징으로 웅크린 그레이하운드가 등장한다. '멜랑콜리아'라는 그리스말 자체는 '흑담즙', 내장에서 나온 검은 즙을 뜻한다.

0

○●○ 알브레히트 뒤러의 〈멜렌콜리아 I〉 속 주인공이 지닌 강렬한 지적 눈빛은 '멜랑콜리아'
가 부여한 창조적 능력에서 비롯된다. 그리고 멀리에는 우울을 이겨내기 위한 여행의 활로로서
바다가 있다.

멜랑콜리아라는 성향은 고대부터 연구되었으며, 의학, 철학, 문학 등의 관심이 교차되는 영역에 놓여 있었다. 고대 그리스에선 네 가지 체액, 즉 혈액, 점액, 황담즙, 흑담즙에 따라 사람의 성향이나 질병의 원인을 파악했다. 그리고 우울한 성향은 흑담즙, 다시 말해 '멜랑melan(검다) 콜레cholē(담즙)'에서 발생한다고 여겼다.

그러나 멜랑콜리아는 질병 이상의 의미를 지닌다. 뒤러와 동시대를 살아간 신비주의자 코르넬리우스 아그리파Heinrich Cornelius Agrippa von Nettesheim는 멜랑콜리아를 3단계, 즉 '상상력과 예술가의 단계', '이성과 과학자의 단계', '직관적 사유와 신학자의 단계'로 구분했다. 뒤러의 〈멜렌콜리아 I 〉속 주인공이 예술가와 과학자와 신학자에게서 볼 수 있는 강렬한 지적 눈빛을 가진 것은 바로 멜랑콜리아가 저런 창조적 능력을 부여하기 때문이다.

16세기 화가 뒤러의 이 〈멜렌콜리아 I 〉에서부터 이야기를 시작해야 한다. 이 판화 안의 모든 요소들이 심오한 상징들이지만, 두 가지만 보자. 여인으로 의인화된 멜랑콜리아가 움츠려 앉아 있고 멀리엔 '바다', 즉 해외海外가 있다. 우울 속으로 침잠한 이는 먼 이국으로의 여행을 꿈꾸는 것이다. 발터 벤야민Walter Benjamin은《독일 비애극의 원천》에서 '우울'과 '여행'의 대조가 이루는 저 그림의 핵심 구도를 잘 파악하고 있었다. "먼 여행을 하고 싶어 하는 멜랑콜리적인 인간의 성향 같은 특이한 개별적인 사항들이 등장한다. 따라서 뒤러의 〈멜렌콜리아 I〉의 원경에는 바다가 있다."[1] 내면으로 침잠하는 우울과 여행의 터전인 바다가 꼭 붙어 있는 것이다. 실제 멜랑콜리아의 기념비적 화가 뒤러(1471~1528)의 시대는 기념비적인 바다 여행가 크리스토퍼 콜럼버스Christopher Columbus (1451~1506)의 시대이기도 하다.

우울의 원천은 무엇인가? 멜랑콜리아는 서구 종교와 떼어서 생각할 수 없다. 《독일 비애극의 원천》은 종교개혁 시대, 자발적 선행이 아니라 신의 은총에만 의존해 구원이 이루어진다는 운명 종속의 사상이 "위대한 인물들의 마음속에는 우울함을 심어놓았다"고 쓰고 있다. 글을 이렇게 이어진다.

1. 우리는
성숙할 수
있을까

> 공덕을 쌓고 속죄를 한다는 선행의 의미뿐만 아니라 궁극에 가서는 선행 자체를 거부하는 이러한 과도한 반작용에서 (…) 운명 종속에 대한 어두운 믿음의 일단이 드러난다. 인간 행동은 일체의 가치를 박탈당한 것이다. 따라서 새로운 것이 생겨났는데 그것이 바로 공허한 세계이다.[2]

이 '공허한 세계'의 명칭이 바로 '우울'이다. 그리고 현대의 염세주의에 이르기까지 인간은 자기 내면에서 이 우울을 발견해왔다. 말러Gustav Mahler가 죽기 2년 전인 1909년경 완성한

〈대지의 노래〉에는 이런 노랫말이 있다.

슬픔이 찾아오면
마음의 화원은 황폐해지고
즐거움도 노래도 모두 사라진다.
삶도 어둡고 죽음도 어둡다.

슬픔은 이렇게 황폐한 화원 같은 자신의 내면으로부터 스며 나온다는 것을 17세기에 파스칼Blaise Pascal은 《팡세》에서 이미 간파하고 있었다.

인간은 너무도 불행하기 때문에 아무런 권태의 원인 없이도 그의 구조의 고유한 상태로 인해 권태를 느낄 것이다. (…) 비록 왕일지라도 자기를 생각하면 비참해지리라는 것을 그들은 안다. (…) 인간의 마음이란 이 얼마나 공허하고 오물로 가득 차 있는가.[3]

철학의 중심을 내면에 대한 탐구로 옮겨놓은 자는 파스칼과 동시대를 살아간 데카르트René Descartes였다. 그러나 데카르트와 달리 파스칼에게 내면은 이성적 통찰의 대상이기보다 '비참', '불행', '권태'로 가득 차 있으며, 그것들은 '우울'의 또 다른 이름들이다. 이 우울은 인간이 자신의 존재 자체와 대면하는 데서 생기는 정서이다. "무엇보다도 자신에 대한 권태가 존재한다"[4]는 레비나스Emmanuel Levinas의 사상은 파스칼이 쓴 저 구절의 반복인 것이다.

구원 없이 존재하는 우울한 자는 내면에서 대면하는 자기 자신을 무거운 '짐' 자체로 발견한다. 쥐스킨트Patrick Süskind의 소설《향수》는 바로 참을 수 없는 '짐'이란 자기 자신임을 잘 알려준다.

> 그를 산에서 끌어내어 세상 속으로 다시 몰아낸 한 가지 재앙이 일어나지만 않았다면 아마 그는 죽을 때까지 거기서 살았을 것이다. (…) 그것은 바깥세상의 재앙이 아니라 내면세계에서 일어난 재앙이었다. 그렇기 때문에 특히 고통스러운 재앙이었다. 왜냐하면 그로 인해 이제 그르누이는 도망가 숨을 곳이 없어졌기 때문이다. (…) 그루누이는 그게 어떤 냄새인지 알고 있었다. 바로 자신의 냄새였다.[5]

이렇게 내면이 안식의 장소가 아니라 못 견디게 만드는 재앙의 장소라면, 인간은 자기 바깥으로 도망칠 수밖에 없다. 바로 '여행'을 하는 것이다. 레비나스의《존재에서 존재자로》는 내면으로부터의 탈출이 여행의 동기임을 잘 파악하고 있다.

권태 속에서 우리는 보다 아름다운 곳에 대한 동경 속에서, 존재의 이런저런 모습들 가운데 하나로부터가 아니라, 존재 자체로부터 도피하고자 한다. 여행을 위한 안내서도 없고 기한도 정해지지 않은 도피, 그것은 어느 곳엔가 정박하기 위한 것이 아니다.[6]

그렇게 하여 우울한 마음의 '여행 예찬자들'이 출현한다. 바로 보들레르Charles Baudelaire가 있다. '우울'과 '여행'은 가장 보들레르다운 주제라 해도 좋을 것이다. 그는 《악의 꽃》에 〈우울Spleen〉이라는 시를 여러 편 남겼는데, 이 시들 속에서 내면으로의 침잠은 우울을 불러온다.

> 낮고 무거운 하늘이 뚜껑처럼
> 오랜 권태에 신음하는 정신을 내리누르고,
> (…)
> 소리 없는 더러운 거미 떼가
> 우리 머릿속 깊은 곳에 그물을 친다.
> (…)
> 북도, 음악도 없는 길고 긴 영구차들이
> 내 넋 속에서 서서히 줄지어 가고,
> '희망'은 패하여 눈물짓고, 포악한 '고뇌'가
> 숙인 내 머리통에 검은 기를 꽂는다.[7]

이렇게 내면으로 침잠한 영혼의 풍경은 우울이다. 그리고 우울을 뿌리치고자 저 영혼은 '여행'을 희구한다. 보들레르는 〈여행〉에서 이렇게 쓴다.

> 진정한 여행자들은 오직 떠나기 위해
> 떠나는 사람들. 마음도 가볍게, 풍선처럼,
> 주어진 숙명을 빠져나가지 못하면서,
> 까닭도 모르는 채 늘 '가자!' 하고 외친다.
> (…)
> 우리는 증기도 돛도 없이 여행하고파!
> 우리 감옥의 권태를 위로해주기 위해,[8]

여행이란 '내면으로부터 떠나기 위한 떠남'을 관건으로 하는 것이다. 그러나 앞서 벤야민이 말한 '운명 종속'이, 그리고 보들레르가 말하는 '주어진 숙명'이 여행자를 계속 우울한 내면에 붙잡아두려 한다.

멜빌Herman Melville의 《모비딕》에서 주인공을 바다 여행으로 이끄는 것은 무엇인가? 그것 역시 우울이다. 여행은 우울한 영혼이 권총과 총알이라는 최후의 수단을 피하기 위해 선택하는 것이다.

당분간 배를 타고 나가서 세계의 바다를 두루 돌아보면

좋겠다는 생각을 했다. 그것은 내가 우울한 기분을 떨쳐버리고 혈액순환을 조절하기 위해 늘 쓰는 방법이다. (…) 이것이 나에게는 권총과 총알 대신이다.[9]

20세기에 와서도 사정은 다르지 않다. 사르트르의 첫 소설 《구토》는 출판사 사장 갈리마르Gaston Gallimard가 제목을 붙여주었는데, 저자가 붙인 원래 제목은 '멜랑콜리아(우울)'였다. 그런 까닭에 오늘날엔 뒤러의 저 판화가 이 소설의 프랑스어판 표지 그림으로 사용되기도 한다. 사람들이 별로 주목하지 않는 바이지만, 소설의 주인공 로캉댕은 존재의 이유가 없는 우울한 영혼인 동시에 1930년대 "중부 유럽, 북아프리카, 극동 아시아를 여행"한 여행자이기도 하다. 마지막에 주인공은 생활에 변화를 주기 위해서라며 또 파리로 떠나려 한다. 우울한 영혼은 이렇게 안간힘을 써서 여행을 하고 싶어 한다.

이런 '우울'과 '여행'은 한 개인의 고뇌가 아니라 서양의 영혼 전체가 걸린 문제이다. 뒤러가 유럽의 북쪽에서 멜랑콜리아를 주제로 판화를 제작하기 직전, 유럽의 남쪽에선 종말론에 깊이 빠져든 콜럼버스가 새로운 세계를 향한 여행을 준비하고 있었다.[10] 당시 스페인에는 종말론이 만연했고, 이는 콜럼버스가 쓴 《예언서》에 깊은 영향을 주었다. 콜럼버스는 자신의 종교적 견해를 담은 이 책에서 당대를 종말 직전에 놓인 시대로 발견한다.

실제로 그는 이른바 '알폰소 국왕의 표Tablas Alfonsíes'(행성의 위치 계산을 위한 표)에 따라 종말까지 남은 시간을 구체적으로 계산하기까지 한다. "이 계산에 따르면, 앞에서 인용했던 박학한 견해대로 이 세상이 완수되는 데 7천년이 걸린다고 하므로 이제 150년이 남았다."[11] 150년 남은 말세를 대비하는 길이 콜럼버스에게는 해외로 나가는 것이었다. 그리하여 금을 찾아, 시온산에 성전을 다시 짓는 스페인 왕의 사명을 돕겠다고 왕에게 편지를 쓰게 된다.

죄의식으로 가득한 영혼이 유럽에서 탄생했고, 구원받지 못할 자기 운명의 가능성을 내면에서 우울하게 응시하던 이 영혼으로부터 여행의 꿈이 탄생했으며, 그 꿈이 우울한 유럽을 벗어나 우연히 신대륙 발견으로까지 이어졌다고 한다면 과장된 생각일까? 물론 이 모든 일은 신대륙의 황금이 강력한 자석처럼 곁에서 이끌어주어야 했지만 말이다. 유럽은 원죄와 죄의식과 말세의 종교를 가지고 있었으며, 이것들이 불러일으키는 우울은 유럽을 자신의 바깥으로 뛰쳐나가고 싶게 만들었다. 그것이 콜럼버스, 마젤란Ferdinand Magellan, 다 가마Vasco da Gama 같은 여행가들을 탄생시켰다.

아메리고 베스푸치Amerigo Vespucci가 자기 수명을 10년은 빼앗아갔다고 한탄한 경도의 비밀도 곧 풀렸다. 날짜 변경선의 발견에 도전하는 여행의 시대를 그린 움베르토 에코Umberto Eco의 소설《전날의 섬》주인공이 말하듯, 경도 측정은 결국 유럽을 바다의 제왕으로 만들었다. "경도를 정확하게 측정하는 국가가 바다의 제왕으로 군림하게 되겠군요!"[12] 배들은 다른 대륙의 해안에 도달했고, 여유로운 우울과는 비교할 수도 없는 선명한 채찍질 같은 식민지의 고통이 지구를 뒤덮기 시작했다.

물과 바다의 철학:
바다 이야기 2

물은 태곳적부터 인간의 삶에 개입해왔다. 자연으로서뿐만 아니라, 도덕적 징벌이나 존재론적 개념 또는 경제적 환경으로서 말이다. 물에 대한 가장 오래된 기억은 대홍수의 상처일 것이다. 기원전 삼천 년 전부터 구전되어온 《길가메시 서사시》가 기록하는 대로, 메소포타미아 신화의 신 엔릴은 대홍수를 일으켜 마음에 안 드는 인간들을 몰살한다. 신탁을 받은 인간 우트나피쉬팀만이 방주를 만들고 가족을 태워 재난을 피했다. 짐승들도 길든 것이든 그렇지 않은 것이든 가리지 않고 방주에 태웠다.

무서운 홍수가 그치고 배는 니시르산에 정박했다. 우트나피쉬팀은 새를 날려 보냈고, 뭍을 찾는 새가 돌아오지 않자 물이 빠진 것을 알고 비로소 동물들을 방주에서 내려놓았다.

이 이야기는 몇백 년 후 성서에 그대로 복사되어 우리가 잘 아는 노아의 이야기가 된다.

삶에서 물이 근본적임을 알려주는 것이 홍수 신화만은 아니다. 최초의 철학자라 불리는 기원전 6세기의 탈레스Θαλῆς는 만물의 원천이 '물'이라고 했다. 괴테는《파우스트》에서 이 최초의 철학자 탈레스를 등장시켜 이렇게 말하게 한다.

만물은 물에서 생겨났도다!
만물은 물로써 생명을 유지하도다!¹

탈레스의 제자였던 아낙시만드로스Ἀναξίμανδρος 역시 습한 것이 태양에 의해 증발하면 거기서 생물이 생기며, 태초에 사람은 물고기와 매우 비슷했다고 생각했다. 물이 존재하는 것들의 원천이라는 것이다.

그런데 아리스토텔레스Ἀριστοτέλης의《형이상학》에 따르면, 더 멀리 거슬러 올라가 탈레스보다 먼저 물을 근본 원리로 생각한 사람들이 있었다. 그들은 물을 신들이 하는 맹세의 대상이라고 생각했다. 신들은 물을 걸고 맹세했는데, 그 물이 바로 저승의 경계를 흐르는 스틱스강이다. 맹세는 삶의 가장 중요한 사건으로, 신들은 물을 그 징표로 삼아 의존했다. 가장 고귀하고 오래된 것만이 맹세의 대상이 될 수 있기 때문이다. 요컨대 신들의 삶조차 물에 기대고 있는 것이다.

이런 강물의 이야기를 넘어서 인류는 '바다'라는 더 큰 물과 조우하게 된다. 괴테는 이탈리아 여행 중 배를 타야 했는데, 심한 멀미가 그를 괴롭힌다. 그러다 그는 바다 위에 홀로 떠 있는 감동적인 체험을 하게 되고, 이를 《이탈리아 기행》에 기록했다. "어디를 둘러보나 바다밖에 보이지 않는 상황을 겪어보지 않은 사람은 세계를, 그리고 자신과 세계와의 관계를 진정으로 파악할 수 없다."[2] 이 말은 괴테의 경험에만 국한되지 않으며, 바다를 통해 비로소 자신의 세계를 넓혀나갈 수 있었던 인간의 보편적 경험을 표현한다.

바다 위에서 비로소 인간은 자신이 몸담을 수 있는 세계의 크기를 가늠하려 시도할 수 있다. 그런 시도를 한 최초의 항해자들은 별자리에 의존하면서 바닷길을 찾았는데, 이 별자리 항해 방식을 《오뒷세이아》가 생생하게 기록하고 있다. 오뒷세우스는 이렇게 바다의 길을 찾는다.

> 그는 줄곧 플레이아데스와 늦게 지는 보오테스와
> 사람들이 짐수레라고도 부르는 큰곰을 쳐다보고 있었다.
> (…)
> 여신들 중에서도 고귀한 칼립소가 바다를 항해할 때
> 이 별을 항상 왼쪽에 두라고 그에게 일러주었던 것이다.[3]

큰곰, 즉 북두칠성을 왼쪽에 두는 것이 고대 그리스인들의 한 가지 기본적인 항해 기술이었다. 별자리를 보고 바닷길을 찾는 원시적인 항해술을 지닌 고대 그리스인들은 어떤 바다까지 알고 있었을까? 놀랍게도 그들은 북유럽 노르웨이의 피오르 해안에 대한 지식까지 가지고 있었다. 《오뒷세이아》 속 항해 묘사에는 피오르 지형에 대한 묘사가 나온다.

> 우리는 그곳의 이름난 포구로 들어갔는데
> 가파른 암벽이 좌우를 빈틈없이 둘러싸고 있고
> 돌출한 갑岬이 서로 마주 보며 포구의 통로 쪽에
> 우뚝 솟아 있어 입구는 매우 좁은 편이었소.[4]

철학은
날씨를
바꾼다

남부 유럽의 뜨거운 햇살 아래 사는 이들에게 항해는 음산한 북유럽의 기괴한 해안마저 확장된 세계로 선물한 것이다. 인간에게는 땅을 경작하고 관리하는 일만큼이나, 흙을 뒤집는 농부처럼 노를 들고 바다를 경작하는 일이 중요했다.

땅의 경영에 못지않은 바다의 경영을 이야기하면서, 서구의 대항해시대와 이후 근현대세계에서 일어난 일들을 빼놓을 수는 없을 것이다. 대항해시대 이후, 바다로 나가는 일 자체에 엄청난 가치가 부여되었다는 것은, 예컨대 19세기 철학자 니체의 《차라투스트라는 이렇게 말했다》의 다음 구절들만 읽어봐도 잘 알 수 있다. 니체는 자신이 동경하는 바를 바다 너머의 '지복의 섬'에 투영했다.

함성을 치르듯, 환호를 지르듯 나는 저 드넓은 바다를 넘어가겠다. 내 벗들이 머물고 있는 저 지복의 섬을 발견해낼 때까지. (…) 이제 나는 내 아이들의 나라, 아직 발견되지 않은, 멀고 먼 바다에 있는 그 나라만을 사랑한다. 나는 내 돛에 명하여 그 나라를 찾고 또 찾는다. (…) 아득히 먼 바다에 있는 아직 발견되지 않은 땅! 이 땅을 찾고 또 찾으라고 나는 그대들의 돛에 명한다![5]

이런 구절들은 《차라투스트라는 이렇게 말했다》에서 드물지 않게 발견할 수 있다. 바다는 유럽인들에게 새 땅을 안겨주는 동경의 대상이 되었다.

그리고 실제 역사 속에서 유럽은 바다를 지배한다. 유럽의 바다 지배는 서구의 번영에 관한 이야기이기도 하지만, 식민지가 된 다른 세계의 고통에 대한 이야기이기도 하다. 헤겔은 《법철학》에서 대지와 바다를 서로 대치시키며 이렇게 말한다.

가족생활의 원리로 보면 대지die Erde, 즉 부동의 토지가 삶의 조건이 되지만 산업 측면에서 외부로 활동을 펴나가기 위한 자연의 요소가 되는 것은 바다das Meer이다. (…) 흙더미에 발을 딛고 서서 시민생활이라는 한정된 범위에서 향유하며 욕망을 안고 살아가는 마당에 여기에는 유동성과 위험과 몰락의 요소가 끼어들어온다. 이

런 와중에 산업은 바다라는, 최대의 연결매체를 통해 원
격지에 있는 나라들을 교역의 상대로 하면서 계약이 도
입된 법적 관계가 성립되기에 이른다. 이러한 교역은 동
시에 문화 형성의 최대 수단이며 상업이 지니는 세계사
적인 의의를 실감하게 한다.[6]

여기서 땅 위의 삶은 한정된 범위에 안주하는 재래적인 것
으로, 바다로 나가는 일은 새로운 산업과 문화를 형성하는 일
로 제시된다. 그러면서 바다로 나가는 일에 소극적이었던 국
가는 쇠퇴한다는 교훈적인 말을 다음처럼 덧붙인다.

> 바다와의 연관성이 문명수단을 위한 어떤 요소를 담고
> 있었는지 알기 위해서는 기술 개발에 치중해온 국민의
> 바다에 대한 관계와 이와는 반대로 항해를 아예 금지당
> 했던 국민의 경우를 비교해보면 쉽게 알 수 있다. 이를
> 테면 이집트인이나 인도인이 자국 내에 맥없이 갇혀 있
> 으면서 두려움마저 자아내는, 부끄럽기조차 한 미신에
> 파묻혀 있던 모습과 ― 스스로 노력하는 위대한 국민의
> 경우 모두가 바다를 향해 뻗어나가던 모습을 비교해보
> 는 것이 좋겠다.[7]

동양을 평가절하하는 이 구절에서 근대 서구인들이 대지에

머물지 않고 바다로 나가 사업을 일으킨다는 기획의 핵심이 무엇인지 드러난다. 헤겔은 대지에 머무르는 국가는 전근대적인 미신에 사로잡힌 맥없는 국가라고 말한다. 근대화란 바다로 나가는 것이다.

그럼 유럽인은 바다 건너 어디로 가며, 거기엔 무엇이 있는가? 바로 식민지이다. 헤겔은 말한다. "이렇듯 바다를 통한 폭넓은 연계는 식민Kolonisation의 수단도 제공해준다. (…) 시민사회는 식민지 건설로 나서게 마련이다."[8] 오늘날의 우리에게는 경악스럽게도, 바다에 관한 서구의 사상에서 식민지 건설은 이렇듯 당연시된다. 유럽인들에게 바다 여행의 궁극적 목적은 식민지 건설이고, 유럽 시민사회의 아들인 헤겔 역시 이를 당연하게 이야기하고 있는 것이다. 철학과 생명이 오로지 서구인의 것이며, 바다 건너의 땅은 유럽의 배를 채울 수 있는 식품 저장고에 불과하다고 여기는 까닭이다.

땅과 바다라는 대조적인 두 축을 중심으로 현대 유럽에 대한 이해를 시도한다는 점에서, 20세기 카를 슈미트Carl Schmitt의 《땅과 바다》는 얼마간 헤겔의 착상을 이어받는다. 슈미트는 말한다. "세계사는 땅의 힘에 대한 대양의 힘의 투쟁, 대양의 힘에 대한 땅의 힘의 투쟁의 역사란다."[9] 이런 땅과 바다의 싸움에서 가장 돋보이는 국가는 어디인가? 바로 영국이다. 근대 유럽 바다의 역사는 영국사의 성공기라 해도 과언이 아니다.

영국의 대양 취득은 바다의 측면에서 이 세기에 이루어진 유럽 전체의 약진의 결과야. 그를 통해 전 지구적 공간질서의 근본 노선이 결정되었는데, 그 본질은 땅과 바다를 분리하는 데 있어. 그리하여 육지는 20여 개의 주권국가에 귀속하게 되었어. 반면 바다는 누구에게도 속하지 않거나 모두의 것으로 여겨졌는데, 실제로는 결국 단 한 국가에 속했지. 바로 영국이야.[10]

유럽의 대지가 수많은 국가에 의해 분할된 데 반해, 바다에선 오로지 영국이 주도적이었다. 그리하여 우리가 아는 바처럼 영국은 '해가 지지 않는' 제국, 전 지구에 식민지의 고통을 안겨주는 국가가 된다. 이것이 최종적인 "유럽 전체의 약진의 결과"라는 것이다. 요컨대 영국의 성공 이전에, 또는 그와 맞물려 유럽 전체가 바다에 나가 나름의 힘을 겨루었고, 그 힘 겨루기의 결과란 식민지 쟁취였다.

유럽민족들은 그다지 면밀한 고민 없이 지구상에 있는 비유럽인들의 땅들을 식민지 땅으로, 다시 말해 점령과 약탈의 대상으로 바라본다는 점에서는 완전히 의견을 같이하였다. 이건 역사적 발전에 있어 매우 중요한 점이야. 이 시대는 발견의 시대보다는 차라리 유럽의 땅의 취득시대라고 부르는 것이 더 올바를 수도 있을 정도로

말이야.[11]

슈미트는 유럽이 합리성 측면에서 다른 세계보다 우월하고, 그래서 다른 민족들에게 명령하는 지위를 누리며 다른 나라를 식민지로 삼을 수 있었다고 이해한다.

> 유럽인들의 합리적 우월성 (…) 그것은 (…) 비유럽 민족들로 하여금 명령을 따르도록 만들었지. 비유럽 민족들에게는 유럽 문명을 수용할 것인가 아니면 단순히 유럽의 식민지로 전락할 것인가 하는 선택이 주어졌어.[12]

헤겔의 눈에나 슈미트의 눈에나 바다는 오로지 서구인의 역사에 속한 것일 뿐이었다. 당연히 오늘날의 바다는 그럴 수도 없고, 그렇게 되어서도 안 된다. 오늘의 바다는 세계 시민의 것이고, 또 무엇보다 난민들을 위한 바다이다.

아이네아스,
보트피플의 로마 건국:
─── 바다 이야기 3

《아이네이스》는 로마의 창세기다. 이 서사시를 쓴 베르길리우스Publius Vergilius Maro는 죽기 직전 작품을 태워버리길 원했으나, 황제 아우구스투스Augustus의 명령으로 작품은 살아남았다. 카프카Franz Kafka에 이르기까지 위대한 저자들은 걸핏하면 자기 작품을 태워버리라고 하지만, 운명은 위대한 작품의 생존 여부를 감히 그 저자가 결정할 수 없다며 살아남도록 만들었다. 살아남은 이 작품은 이후 라틴어로 쓰인 예술작품 가운데서 절대적인 지위를 갖게 된다.

개인적으로는, 호메로스Homeros라는 그리스 거장의 그림자를 뒤에 두고 읽는다면 《아이네이스》는 좀 김빠지는 작품이라는 생각이 든다. 많은 장면이 호메로스의 두 서사시 《일리아스》와 《오뒷세이아》에 대한 기시감 속에서 반복된다. 《아이네이스》는 이 두 편의 서사시를 옆에 스승으로 모셔두고 참조하며 쓴 작품인 것이다. 《오뒷세이아》의 칼립소 이야기는 디도 이야기로 변형되며, 《일리아스》의 파트로클로스를 위한 장례 경기는 앙키세스의 장례 경기로 변형되고, 오뒷세우스가 저승으로 갔듯 아이네아스도 저승으로 내려간다. 대장장이 신이 만들어준 아킬레우스와 아이네아스의 방패에는 모두 멋진 이야기가 숨어 있다. 전쟁의 원인이 된 헬레네에 해당하는 인물은 라비니아이다.

그러니 《아이네이스》는 호메로스의 완성된 퍼즐을 엎었다가 그림을 어색하게 다시 맞추어놓은 듯한 인상을 숨길 수 없는 것이다. 그러나 이렇게 고전끼리 키재기를 시키는 독법이 무슨 소용인가? 고전을 대할 때 관건은 진열장의 상품처럼 가격을 정하는 게 아니라, 우리의 삶을 어떻게 일깨우는지 깨닫는 것이다.

《아이네이스》의 후반부는 정복 전쟁에 관한 이야기이고, 전반부는 보트피플의 방황 이야기이다. 그래서 후반부는 전쟁의 서사시인 《일리아스》를 모범으로 삼고, 전반부는 바다에서의 방황 이야기인 《오뒷세이아》를 모범으로 삼는다. 작품의 골격은, 트로이 멸망 후 여신 비너스의 아들이자 트로이 왕족인 아이네아스가 트로이 유민들과 함께 온갖 방황을 거쳐 이탈리아에 상륙해 로마의 선조가 되는 이야기이다. 작품 중간중간 아이네아스와 그 후손인 미래 로마의 율리우스 카이사르, 아우구스투스 등의 연관성을 제시함으로써 로마인은 누구인가라는 물음에 답을 해주는 로마의 민족 서사시가 《아이네이스》이다.

아이네아스가 트로이인들의 미래를 짊어지게 되리라는 포세이돈의 예언은 이미 《일리아스》에 나오는데, 그 예언에 착안해 베르길리우스는 아이네아스를 주인공으로 하는 작품을 계획했는지도 모르겠다. 포세이돈은 말한다. "이제는 아이네아스의 힘과 앞으로 태어날 그의 자손들이 대대로 트로이아인들을 다스리게 될 것이오."

이 통치는 훗날 이탈리아에서 이루어진다. 《아이네이스》는 패배한 트로이 유민의 건국 이야기라는 점에서, 역사는 승리자 편의 기록이라는 정식을 깨트린다. 아이네아스뿐 아니라 트로이 유민들은 (물론 전설상으로) 유럽 국가들의 창시자들이 되었는데, 유럽인들은 이 사실에 매혹되고 또 자랑스러워했다. 왜 유럽인은 승리한 국가보다 패배한 국가에 매혹되었을까? 불타오르는 트로이의 비극은 유럽인의 기억에 수시로 개입하는 트라우마와도 같다. 다음은 크레브스Christopher B. Krebs의 《가장 위험한 책》에 나오는 구절이다.

또 다른 트로이인 프랑쿠스는 7세기의 《프레데가르의 연대기》에서 나타나듯이, 프랑스 귀족들이 자신들의 선조라고 주장한 프랑크족에게 그 이름을 부여한 창시자였다. 특히 프랑스 왕은 트로이인의 직계 후손이란 점에 자부심을 느꼈고, 여기에 역시 비슷한 혈통을 자랑스러워하던 브리튼인과 노르만인이 합세했다.[2]

지배자가 옹호하는 국가의 창건 신화들이 그렇듯 《아이네이스》는 로마의 주류적 인물들에 대한 찬양을 담고 있다. 또한 이탈리아를 차지하기 위해 이민족을 정복하는 이야기도 들어 있다. 아주 흥미로운 인물도 등장한다. 예를 들면 나라를 구하기 위해 나섰다 희생당하는 소녀 전사 카밀라이다. 이 영웅은 《아이네이스》를 읽어온 서구인의 머릿속에 깊은 인상을 남겼을 것이다. 내가 보기엔 카밀라가 남긴 깊은 인상은 서구인들의 미래에 등장할 잔 다르크Jeanne d'Arc의 자리를 만들었다. 실제로 단테Dante Alighieri는 그녀를 구국 소녀로 발견한다. 프랑스가 잔 다르크라는 소녀를 가지기 이전에, 단테는 《신곡》에서 카밀라를 이탈리아 구원을 위해 희생한 소녀로 인식하고 있었던 것이다. "새색시 카밀라 (…) 로 하여금 상처 입고 죽어가게 했던 저 가련한 이탈리아의 구원이 될 그로다."[3]

《아이네이스》를 또 다른 관점에서 읽어볼 수 있을까? 영웅들의 눈부신 전쟁을 통한 국가 창건 신화가 아니라, 지리멸렬한 보트피플의 이야기로 말이다. 그야말로 《아이네이스》는 나라가 망하자 바다에 배를 띄우고 탈출한 보트피플의 수난사이다. 다음은 마치 21세기의 텔레비전 속에서 기자의 카메라와 마이크가 시리아 유민들의 절규를 따라가는 장면 같다.

> 우리는 운명이 우리를 어디로 인도할지,
> 어디쯤에서 우리에게 정착이 허용될지 알지 못한 채
> 애써 함선들을 건조하고 대원들을 점검했습니다.
> (…)
> 나는 눈물을 흘리며 내 조국의 해안들과 포구들과,
> 한때 트로이야가 서 있던 들판을 떠났습니다.
> (…)
> 어디로 가라는 것인가요?
> 어디에 정착해야 옳은가요?[4]

　트로이가 멸망한 후 두 사람의 항해자가 출현한다. 한 사람은 고향으로 돌아가다 길을 잃은 이고, 다른 한 사람은 자신을 받아줄 정착지를 찾아 방황하는 인물이다. 이들은 서로 적이었다. 한 사람은 침략자 오뒷세우스, 다른 한 사람은 패배한 아이네아스. 트로이의 침입자도 트로이의 주인도 트로이를 떠나 방황하고 있다면 대체 트로이에는 누가 남았단 말인가? 파괴만 있었을 뿐 침입자도 거주자도 떠난 도시. 전쟁은 이런 어리석음으로 가득하다.

　트로이 전쟁에서 서로 맞섰던 두 사람은 정말 기이하게도 똑같은 바다 방랑자가 되는 운명에 빠진다. 이들의 운명은 교차한다. 아이러니하게도 아이네아스는 오뒷세우스(울릭세스) 가 그토록 가고 싶어 하나 수년째 가지 못하고 있는 고향 이 타카의 해안을 지나간다. "이타카의 바위 옆을 지나가며 잔혹 한 울릭세스를 길러준 그 나라를 저주했습니다."[5] 누군가는 그토록 가고 싶어도 못 가는 곳을 다른 이는 손쉽게 지나치는 것이다. 외눈박이 거인 퀴클롭스의 거처에 도달한 아이네아 스는 낙오한 이타카인으로부터 퀴클롭스의 거대한 눈을 찌른 오뒷세우스의 무용담을 듣기도 한다.[6] 이들은 서로의 그림자 를 쫓는 연인들같이 느껴진다.

그런데 여러 나라를 고달프게 떠도는 이들 이방인의 가장 중요한 공통점이란 바로 '환대받는 자'라는 것이다. 환대가 이들의 가느다란 목숨을 근근이 살려놓는다. 디도의 땅에 왔 을 때 아이네아스는 이렇게 환대받는다.

> 나는 그대들을 안전하게 호송케 하고 필요한 식량을 지 원할 것이오.
> 아니면 여기 이 나라에 동등한 자격으로 나와 함께 정착 하기를 원하시오?[7]

디도는 또 이렇게 말한다. "나는 불행을 모르지 않기에 불 쌍한 이들을 돕는 법을 배우고 있어요."[8] 또 다른 정박지에서 는 다음과 같은 환대가 아이네아스를 기다리고 있다. "시골의

풍성함으로써 그들을 환영했으며, 지칠 대로 지친 그들에게 우정 어린 도움을 베풀었다."⁹

고대 세계의 이 여행자를 기다리는 것은 환대였고, 그것은 21세기에 이르기까지 전쟁을 피해 바다에 배를 띄운 여행자들이 저 막막한 수평선을 바라보며 애타게 기다리는 것이었다. 아이네아스와 스치듯이 지나치는 적수 오뒷세우스의 방랑에서는 이런 환대가 더욱 두드러진다. 《오뒷세이아》에서 돼지치기 에우마이오스는 나그네에 대해 이렇게 말한다.

> 나그네여! 그대보다 못한 사람이 온다 해도 나그네를
> 업신여기는 것은 도리가 아니지요. 모든 나그네와 걸인은
> 제우스에게서 온다니까요.¹⁰

이런 환대가 없었다면 오뒷세우스도, 아이네아스도 영원히 보트피플로 떠돌며 육지에 발을 디디지 못했을 것이다. 그리고 육지에 발을 디뎠을 때 하나의 새로운 문명이, 로마가 이탈리아에 잉태된 것이다. 아이네아스가 처음 이탈리아반도에 도착했을 당시 그 땅의 왕이 받은 신탁은 이방인 아이네아스에 대해 이렇게 말한다.

> 이방인들이 와서 네 사위가 될 것인즉,
> 그들은 자신들의 혈통으로

우리의 이름이 별들에 이르게 할 것이다.[11]

　토착민의 이름과 이방인의 피가 한데 섞여 새로운 세계가 탄생한다는 것이다. 바로 '로마' 말이다. 아시아의 해안(트로이)과 유럽의 해안(이탈리아)은 각자 순수한 정체성을 고집한 채 서로를 외면하고 있지 않다. 아이네아스라는 보트피플의 항해와 정착이 알려주듯, 이질적인 자들에 대한 환대가 있고, 이 환대 속에 새로운 문명과 국가의 탄생이 준비된다.

　문명 자체의 성격이 그렇다. 한 문명이란, 또는 문명의 울타리가 되곤 하는 국가란 순수한 혈통도, 순수한 전통도 담고 있지 않으며, 이질적인 것들의 마주침만을 담고 있다. 예컨대 니체는 '독일인'이란 그저 그것이 무슨 뜻인지 고민해본다는 의미라고 말한다. 독일인의 순수한 정체성, 단일한 역사적 기원 같은 것은 없는 까닭이다. 마틴 버넬Martin Bernal이 쓴 흥미로운 역사서《블랙 아테나》의 메시지 역시 유럽은 결코 순수하지 않다는 것이다. 유럽의 탯줄인 찬란한 그리스는 그리스 땅에서 어느 날 갑자기 불쑥 솟아오른 것이 아니라 타자의 도래, 즉 아시아와 아프리카의 도래를 통해 가능했다. 아테나는 대리석처럼 하얗지 않고, 검은 피부의 유전자를 혈액에 간직한 여신이다.

　해안에서 해안으로의 이동, 곳에서 곳으로의 이동이 아이네아스의 보트를 따라가는 베르길리우스의 사념 속에만 등장

하는 것은 아니다. 그것은 현대 사상의 중요한 관심거리이기
도 하다. 가령 데리다Jacques Derrida의 《다른 곳》은 제목 그대로
해안에 대한 사유, '곳'에 대한 성찰이다. 이 작품은 유럽과 다
른 곳, 즉 한 번도 유럽이었던 적이 없고 앞으로도 절대 유럽
이 되지 않을 곳의 사람들, 바로 유럽의 타자가 어떻게 비로
소 개방된 유럽을 가능케 하는지를 이야기한다. 보트를 타고
온 아이네아스가 환대받았듯, 그리고 그 환대가 결국 로마로
이어졌듯, 타자에 대한 개방으로부터 한 공동체는 새 길을 찾
고, 새로운 영감을 얻는다.

남녀관계는
평생의 학습을 요구한다

모든 인간관계는 어렵고, 세심함을 요구한다. 남녀관계 역시 당연히 그렇다. 남녀관계에 대한 가장 오래된 신화 가운데 하나가 플라톤Πλάτων의 대화편 《심포지엄》에 간직되어 있다. 내 생각에 이 신화는 왜 남녀관계가 위험에 빠질 수 있는지에 대한 실마리를 제공하는 것 같다.

신화는 애초에 남녀는 한 몸이었다고 말한다. 암수 한 몸으로 얼굴은 두 개, 팔다리는 각 네 개씩이었다. 이 인간들이 자신들을 대단한 자로 생각해서 마침내 신들을 공격하려는 데 이르자, 제우스는 이들을 둘로 갈라버린다. 인간은 얼굴 하나에 팔 둘, 다리 둘만 가진 초라한 반쪽이 되었으며, 이후 잘린 반쪽은 다른 반쪽을 그리워해 계속 만나려 들었다.

이 이야기는 잃어버린 '전체'를 회복하려는 욕망의 표현으로서 남녀관계를 이해하는 사고방식을 대표한다. 이 신화는 '개별적인 인간'을 '전체의 일부'로 보고 있는 것이다. 인간에 대한 폭력은 언제 탄생하는가? 바로 전체라는 저 허구 속에 개별적인 한 사람을 억지로 집어넣으려 할 때 도래한다. 전체의 이익을 위해 조금만 참아라. 우리 모두를 위해 좋은 것인데, 너는 너만 생각하느냐. 너는 우리 전부가 추구하는 가치를 조금도 이해하지 못했구나…. 이런 류의 이야기들을 수없이 들어왔다.

남녀관계에서도 마찬가지다. 상대방을 불편하게 하고 괴롭히고 폭력을 행사하는 사람은 자기 머릿속에 머물고 있는 지극히 사적인 생각, 자기만의 신념 등이 자신과 상대방, 즉 남녀 전체를 위한 절대적 가치라고 착각하는 자이다. 자신은 전체를 대표하고 이끄는 주연이며, 상대방은 이 전체에 기여해야 하는 조연이다. 상대방은 자기를 이해해주어야 하고, 자신의 쾌락을 위해 기여해주어야 하는 입장인 것이다. 그래서 상대방의 입장에서는 지극히 괴로운 일도 결국 전체에게(그러나 사실 그 자신에게만) 좋은 즐거움, 적어도 용인되어도 괜찮은 쾌락이라고 착각한다.

당연히 우리는 전체의 일부가 아닌 개별자들이다. 전적으로 서로 다른 자들이, 각자의 고유함 때문에 합쳐지지 못하고 계속해서 서로 다른 자들로 남아 있는 것이 남녀관계이다. 밀란 쿤데라Milan Kundera는 소설 《불멸》에서 임종의 순간에 이르기까지 전적으로 서로 다른 이로 남아 있는 남녀의 관계를 그려내고 있다. 남자 주인공 폴은 아내의 주검 앞에서 생각한다.

> 일생의 부부 생활을 통해서, 한 번도 그녀가 진정으로 그의 것이었던 적이 없는 것 같았다. 한 번도 그녀를 가진 적이 없는 것 같았다. (…) 그는 눈꺼풀이 감긴 그 얼굴을 바라보았다. 그가 한 번도 본 적 없는 그 이상한 미소는 폴에게 보내는 것이 아니었다. 그 미소는 폴이 모르는 어떤 이에게 보내는 거였다. 그는 그 미소를 이해할 수 없었다.[1]

이 두 남녀의 관계는 실패한 것인가? 아니, 오히려 저 구절은 남녀관계의 본질이 무엇인지에 대해 알려준다. 남녀관계 속에서 인간은 결코 상대방의 소유물이 되지 않는다. 줄곧 상대방을 위해 미소 짓지도 않는다. 각자는 상대방이 아닌 자신의 인생을 바라보며 더 많이 미소 지을 수 있을 것이다. 인간은 서로에게 영원히 들어맞지 않는 퍼즐 조각들이며, 전체 그림 같은 것은 결코 맞추어지지 않는다. 인간에게 남아 있는 길은 무엇인가? 오로지 상대방의 고유성, 서로 다름, 하나의 전체로 합일하려 하지 않는 상대방의 필연적인 고집을 존중하는 길밖에 없다.

친구가 되었건 애인이 되었건 배우자가 되었건, 또는 그 외의 어떤 관계 속에서 마주치게 되었건 도대체 타인을 어떻게 대해야 할까? 저 질문에 답안을 제출하기 위해서는 분명 평생 추구해야 하는 중대한 학습이 필요한데도 사람들은 공부할 겨를 없이 게으르다. 들뢰즈는 자신의 모범으로 삼는 스피노자Baruch Spinoza에 대해 이렇게 말한 적이 있다. "스피노자는, 타인들이 그에게 그렇게 했던 것처럼, 그들이 살아가도록 내버려두었다."[2]

어리석은 인간은 자기 앞의 한 사람을 순응시키려 하고, 자신의 식민지로 삼으려 한다. 그러나 '모두와 다른 고유함'이라는 타인의 본성이 이를 허용하지 않는 까닭에 그의 시도는 결국 좌초하고 만다. 타인은 그가 있는 바 그대로 내버려둘 수밖에 없다. 각자의 본성에 따라 살도록 놔두기. 이것이 자유인의 공동체가 제일로 삼는 교육이다.

동물은 우리에게
무엇인가

어렸을 때 일이다. 어느 아침 기르던 강아지가 집 앞에 나가 놀고 있었다. 무시무시한 속도로 달려온 차가 강아지를 치고 지나갔다. 강아지 코에선 피가 흘러나오고 있었고, 나는 이 장면을 평생 반복한다. 주택가를 그렇게 무섭게 질주하는 차가 있었던 건 폭력과 무법과 무식함의 1970년대라서 가능했던가?

어쨌든 나는 강아지를 구하지 못한 자이다. 왜 강아지를 대문 밖에 내보냈던가? 이 죄인에게는 지금도 계속되는 괴로운 기억의 반복을 멈출 치료가 필요한 것 같다. 그러나 나는 치료받아서는 안 된다. 책임지지 못한 사실로부터 벗어나기 위한 치료란 있어서는 안 되는 까닭이다. 삶을 가꾸는 일이 윤리를 앞설 수는 없다. 동물이란 내겐 '죽어가는 동물'이다.

사람들은 동물을 보호한다. 동물이 활용 가치가 높은 자원이라서 그런가? 인간은 살기 위해 환경을 필요로 하고, 동물은 그 환경의 일부이기에 보호하는가? 결국 인간을 위해서? 아니면 우리는 동물에 대해 정말 순수한 도덕적 책임을 지니는가? 인간은 거의 책임을 지지 않고 수많은 세월을 보냈다고 해도 좋을 것이다. 동물에 대한 책임은 어쩌면 이야깃거리 정도로 철학사에 출현할 텐데, 가령 니체의 경우가 그렇다. 1889년 1월 초 토리노에 머물던 니체는 마부에게 얻어맞는 말을 보고는 다가가 말의 목을 끌어안고 흐느낀다. 그는 그 자리에서 뇌일혈로 쓰러진 후 죽을 때까지 미쳐 있었다.

이 이야기는 묘한 기시감을 주는데, 바로 피타고라스 Πυθαγόρας의 개를 떠올리게 한다. 어느 날 길에서 매 맞는 강아지를 본 피타고라스는 불쌍한 마음에 사로잡혀 이렇게 말했다. "그만하라. 매질하지 마라. 내 친한 사람의 영혼이니까. 울음소리를 듣고 그를 알아보았다."[1] 윤회설에 빠져 있긴 했으나, 이런 말을 대낮에 한 피타고라스는 어쩌면 그때 니체만큼이나 미쳐 있었다. 약간 미친 철학자들만이 품었던 이런 동물에 대한 관심은, 철학사에서는 물잔 속 얼음처럼 잠깐 빛나다 미지근해지며 이성의 물밑으로 사라진다.

동물은 쉽게 인간에 대한 존중 바깥으로 밀려난다. 윤리의 문제를 한평생 숙고해온 철학자 레비나스는 타자에 대한 책임의 근본성을 이야기했는데, 레비나스의 이 '타자'에는 동물이 속하지 않는다. 타인은 그 얼굴을 통해 고통을 드러내며 '나를 죽이지 말라'고 호소한다. 동물은 이런 호소하는 얼굴을 지니고 있을까? 예를 들면 〈창세기〉에서 악의 상징으로 등장하는 뱀은? 유대교를 배경에 둔 이 철학자의 대답은 문자그대로 다음과 같다. "뱀이 얼굴을 가지고 있는지는 모르겠다."[2] 철학은 이런 편견 속에서 인간만을 위한 윤리를 키워왔다. 데리다가 말하듯 "육식의 희생이 본질적인 종교적 문화들에서",[3] 즉 전 세계적으로 퍼진 서구 종교의 문화 안에서 동물이란 결국 인간의 자산인 '고기'이다. 불에 태워 신에게 바치고 인간도 먹는.

인간은 오래전부터 지구의 주인으로 행세해왔고, 같은 맥락에서 동물을 지배하고 사용해왔다. 이런 일의 기원에는 적지 않게 유대·기독교적 사고방식이 자리 잡고 있다. 린 화이트Lynn Townsend White가 유명한 논문 〈생태계 위기의 역사적 기원〉에서 잘 지적하듯 말이다. "하느님은 인간을 이롭게 하고 인간이 다른 피조물을 지배하도록 하기 위해 이 모든 것을 계획했다. (…) 기독교는 인간이 자신의 목적을 위해 자연을 착취하는 것은 신의 뜻이라고 주장하고 있다."[4] 이런 배경에서 자라난 서구의 사상들은 인간과 동물 사이의 위계적 격차를 만들었다. 인간은 만물의 영장이라는 칭호를 발명해 가졌고, 동물은 천국에서 영생을 누리는 인간적 영혼을 지니지 못한, 물건처럼 물리적 법칙의 지배만을 받는 '동물 기계'(데카르트)

가 되었다.

데카르트의 저 '동물 기계'에 대한 매력적인 반론이 있다. 쿤데라의 소설 《참을 수 없는 존재의 가벼움》의 한 구절이다.

> 송아지 한 마리가 테레자에게 다가와 걸음을 멈추고 커다란 갈색 눈으로 오랫동안 그녀를 바라보았다. 테레자는 그 송아지를 알아보았다. 그녀가 마르그리트라고 부르는 송아지였다. (…) 마을의 모든 송아지에게 이름이 있었을 것이다(만약 이름이 영혼의 기호라면, 데카르트는 마음에 들어하지 않겠지만, 송아지에게도 영혼이 있다고 말할 수 있다).[5]

여기서 동물은 익명적인 수량으로 계산되는 자원이 아니다. 한 짐승을 고유명사로 부른다는 것은 그가 무엇으로도 대체할 수 없는 유일무이한 존재라는 뜻이다. 반려동물과 함께하는 우리의 삶을 보라. 그 삶의 핵심은 우리가 대체 가능한 살아 있는 장난감과 논다는 것이 아니라, 하나의 고유한 영혼과 교류한다는 것이다. 고유한 개체로서 동물과의 교류를 이야기하는 몇몇 귀중한 기록들을 읽어볼 필요가 있다. 마르틴 부버Martin Buber는 《나와 너》에서 동물에 대한 이런 경험을 이야기한다.

동물의 눈은 하나의 위대한 언어를 말할 수 있는 능력을 가지고 있다. (…) 이 고양이는 내 눈초리를 눈치채고 빛을 내뿜기 시작한 눈초리로 틀림없이 나에게 묻기 시작했다. '당신이 나를 생각해준다는 것이 있을 수 있나요? 사실은 당신은 나를 한갓 당신의 심심풀이로 삼으려는 것이 아닌가요? 내가 당신과 상관이 있나요? 나는 당신을 위해 있는 것인가요?'[6]

여기서 동물은 물리적 세계의 사물로서가 아니라, 나와 대면한 타인과 똑같이 고유한 개체로서 말을 건넨다. 그것은 잡담 같은 말이 아니라 인간을 윤리적 시험대에 세우는 말이다. 나는 한낱 당신의 심심풀이인가요? 나는 그저 당신을 위해 있는 것인가요? 고양이에 대한 부버의 이런 체험을 후에 데리다가 얼마간 변형된 형태로 반복한다. 데리다는 이렇게 쓰고 있다.

그 어떤 것도 고양이의 시선 아래 내가 발가벗은 모습으로 보여지고 있다는 것을 보는 이 순간들보다 이웃의 이 절대적 타자성에 대해 생각할 거리를 더 많이 주지는 못할 겁니다.[7]

태초에 창조주의 눈앞에서 아담은 발가벗은 몸을 수치스

러워했는데, 이 발가벗은 몸에 대한 자각으로부터 인간의 도덕이 탄생했다. 저 구절이 보여주듯 이제 인간은 신뿐 아니라 동물의 눈앞에서도 자신이 발가벗고 있다는 것을 자각한다. 동물은 그저 물건 같은 것이 아니라 창조주처럼 시선을 던지는 타자로서, 도덕의 출현을 가능하게 하는 것이다. 동물의 시선을 받을 때 이런 물음이 탄생하게 된다. "우리는 모든 살해, 즉 '죽이지 말라'에 대한 모든 위반이 오직 인간만을 겨냥할 수 있다고 말해야 할까요? 요컨대 '인류에 반하는' 범죄만이 있다고 말해야 할까요?"[8]

아니, '동물에 반하는' 범죄 역시 있다. 인간뿐 아니라 동물 역시 우리에게 범죄를 저지르지 말라고 호소하는 것이다. 그런 동물의 호소를 인상 깊게 드러내는 다음 구절을 읽어보아야 한다. 화가 프랜시스 베이컨Francis Bacon은 십자가에 못 박힌 그리스도를 떠올리게 하는, 정육점에 걸린 고기를 수없이 그렸다. 이 그림들을 보면서 들뢰즈는 동물에 대해 이렇게 말한다.

철학은
날씨를
바꾼다

> 고통받는 인간은 한 짐승이고, 고통받는 짐승은 한 인간이다. (…) 예술, 정치, 종교 그 무엇에서든 혁명적인 사람이라면 죽어가는 송아지들 '앞에서' 책임을 가지게 되는 하나의 극단적인 순간을 느끼지 않았겠는가? 이 순간에 그 사람은 한 마리의 짐승 이외에는 아무것도 아니다.[9]

이제 좀 다른 맥락의 이야기를 해야겠다. 동물은 단지 우리를 동물에 대한 도덕적 책임이 있는 자로 지명하는 데 그치지 않는다. 동물은 우리에게 동물의 권리에 대해 생각하고 실천하도록 만들지만, 동물 그 자신은 신이나 인간이 만든 어떤 법 아래에도 놓이지 않는다. 법 아래 놓이는 동물도 있긴 한데, 그것은 인간적 삶의 은유에 불과하다. 가령 〈미녀와 야수〉, 〈개구리 왕자〉에서는 신적 능력에 상응하는 마법의 처벌로 인해 사람이 야수가 되고 개구리가 된다. 이들은 마법에서 풀려나기를 기다리는 저주받은 왕의 계보를 잇고 있으며, 이 계보에는 바그너Wilhelm Richard Wagner의 오페라 〈파르지팔〉의 암포르타스 왕도 속한다. 아울러 성직자에게 감화되어 회개하는 모든 이야기 속의 동물도 동물이 아니라 인간의 은유이다.

오히려 동물은 신과 인간이 부과하는 초월적 법을 파괴하고 생명 그 자체를 구가할 수 있는 길을 인간에게 안내한다. 구스타프 말러는 좋은 예를 보여준다. 말러는 그의 위대한 교향곡들처럼 존중받아 마땅한 가곡집들을 썼는데, 독일 민중시에서 가사를 뽑은 가곡집 〈어린이의 이상한 뿔피리〉가 그 가운데 하나다. 동명의 시집은 시인 아힘 폰 아르님Ludwig Achim von Arnim과 클레멘스 브렌타노Clemens Brentano가 독일 각지에서 수집한 독일 민중시를 엮은 것인데, 괴테가 그 중요성을 강조하기도 한 작품이다. 말러는 거의 12년 동안이나 이 시집의 시들을 가곡집으로 만드는 데 몰두했다. 가곡집에 실린 천재적으로 병맛나는 작품 〈물고기에게 설교하는 파도바의 성 안토니우스〉는 인간적이거나 신적인 법을 벗어나는 동물의 모습을 즐겁게 그려나간다. 그러므로 이것은 앞서 린 화이트의 글에서 목격한 신과 인간 중심의 기독교적 세계관을 즐겁게 반박하는 작품이기도 하다.

성 안토니우스는 교회에 사람이 없자 물고기들에게 가서 설교했던 인물이다. 이 풍자적인 가곡 속에선 어떤 일이 벌어지는가? "그 어떤 설교도 물고기들을 이토록 즐겁게 해주진 못했네!" 물고기들은 뻐끔거리면서 열심히 설교를, 그러니까 신의 법에 대한 가르침을 듣는다. 그러나 마지막이 중요하다. "설교는 잊어버렸네! 설교는 그들을 즐겁게 했고, 그들은 다시 그전처럼 되었네!" 괜히 물고기가 아니다. 새와 더불어 위대한 망각의 동물인 물고기는 설교를 잊는다. 그냥 성자의 말씀을 '생깐다!' 동물들은 설교를 즐겁게 듣지만, 설교에 따라 신의 법 아래 복종하는 일은 없다. 설교는 그저 즐겁게 들었으면 됐고, 그들은 돌아서서 그냥 하던 대로 한다. 생명이 허용한 그대로, 잉어는 포식하고 뱀장어는 사랑을 즐기고.

들뢰즈라면 이런 국면을 다음과 같이 표현했을 것이다. "'동물 되기'에서 모든 형태는 붕괴한다."[10] 인간이 복종해온 신의 법을 무시하는 방식으로 동물들은 이 법을 붕괴시키고, 생명의 자유를 실현하는 길을 열어준다. 인간도 그 길을 발견할 수 있도록.

희생양 없는
사회를 향하여

14세기에 페스트가 프랑스 북부 지방을 휩쓸 무렵 광기에 가까운 여론이 형성되었다. 떠돌던 사악한 유대인들이 식수에 독약을 풀어 사람들을 살해한다는 것이다. 이런 뉴스는 곧 유대인 학살로 이어진다. 르네 지라르René Girard가 《희생양》에서 밝힌 이야기이다.[1] 이 실화는 14세기 프랑스 시인 기욤 드 마쇼Guillaume de Machaut의 작품 《나바르 왕의 심판》에 고스란히 반영되어 있다. "유대인들은 모두 사형에 처해졌는데, 어떤 이는 교수형으로 능지처참이 되고 어떤 이는 물속에서 죽고, 또 어떤 이는 참수형으로 머리가 효수되었다."[2]

이 이야기는 우리에게도 똑같이 일어났다. 1923년 일본 관동대지진 때 소문을 물고 악의적인 여론이 형성되었다. 조선인이 폭동과 방화를 하며, 우물에 독을 탔다는 것이다. 소문은 곧바로 조선인 대학살로 이어진다.

희생양 이야기는 반복된다. 볼테르Voltaire의 철학 소설《캉디드》역시 약자를 희생양으로 삼은 사건을 기록하고 있다. 리스본에 지진이 나자 18세기 당시 포르투갈의 유일한 대학은 이런 해결책을 내놓는다. "코임브라 대학이 지진을 막는 가장 확실한 비법이라며 내놓은 방책이란 바로 몇 사람을 골라 약한 불에 천천히 태워 죽이는 장엄한 의식을 군중에게 제공하는 것이었다."[3] 그래서 '비계를 안 먹는 사람들', 즉 유대인의 풍습을 가진 사람들이 화형당한다. 코로나의 공포가 휩쓸던 시기엔 유럽의 한복판에서 엉뚱하게도 동양인들이 재앙의 원인으로 지목되고 희생양이 되었다.

이 이야기들이 알려주듯, 희생양이 되는 것은 폭력을 행사해도 저항하지 못하는 사회적 약자이다. 이것이 희생양 문제의 첫 번째 특성이다. 희생양은 오늘날에도 곳곳에 있다. 학교, 회사, 정치 어디든. 조직은 목숨을 빼앗는 고대의 물리적 폭력 이상의 폭력으로 한 사람의 희생양을 겨냥한다. 여러 성추행 사건들에서 쉽게 예를 발견할 수 있듯 피해자에서 희생양으로의 이행은 물 흐르듯 이루어진다.

희생양이 체험하는 당혹감은 이렇다. 주변 사람들은 문제 발생을 귀찮아한다는 것, 자신의 문제 제기와 처지가 다수결이나 회의 등 합리적이라고 위장된 절차를 통해 터무니없이 우스꽝스러운 꼴로 변질될 수 있다는 것이다. 사람들은 무심하거나 공평한 시선을 지닌 양하지만, 실은 이 시선 자체가 피해자를 뼈아픈 희생양의 처지에 놓이게 한다.

이것은 희생양에 대해 이야기할 수 있는 두 번째 특성과 관련이 있다. 희생양은 희생양을 필요로 하는 다양한 이해관계의 사람들을 결집시킨다. 예컨대 예수를 희생양으로 삼은 집단은 누구인가? 이들은 애초에 일치단결된 사람들이 아니었다. 지라르가 말하듯 "평소에는 서로 의견이 맞지 않다가도 예수를 처벌하는 데에는 완전한 합의를 이루고 있는 이 영향력 막강한 사람들"[4]이다. 가해자들은 신념, 정치적 성향, 가치관 등이 통일되어 있어서 한 사람을 희생제물로 삼는 것이 아니다. 누군가를 희생양으로 삼았을 때 얻게 되는 이득이 비로소 이들을 통일적으로 만들어준다. 그 이득이란 기득권에 대한 보호, 희생양의 것이었던 자리를 대신 차지하기 등과 같은 것이리라.

이런 희생양 만들기는 어떻게 일어날까? 아마도 '설계자'가 있을 수 있다. 이것이 희생양의 세 번째 특성이다. 물론 사건의 인과적 흐름 전체를 예견하는 전능한 계산자 같은 것은 없겠지만, 희생양을 계획하는 자는 얼마든지 있을 수 있다. 우리는 그러한 설계자의 한 전형을 예수가 희생양이 되었을 때의 유대 대제사장 가야파에게서 볼 수 있다. 그는 말한다. "온 민족이 멸망하는 것보다 한 사람이 백성을 대신해서 죽는 편이 더 낫다는 것도 모릅니까?"(〈요한〉, 11: 50, 공동번역) 이런 식의 기획을 우리는 오늘날에도 종종 본다. 피해자와 약자의 권한을 변호하는 것이 아니라, 조직을 위해 의도적으로 그들을 희생양으로 삼는 것 말이다.

그러나 모든 것을 투명하게 보는 설계자가 '설령' 있다고 한들, 희생양 만들기는 한 사람이 아니라 수많은 사람의 참여 속에 가능한 일이다. 어떻게 이런 자발적인 참여가 가능할까? 악한 마음을 품고 누군가를 부당하게 박해해 희생양으로 만드는 사람들이 몇 명은 있을 수 있다. 그런데 한 조직 또는 사회 구성원 전체가 한 명의 억울한 피해자를 희생양으로 만드는 악행을 의도적으로 저지른다고 간주하는 것은 불합리해 보인다.

지라르가 말하듯 사정은 오히려 이럴 것이다. "희생양에 대한 그들의 비난이 아무런 명분도 없다는 것을, 정작 그 박해자들은 전혀 알지 못한다."[5] 그리스도 역시 희생양으로 십자가에 못 박히면서 이 점을 잘 알고 있었다. "그들은 자기가 하는 일을 모르고 있습니다"(《루가》, 23: 34, 공동번역). 사람들은 희생양을 박해하는 자신의 행동이 잘못됐다는 것을 모른다. 이것이 희생양 문제의 네 번째 특성이자, 가장 악마적인 특성이다.

어떻게 조직의 대다수 구성원이 자신의 잘못을 모른 채 악행을 저지를 수 있을까? 여러 이유가 있지만, 가장 위험스러운 것이 '선동을 통한 착시현상'이다. 억울한 희생양이 된 유명한 인물 가운데, 이집트로 팔려간 야곱의 아들 요셉이 있다. 요셉은 파라오의 경호 대장 보디발의 하인이 되고, 신뢰를 얻어 그의 모든 살림을 도맡게 된다. 그러나 이후 요셉을 유혹하다 실패한 보디발의 아내에 의해 누명을 쓰고 희생양의 처지에 놓인다.

토마스 만은 저 요셉의 이야기로 지은 소설《요셉과 그 형제들》에서 이집트 대장의 아내가 요셉을 희생양으로 만드는 방식을 분석한다. 이 방식은 한국 정치인들도 매우 오래전부터 사용하던 수법으로, 일종의 선동 수법이다. 이집트 대장의 아내는 집안의 다양한 하인들 모두를 선동해 하나의 동질적인 공동체로 만들어 요셉을 박해하게 한다. "이집트인들이여! (…) 강물과 검은 흙의 아들들이여!"⁶ 그녀의 이런 외침은 지금껏 존재하지도 않았던 '이집트인'이라는 배타적인 공동체를 창조한다. 좀 더 현실감을 느끼길 원한다면 '이집트' 대신에 한국의 익숙한 지역 명칭을 넣어봐도 좋을 것이다.

독일 민족사회주의의 박해 속에서 이 작품을 쓴 토마스 만은 나치 독일이 희생양을 만들어내는 선동 메커니즘을 염두에 두었을 것이다. 따라서 토마스 만의 입장에선, '이집트인'이라고 쓰고 '독일인'이라고 읽어야 한다. 이집트 대장 아내의 저런 선동에 대해 토마스 만은 매우 흥미로운 논평을 붙인다.

그녀의 청중은 평범한 보통 사람들이었다. 그리고 이 순간 너나없이 술에 취해 있었다. (…) 그들이 이집트인으로 태어난 것이 어디 그들이 잘나서 그런 것이었던가? 그저 태어나 보니 이집트인이었을 뿐, 한마디로 그건 자연이 한 일이었다. 그리고 이들은 행여 집안일을 제때에 하지 않고 거르게 되면 결코 좋은 꼴을 볼 수 없던 사람들이다. 이런 경우 커다란 가죽띠로 허리를 흠씬 두들겨 맞기 일쑤였다. 이때는 이집트인이라는 고상한 출신 성분은 전혀 고려 대상이 되지 않았던 것이다. 그런데 다른 때는 이처럼 각자의 실생활에 아무런 효력을 발휘하지 못하고 저 뒤쪽에 밀려나 있던 출신 성분을, 느닷없이 지금 이 순간 새롭게 상기시킨 까닭은 무엇일까? 그건 이 사람들에게 자신이 명예로운 이집트인이라는 자부심을 불러일으켜 하나의 공동체로서 파괴해야 할 대상을 향해 성난 입김을 불어달라고 선동하기 위해서였다.[7]

정치가의 절구 속에서 한낱 마늘 한 조각처럼 우습게 으깨지기를 원치 않는 시민들이라면, 피해 다니기 잘하는 선동의 유령을 심령사진처럼 선명히 담아낸 이 구절을 잊을 수 없을 것이다.

사람들은 취해 있다. 아니 취한 것처럼 그들의 의식은 선동가에 의해 이리저리 휘둘린다. 실생활에서는 약자로서 주인에게 매 맞고 고단한 노동을 겨우 해나가던 사람들이 느닷없

는 '이집트인(독일인)'이라는 호명 속에 통일되며, 파괴해야
할 한 명의 유대인, 즉 희생양을 표적으로 삼게 된다. 선동적
으로 만들어진 '이집트인'이라는 허구의 정체성 속에서 그들
모두는 정의로우며, 약자를 박해하는 악행을 저지른다고는
꿈에도 생각하지 못하는 것이다. 학교에서 몇몇 아이들의 그
룹이 왕따를 만드는 일부터 정치적 선동에 이르기까지 이런
방식으로 희생양의 수난이 일어난다.

　이제 희생양 문제의 다섯 번째이자 마지막 특성을 이야기
하고 싶다. 문명은 희생양을 가지고 있었다. 말 그대로 번제에
바쳐진 희생양은 신과 인간의 관계를 신뢰 속에 엮어주었다.
이피게네이아는 아가멤논의 함선이 트로이를 향해 출항할 수
있도록 하는 희생양으로 지목되었다. 신화 속의 이 이야기는
현실 속에서도 이루어지는데,《플루타르코스 영웅전》에 따르
면 살라미스 해전의 지휘관 테미스토클레스는 출항 전 그리
스를 구하기 위해 높은 신분의 페르시아인 포로 세 명을 희생
양으로 삼았다.[8] 희생양이 문명의 일부라는 것은 바다에 불쌍
한 소녀를 던지는《심청전》이나 스트라빈스키Игорь Стравинский
의 〈봄의 제전〉이 전제하는 바이기도 하다.

　그러나 이제 희생양에 대해 필요한 것은 인류학적 분석이
아니라 '계몽'이다. 희생양은 더 이상 문명의 일부여서는 안
되고, 계몽의 칼날이 사회로부터 추방해야만 하는 것이다. 식
인 풍습을 비롯한 야생적 사회의 모든 요소는 합리적 구조의

일부임을 밝히려 했던 인류학자 레비스트로스Claude Lévi-Strauss
마저 용납하지 못한 것이 있는데, 바로 아스텍족의 희생양이
다. 그가 쓴《슬픈열대》의 한 구절은 다음과 같다. "아메리카
문화의 큰 약점이라고 할 수 있는 아스텍족의 예를 들지 않을
수 없다. 피와 고문에 대한 그들의 광적인 집착은 (…) 그 정도
가 좀 지나치다고 할 수 있겠다."⁹

　희생양은 구세주에 관한 고대 신화를 지탱할 만큼 오래된
개념이지만, 어떤 이유로도 희생양은 정당화될 수 없고 희생
양을 가졌던 문명은 교정되어야만 한다. 이제 인간의 모든 이
야기는 희생양 없는 이야기가 되어야 한다.

2부

세상을 견뎌내기
위하여

소년의
나라

딸아이가 초등학교에서 처음 어린이 신문을 구독했을 때의
일이다. '소년○○' 식으로 시작하는 이름의 신문이었다. 신문
을 받아서 집에 온 아이가 시무룩해서 말했다. 처음엔 잘못되
어서 두 장이 중복으로 배달된 줄 알았다는 것이다. 옆에 앉
는 남자아이에게는 '소년○○' 신문, 자기에게는 '소녀○○' 신
문이 올 줄 알았는데, '소년○○'만 두 장이 온 것이다!

그 실망감에 동참하자니 마음이 아팠다. 아이는 오로지 '소
년○○'만 있는 세상의 문턱에 깜짝 놀라며 첫발을 들여놓은
것이다. 국어사전상 소년의 첫 번째 뜻은 '어린 사내아이'로
되어 있다. 당연히 '소년'이라는 단어로 검색되는 외국어도,
예를 들면 'boy'이다. 국어사전에서 소년의 두 번째 뜻은 중
성적인데, '젊은 나이 또는 그런 나이의 사람'이다. 이런 사전

101

을 근거로 들어 '소년'에는 어린 남자아이나 여자아이 모두 포함될 수 있다고 위로했어야 할까?

그러자니 아이가 생활 속에서 생생하게 체득한, 소녀와 반대되는 의미의 소년이라는 뜻을 무시한 채, 무슨 법이라도 지키는 양 사전에만 맹종해서 억지 강요를 하는 것처럼 느껴졌다. "그럼 왜 '소녀'라고 표기하고서, 소녀라는 말에 남녀 모두가 포함되는 것으로 쓰면 안 돼?" 이렇게 반문할 게 뻔했다. 말의 역사에는 불평등이 고스란히 녹아 있고, 어쨌든 우리 집 소녀는 지금 마음에 들지 않는 이름을 지닌 소년 신문을 본다. 지불하는 구독료는 소년들이 내는 것과 동일하다.

문화와 역사와 말이라는 것은 지층이나 암석의 결처럼 단단히 형성되어 있는 것이라, 불만족스럽기 짝이 없더라도 바꾸기 어렵다. 그러니 못생긴 지층의 표면만 슬쩍 가리듯 타협안으로 여기저기 임시 공사를 한다. 예를 들면 소년이라는 단어가, 소녀라는 말의 반대말인 동시에 슬쩍 중성화되는 것도 그런 것이 아닌가 한다.

정말 문화와 역사와 말(써놓고 보니 세 가지의 정체는 사실 '일상생활' 그 하나이다) 안에 내재하는 성적 불평등을 아이와 함께 뚫고서 만족스러운 삶에 도달하기는 매우 어렵다. 딸아이가 어렸을 때 읽을 만한 동화책을 골라보려니, 정말 못 읽을 것투성이였다. 안 그럴 것 같지만 이른바 고전 명작일수록 더 그랬다.

기껏 지위가 높아봐야 아버지의 보호를 받는 공주, 왕자로 인해서만 수동적으로 행복해지는 여자, 왕자 구해주는 조연으로 만족하기, 마녀로 몰아 왕따 시키기, 효녀의 아버지 뒷바라지, 현모양처라는 이름의 끝 모를 노동, 식민지 개척자 백인 청년과 토착민 유색인 소녀의 사랑 등등. 동화는 남자의 판타지가 신나게 점령한 식민지인가? 한마디로 모두 아이에게 읽힐 게 못 되었다. 문화가 길이 아니라 꼭 장애물 같았다. 우리가 고전으로 알고 있는 것들 가운데는 지금은 폐기되어야 할 것들이 너무도 많다. 고전이 되기 위한 좁은 관문을 지키는 평가의 시선 역시 다 남자들의 눈으로부터 나왔기에 그러리라.

이와 정반대편의 요즘 작품들도 접했지만, 솔직히 만족스럽지 못했다. 성적 불평등의 서사를 너무 잘 알고 그 대척지에서 제시되어야만 하는 명제에만 마음을 둔 나머지, 예측할 수 있어서 빈약해진 도식적 이야기를 밀고 나가기 급급한 경우가 적지 않았다. 이념을 학습하는 일은 어느 나이에 도달한 인간에게는 매우 중요하지만, 아이들은 정해진 목적지를 두지 않고 이야기에 몰입하는 것을 더 좋아한다. 그들에게 독서란 아직 인위적 노력의 성과가 아니라, 물고기의 물과 같은 '환경'이기 때문이다.

이런저런 곡절 끝에 든 생각은, 성적 불평등의 해소는 현재적인 입법의 문제(물론 이게 가장 중요하다) 이상이라는 것이다. 그것은 악습을 지우는 문제에 그치지도 않는다. 성적 불평등의 해소는 '신화', '종교', '고전', '명작' 등의 긍정적 이름으로 암석의 결처럼 오래 굳어진 문화 그 자체와 싸우는 일이다. 유전되는 나쁜 형질이 있다면 그것은 핏속에 있는 것이 아니라 문화, 역사, 말 안에 있다. 인간의 지혜는 인간의 어리석음도 함께 가져가는 까닭에 문화, 역사, 말 자체가 싸움의 대상이 되는 것이다. 그렇다면 물을 것이다. 이게 싸움이 되나? 우리가 니체냐? 모든 가치의 전도 후 새로운 인간의 탄생을 기대하는 거냐? 대답은 단순하다. '그렇다'이다.

바보와
천재

'천재'는 흔한 말이 되어버렸다. '먹방' 천재도 있고, 탄막 게임을 '원코인 클리어'하는 천재도 있다. 좀 더 과학적인 듯한 기준도 있을 것이다. 아이큐가 얼마 이상이면 천재라고 한다와 같은 것. 그런데 인간이 발휘하는 거의 무한하다고 할 만큼 다채로운 능력에 비추어 볼 때 아이큐 같은 기준은 임의적일 뿐이라서 별다른 유의미한 척도가 되지 못하는 것 같다.

어떻게 원리적인 차원에서 천재를 규명할 수 있을까? 볼테르의 《철학 사전》에서 실마리를 얻을 수 있다.

> 천재génie라는 단어는 대단한 재능을 통틀어 가리키는 것
> 이 아니라 창의성이 개입된 재능을 지칭하는 듯하다.
> (…) 아무리 자기 분야에서 완벽한 예술가라도 창의성

이, 독창적인 면이 전혀 없다면 결코 천재라는 명성을 얻지 못한다. (…) 체스의 최초 발명자보다 체스를 더 잘 두는 사람이 여럿 있을 수 있다. (…) 하지만 체스의 발명자는 천재였고, 그와 체스를 두어 이길 사람들은 천재가 아닐 수 있다.[1]

여기서 볼테르는 천재의 핵심적인 요소로 '창조성'을 내세운다. 체스를 잘 두는 사람은 이미 만들어진 체스의 규칙을 잘 운용하는 사람이다. 반면 천재는 체스라는 게임의 '규칙' 자체를 고안한 사람이다. 즉 천재는 '이전에 없던 규칙을 창조하는 사람'이라고 할 수 있다.

이런 천재의 창조성, 규칙을 발명해내는 능력을 미학의 영역에서 해명한 이가 바로 18세기의 칸트Immanuel Kant이다. 칸트는《판단력 비판》에서 천재의 네 가지 근본 면모를 이야기하는데, 규칙을 창조하는 저 능력이 첫 번째 온다. "천재란 어떠한 특정한 규칙도 주어지지 않는 것을 만들어내는 '재능'이다. 즉 그것은 어떤 규칙에 따라 배울 수 있는 것에 대한 숙련의 소질이 아니다."[2] 예술은 인간의 생산품이지만, 여느 기성품과 달리 획일적인 규칙에 따라 생산되지 않는다. 각각의 작품은 저마다 고유한 규칙(질서)을 가지고 있다. 이 규칙은 천재로서의 예술가에 의해 작품마다 새롭게 탄생하는 것이다.

두 번째, 아무리 독자적인 생산물이더라도 무의미한 것을 천재의 소산이라고 하진 않는다. 그렇다면 의미 있는 생산물이란 무엇인가? 그것은 '범형範型'이 되는 작품이다. 다시 말해 천재의 작품은, 다른 작품들이 좋은 작품인지 좋지 않은 작품인지 판정할 수 있는 표준 역할을 할 수 있는 '범형'이다.

세 번째, 천재는 독창적인 규칙의 새로운 작품을 창시하지만 어떻게 그런 작품이 나왔는지 설명할 수 없고, 다른 사람들도 그런 작품을 창작하도록 가르칠 수 없다. 이런 점에서 천재는 학자가 아니며, 천재의 산물은 학문에 속하지 않는다. 학자는 자신의 학문적 생산물이 어떻게 나왔는지 설명할 수 있고, 다른 사람에게 가르쳐 동류의 성과물을 얻도록 할 수도 있기 때문이다. 천재는 자기 안에서 일어나는 일들을 일일이 인식하고 있기보다는, 꼭 자연의 일부처럼 창조한다. 마치 과실나무가 자기가 무엇을 하는지도 모른 채 경이로운 열매를 생산하듯 말이다.

그러므로 천재의 네 번째 면모를 이렇게 말해야 할 것이다. 자연은 자연 속의 모든 것들을 자신의 규칙(가령 자연과학의 법칙)에 따라 생산한다. 그러나 자연은 독특한 산물인 예술작품에 대해선 '천재를 사용해' 규칙을 부여한다.

이렇게 천재에 대한 이론은 예술 영역에 국한해서 형성되었다. 그러나 이후 낭만주의를 거치면서 19세기에 '천재'는 인간사의 모든 영역에서 발휘되는 무의식적인 창조성을 가리키는 개념이 되었다. 헤겔이 《미학강의》에서 말하듯 천재라는 말은 예술가에 대해서뿐 아니라 위대한 군인들과 제왕들, 그리고 학문의 영웅들에까지 널리 사용되는 말이 되어서, 좀 더 세심히 그 말을 규정할 필요 역시 생기는 지경이었다.[3]

잠깐 덧붙이면, 천재 개념은 의미 있는 생산물을 모두 주체가 가진 능력의 소산으로 설명하려 한다는 점에서 문제가 있다고 지적되어 오기도 했다. 예컨대 하이데거는 〈예술작품의 기원〉에서 말한다. "창조적 행위를 자주적 주체의 천재적 수행능력이라는 의미로 오해하고 있다."[4] 창조적 작품은 한 개인의 천재적 능력으로부터 나온다기보다, 가령 그런 작품의 출현을 준비해온 공동체를 바탕으로 가능한 게 아닐까?

이제 바보에 대해 이야기하자. 바보라는 말은 남에게 주저 없이 쓰면 안 되는 말임을 우리는 안다. '바보'는 그저 욕이다. 그런데 바보는 그렇게 나쁜 것일까? 바보가 할 수 있는 일은 아무것도 없을까?

바보는 늘 매력적이었고, 그 때문에 오래전부터 문학의 주인공으로 흔적을 남겼다. 한 예로 푸코Michel Foucault는 《광기의 역사》에서 바로크 시대의 문학적 취향을 이렇게 기록한다. "사람들은 오래전부터 있어온 바보들의 무리, 그들의 축제, 그들의 집회, 그들의 이야기에서 새롭고 아주 강렬한 즐거움을 느낀다."[5] 여기서 말하는 유럽에서 '오래전부터 있어온 바보들의 이야기', 즉 우인문학愚人文學은 독일 작가 브란트 Sebastian Brant가 1497년 발표한 《바보의 배》가 대표한다. 현대에

철학은
날씨를
바꾼다

와서도 바보는 그 매력을 유지한다. 〈포레스트 검프〉 같은 영화를 통해서 말이다. 이 영화에 담긴 '바보이기에 모든 일을 영악한 똑똑이들보다 잘 처리한다'는 메시지는 사실 기시감이 있다. 이는 바로 톨스토이Лев Толстой의 《바보 이반》이 보여주었다.

《바보 이반》의 의의를 알기 위해선, 악마와의 대결을 그린 세 작품을 함께 보아야 한다. 먼저 뛰어난 지성을 가진 인물들이 등장하는 두 작품이 있다. 데카르트의 《성찰》에서는 철학자가 악마와 대결하고, 괴테의 《파우스트》에서는 교수가 악마와 대결한다. 이와 달리 톨스토이의 《바보 이반》에서는 바보가 악마와 대결한다. 그런데 악마에 대한 가장 완전한 승리를 보여주는 작품은 《바보 이반》이다. 《성찰》에서는 악마의 위협에 속지 않고 참된 앎을 얻을 가능성을 전능한 신의 선성善性으로부터 보장받는다. 결국 선한 신에 의존해서야 악마를 물리치는 것이다. 《파우스트》의 경우 '천상으로부터 사랑의 은총'이 없고서는 악마를 물리칠 수 없었다. 요컨대 교수와 철학자 모두 도우미가 필요했다. 그러나 바보 이반은 오로지 그 자신이 바보이기 때문에 혼자서 악마를 이길 수 있었다. 여기에서 우리는 바보에게 대단한 능력이 있음을 알아챈다.

이 작품에서 이반의 두 형은 돈과 권력(군대)을 차지하기 위한 두뇌 게임에서 악마에게 패배한다. 당연히 악마의 두뇌를 이길 수는 없다. 반면 이반은 돈과 권력의 가치 자체를 무

의미하게, 즉 추구할 만한 대상이 못 되게 만들어 악마를 이긴다. 더 정확히는 이반이 이기려 하지도 않았는데 악마 스스로 이반에게 진다. 이렇게 할 수 있는 힘은 어디서 나오는가? 바로 바보의 '순수성'에서 나온다. 바보의 순수성은 사람들이 쫓는 가치를 뒤쫓는 것이 아니라, 그런 가치를 무심히 건너뛰어 버린다. 사람들이 매달리는 기존 가치에 반응하지 않는 바보의 등장 자체가 세상을 지배해온 그 가치들을 의문에 부치고 초라하게 만든다. 이런 바보의 방식으로 기존의 세상을 허무하게 만들고, 새로운 세상을 여는 발판을 마련한 이들이 있다. 석가가 그렇고, 그리스도가 그렇다.

결국 바보가 물정 모르는(즉 순수한) 바보인 까닭은 세상을 지배하는 기존의 가치와 단절되어 있기 때문이다. 순수성이라는 면에서 그리스도와 비견되곤 하는 바보 주인공을 내세운 도스토옙스키[Фёдор Достоевский]의 《백치》를 보자. 주인공 미쉬킨 공작은 러시아말로 '유로지비[yurodivy]', 즉 '성스러운 바보'라 불린다.[5] 유로지비는 동방정교에서 바보 행세를 하며 수행하는 수도자를 일컫는 말이다. 공작은 이런 말을 듣는다. "나는 조금 전까지도 당신을 백치로 여겼어요! 하지만 당신은 남들이 전혀 볼 수 없는 것을 볼 수 있어요."[6] 세속의 통상적인 가치와 단절한 바보는 남들이 보지 못하는 것을 봄으로써, 그 자신을 바보 취급하는 세상이 실은 어리석은 탐욕과 악덕으로 가득 차 있음을 드러내는 것이다.

바그너의 마지막 악극樂劇 〈파르지팔〉에는 머리 좋고 꾀바른 자들이 아니라, 순수성의 담지자인 바보가 세상을 구원할 수 있다는 사상이 담겼다. 파르지팔Parsifal은 자기 이름도 기억하지 못하는 바보이다. 이 작품의 2막에서 파르지팔의 의미가 해명되는데, '순수한parsi 바보Fal'라는 뜻이다.

이야기의 핵심은 이렇다. 그리스도의 성배聖杯와 성창聖槍을 지키는 임무를 지닌 왕은 지금 병들어 죽어가는 처지이다. 마법사의 계략에 말려들어 여자의 유혹에 넘어가 성창을 빼앗기고 치명상까지 입은 까닭이다. 오로지 순수한 바보, 파르지팔만이 그를 구할 수 있는데, 그 역시 왕이 겪었던 것과 같은 유혹에 빠지게 된다. 그러나 파르지팔은 순수함으로 인해 왕과 달리 정욕의 길로 들어서지 않고, 오히려 왕의 고통에 깊이 공감한다. 그리고 이 공감을 바탕으로 성창을 되찾고 병든 왕을 구원할 수 있게 된다. 이 정도면 바보는 일종의 '덕'이라 할 만하다.

천재가 새로운 규칙을 창조해 기존에 없던 것을 만들어낸다면, 바보는 그 순수성으로 세상에 통용되는 규칙과 가치를 무력화해 세상을 텅 비워낸다. 둘 다 세상이 새롭게 출발할 수 있는 길을 연다. 결국 바보와 천재는 서로 전혀 다른 인물들이고 전혀 다른 길을 가지만, 궁극적으로 같은 일을 하고 있는 것이다.

늑대인간

노진구는 도라에몽을 졸라 미래의 장난감을 하나 얻는다. 손전등인데, 전짓불이 아니라 달빛을 쏘는 이른바 '월광등月光燈'이다. 월광등의 빛을 받으면 보름달이 뜰 때의 효과가 나타난다. 빛을 쪼인 사람이 '늑대인간'으로 변신하는 것이다. 월광등을 가진 진구는 늑대 사냥을 위해 늑대로 변신하지만, 결국 늑대의 친구가 되고 사냥꾼들에 맞서 늑대 가족을 지킨다. 《도라에몽》 '늑대 가족' 편의 이야기다. 게임 〈젤다의 전설〉 '황혼의 공주' 편에서도 주인공 링크는 늑대로 변할 땐 평소와 다른 비범한 능력을 보여준다.

　이 두 작품은 인간이 지닌 가장 오래된 이야기들의 주인공인 '늑대인간'의 성격을 충실히 계승한다. 달빛을 받고 변신하며, 평범한 인간과는 다른 초인적인 능력을 발휘한다는 것

말이다. 시대가 바뀌고 만화와 비디오 게임이 탄생해도, 인간을 매료시키는 이야기는 하나밖에 없다는 듯 늑대인간의 전설은 반복되고 반복된다.

곳곳에서 늑대인간이 출몰한다. 헤로도토스의 《역사》는 기원전 420년경 작품으로, 페르시아 전쟁이라는 동서문명의 충돌을 기록할 뿐 아니라, 유럽과 아시아의 수많은 민족에 대한 인류학적 보고 역시 담고 있다. 이 책의 4권에는 놀랍게도 늑대인간에 대한 기록도 나온다. "네우로이족은 마법사들인 것 같다. 스퀴타이족과 스퀴티스에 사는 헬라스인들에 따르면, 네우로이족은 누구나 매년 한 번씩 며칠 동안 늑대가 되었다가 도로 사람이 된다고 하니 말이다."[1] 이렇게 변신하는 늑대인간의 이야기는 당시 발틱과 게르만 지역에 널리 펴져 있었다. 나아가 로마는 늑대인간을 그들의 시조로 삼았다. 로마의 창시자 로물루스는 늑대 가족의 일원으로 늑대의 젖을 먹고 성장했다.

고대 이래 늑대만큼 인간 정신에 깊이 파고들어온 동물도 없다. 늑대인간을 뜻하기도 하고, 자신을 늑대로 여기는 정신장애를 뜻하기도 하는 'lycanthropy'(라이칸트로피)는 문자 그대로 늑대를 일컫는 그리스어 'lykos'와 인간을 의미하는 'anthropos'가 결합한 말이다. 이런 질환이 가능한 배경에는 인간 정신의 회로처럼 자리 잡은 늑대 변신 신화가 있다. 브리태니커 백과사전에 따르면 늑대 변신 신화는 여러 국가와 민족에 퍼져 있는 매우 보편적인 이야기이다. 늑대는 신이 되어서도 출현하는데, 늑대가 많은 고대 그리스의 아르카디아 지방에서는 늑대 제우스를 숭배하기도 했다.

인간의 정신 깊숙이 늑대 변신의 이야기가 새겨져 있다면, 현대 정신분석과 철학이 늑대인간을 통해 사상을 전개하는 것 역시 당연하다. 먼저 프로이트가 있다. 그의 《늑대인간》은 강박증과 늑대 공포증을 가진 러시아 귀족 세르게이 판케예프Сергéй Панкéев에 대한 수년간의 치료 기록이다. 이 환자는 네 살 때 어떤 꿈을 꾸고부터 늑대 공포증에 시달렸다. 공포와 환상적 아름다움이 교차하는 꿈은 이렇다. 어느 겨울밤 그는 침대에 누워 있다. 그때 갑자기 창문이 저절로 열리고 창밖에 큰 나무가 보인다. 나무에는 하얀 늑대 여러 마리가 앉아 있다. 큰 꼬리를 지닌 늑대들은 미동도 하지 않는다. 갑자기 그는 무서워졌는데, 늑대들에게 잡아먹힐까 봐 그랬을 것이다. 그는 소리를 지르며 깨어났고, 자신이 본 장면이 꿈이라는 것을 깨닫기까지 오랜 시간이 걸렸다.

환자는 이 꿈을 당시 보던 동화책 《늑대와 일곱 마리 아기 염소》속 늑대 그림과 연결 지었다. 그 책에는 늑대가 사람처럼 두 발로 서 있는 삽화가 들어 있었다. 환자는 어린 시절 그 그림이 너무도 무서워 보지 않으려 했으나, 영리한 그의 누나는 그가 그림을 볼 수밖에 없는 상황을 만들어 그를 소스라치게 했나. 동화책의 늑대 그림과 늑대 꿈은 어떤 연관이 있을

○ ● ○ 프로이트에게 정신 치료를 받은 러시아 귀족 세르게이 판케예프가 그린 자신의 꿈. 꿈 속에서 창이 저절로 열리면서 탐스러운 꼬리를 가진 늑대 여러 마리가 앉아 있는 나무가 보이자 그는 공포에 빠진다(프로이트 박물관Freud Museum 소장).

까? 이에 답하려면 몇 가지 사실을 염두에 두어야 한다. 어린 시절 그는 자신이 좋아하던 유모 앞에서 성기를 가지고 놀곤 했다. 유모는 그런 일은 좋지 않고, 그곳에 '상처'가 생긴다고 말했다. 성기에 상처가 생긴다는 이 경고는 '거세'의 위협에 해당하는 것이다.

　더 중요한 사건은 그의 아버지와 연관된다. 환자는 늘 커서 아버지 같은 사람이 되고 싶다고 할 만큼 아버지를 존경했다. 그런데 아버지는 거세의 위협과 연결되어 있었다. 예컨대 아버지가 산책 중에 지팡이로 뱀을 동강 내버린 사건은 거세를 상징한다. 게다가 그의 아버지는 다소 위협적인 면모가 있었다. 프로이트는 말한다. "내 환자의 아버지는 '애정이 넘치는 학대'를 좋아하는 특징이 있었다. (…) 한 번 이상은 이 작은 소년을 얼싸안거나 혹은 소년과 함께 놀다가 놀리느라고 그에게 '먹어버린다'고 위협했을 수 있다."[2] 그의 아버지는 동화 속의 늑대처럼 '잡아먹어버리겠다'고 했으며, 유모에게서 발아한 거세의 위협은 늑대처럼 말하는 아버지에게 그대로 옮겨가버린 것이다.

더욱 흥미로운 것은 이 아버지가 늑대와 연관되는 과정이다. 환자는 한 살 반 무렵 부모의 성관계를 목격한다. 또는 목격했다고 상상한다. 이때 아버지는 '서 있는' 자세를 취하고 있었다. 후에 환자가 동화책 삽화 속의 '서 있는' 늑대를 보았을 때 그는 거기서 성관계 중인 아버지와 똑같은 모습을 발견한다. 그러곤 거세 위협을 하는 아버지는 늑대의 모습으로 환자의 정신세계 속에 자리 잡았다. 다시 환자의 꿈으로 돌아가 보면, 공포를 불러일으키는 나무 위의 늑대들은 위협적인 아버지를 상징한다. 그리고 늑대의 탐스러운 꼬리는 거세에 대한 반작용으로서 보상을 표현한다.

이렇게 아이가 아버지에 대해 늑대 공포를 품는 것은, 집단의 차원에서 토테미즘이 형성되는 방식과 같다고 할 수 있다. "아이가 (…) 아버지 대신 늑대를 무서워한다는 것에는 이상

할 것이 없다. 그는 세계에 대한 태도의 발달 단계 중 토테미즘으로 돌아가는 단계에 있었던 것이다."³ 집단의 차원에서 아버지가 투영된 동물인 늑대는 공포와 숭배를 불러일으키며 토템 신앙의 대상이 된다.

그런데 언제 늑대는 등장하는가? 환자의 이성적 삶 속에서 아버지는 닮고 싶은 선망의 대상이다. 이런 이성의 영역에서 등장할 수 없는 아버지의 모습, 거세의 공포로서 아버지의 모습이 꿈속의 늑대로 등장한다. 늑대인간은 이성의 영역으로부터 추방된 것이 등장하는 방식인 것이다.

이런 정신분석과 별개로, 우리는 사회정치적 맥락에서도 늑대인간을 발견한다. 늑대는 사회 안에 적합한 자리를 가질 수 없는 자가 출현하는 경로이기도 하다. 아감벤Giorgio Agamben 이 《호모 사케르》에서 밝히듯, 고대 게르만과 앵글로색슨 법에는 의미심장한 '늑대'가 등장한다. 이들의 말로 각각 '바르구스wargus', '베오울프werwolf'라 불리고, 라틴어로 '가를푸스garulphus', 프랑스어로 '루 가루loup garou'라 불리는 늑대인간이 있다.

고대 법률에서 이 늑대인간은 어떤 의미를 지니는가? 그 실마리를 우리는 영국의 고해왕 에드워드Edward the Confessor의 법률에서 찾을 수 있다. 이 법률은 사회로부터 추방된 자를 '울프스헤드wolf's head', 즉 '늑대 머리'라 부르며 다음과 같이 쓰고 있다. "그는 추방당한 날부터 늑대의 머리를 뒤집어쓰고 다니며, 그래서 잉글랜드인들은 그를 늑대 머리라 부른다."[4] 늑대 머리는 말 그대로 늑대 머리를 한 인간, 곧 늑대인간이다. 그는 "반은 인간이고 반은 짐승이며, 반은 도시에 그리고 반은 숲속에 존재하는 잡종 괴물"[5]이다.

저 법조문이 알려주듯 잡종 괴물 늑대인간은 '추방'을 통해 생겨난다. "늑대인간의 인간도 아니고 '짐승도 아닌' 삶이 바로 추방된 자의 삶인 것이다."[6] 추방에서 생겨나는 이런 반인 반수의 의미를 잘 알려주는 것이 마리 드 프랑스Marie de France의 단시短詩, lais인 〈비스클라브레〉이다. 주인공인 늑대인간 비스클라브레는 오늘날까지도 영화, 카드 배틀 RPG 게임의 캐릭터 등으로 폭넓게 재생산될 만큼 매력적인 인물이다. 12세기에 쓰인 이 작품은 왕과 늑대인간의 동성애 등 풍부한 내용을 담고 있는데, 그 가운데 우리가 봐야 하는 이야기는 이렇다.

왕과 매우 친밀한 사이로 지내는 남작이 있었다. 그는 매주 자신의 옷을 돌 아래 숨기고는 3일 동안 늑대인간으로 변신해 숲에서 야수의 삶을 살다가 다시 인간으로 돌아간다. 인간의 옷을 잃어버린다면 영원히 늑대로 남게 된다. 그런데 어느 날 남작의 부인과 그녀의 정부情夫가 공모해 남작이 벗어둔 옷을 가로채버린다. 결국 남작은 인간 사회로부터 쫓겨나 늑대로 남는다. 그는 야생동물로서의 자유를 얻게 된 것일까? 전혀 반대다. 그는 인간 사회로부터 '추방'된 늑대이고, 또 완전한 야생이 되지도 못하는 인간이다. 요컨대 남작은 인간과 동물 사이의 비식별 지대에 갇혀버린 신세이다.

이 이야기는 '추방'을 이용하는 통치의 근본적인 면모를 상징적으로 보여준다. '추방'은 인간 사회를 지배하는 법으로부터 배제된다는 뜻이다. 그러나 법에서 배제된다는 것은 법으로부터 자유롭게 되는 일이 아니다. 추방된 자는 법과 무관해지는 것이 아니라, 법에 의해 버려지는 방식으로 법의 지배를 받는다. 그 극단적인 예를 우리는 고대 게르만법에 대한 예링 Rudolf von Jhering의 연구에서 찾아볼 수 있다. "추방령을 받은 자를 재판 없이 그리고 법과 상관없이 죽이는 일이 고대 게르만 사회에서는 명백한 현실이었다."[7] 늑대 남작도 인간의 법으로부터 방면放免되었지만, 바로 이 방면 때문에 살해 위협에 처할 수도 있는 대상이 되어버린 것이다.

우리는 이런 법의 작동방식에 대해 더 많은 이야기를 할 수 있을 것이다. 다만 여기서는 늑대인간에 집중하자. 늑대인간은 합리적인 법적 질서의 바깥 지점에 법의 진실이 있음을 표시한다. 법이란 자신의 명시적인 통치 바깥에서, 즉 법으로부터 추방된 법적 예외의 자리에서 통치한다는 사실을 늑대인간은 몸소 드러낸다. 프로이트에게 늑대인간은 이성적 세계 이면의 진실을 가리켜 보이고 있었다. 그러니 늑대 변신 이야기를 둘러싼 고대에서 현재에 이르는 보편적 관심이란, 인간이 자신의 합리성 이면에 숨겨진 진실을 바라보고자 하는 욕구를 표현한다.

인공지능과
인공양심

AI 시대가 도래하며 '판단력'의 정체에 대한 관심은 더욱 커질 수밖에 없다. AI가 대체할 것으로 전망되기도 하는 전문적인 '법조인'이나 '의사'의 일은 판단력이 핵심인 까닭이다. AI가 자신의 영토로 삼으려 도전하는 인간 고유의 영역이 바로 판단력이며, 제대로 된 판단력을 갖출 수 있느냐에 따라 AI의 성공 여부도 결정되리라.

판단력은 인간 정신의 가장 중요한 능력이다. 한 번의 판단에 따라 개인이나 집단의 운명이 좌지우지되기도 한다. 우리는 무언가가 잘못되었을 때 '오판했다'라는 표현을 사용한다. 예컨대 우크라이나를 침공했다가 형편없는 군사력을 공개하며 맥을 못 추는 러시아는 자신의 능력을 '오판'했다고 비웃음거리가 된다. 능력과 도덕성 모두에서 이토록 수치스럽고 더러운 군대는 인간의 역사에서 처음일 것이다. 구렁텅이로 떨어지는 실수는 판단력이 제대로 기능하지 않는 데서 생긴다. '나이 들어서 총기聰氣가 사라졌다'라는 다소 슬픈 표현도 판단력의 쇠약을 가리키는 말로 잘 알려져 있다.

그러면 판단력 약화를 방지하기 위해 판단력을 공부해서 배우면 되지 않는가? 지식을 선생님이나 책에서 얻듯이, '판단력'도 선생님이나 책으로부터 배우면 되지 않는가? 그러나 판단력은 지식처럼 배울 수 없는 '천부의 능력'이라고 칸트는 말한다. 아리스토텔레스에서 유래하는 '삼단논법'을 예로 들어보자. 삼단논법은 그저 단순하고 기초적인 추리 방식이 아니다. 이는 사실 인간이 세상 모든 것을 한 점도 미지의 것으로 남기지 않고 개념적으로 규정할 수 있도록 해주는 도구였다.

이 도구는 어떻게 기능하는가? 대전제란 하나의 보편적 규칙으로서, 이런 예를 들 수 있다. '모든 인간은 죽는다.' 여기서 '죽는다'가 보편적 규칙이다. 소전제는 '소크라테스는 인간이다'이고, 결론은 '소크라테스는 죽는다'이다. 소전제는 소크라테스라는 구체적인 개별자를 매개념, 즉 대전제에서 규칙(죽는다)이 적용되기 위한 조건(인간)에 포섭한다. 규칙의 조건에 포섭된 것은 규칙에 따라 규정됨으로써, 추론은 '소크라테스는 죽는다'라는 결론을 얻어낸다. 이런 식으로 삼단논법은 모든 개별자를 보편적 규칙 아래 규정하는 힘을 발휘한다.

여기서 판단력과 관련해 중요한 것은 소전제이다. '소크라테스는 인간이다'라는 것은 하나의 판단인데, 경험에 주어진 하나의 인식 대상을 인간이라는 보편에 포섭하는 그 판단은 어떻게 성립하나? 하나의 개별자, 즉 소크라테스가 원숭이나 유인원이나 그 밖의 다른 어떤 것이 아니라 인간에 속한다고 어떻게 판단하나? 이런 판단을 위한 지침이나 교본은 없다. 판단력은 책을 펴고 배울 수 있는 지식 같은 것이 아니다. 이 판단은 그냥 천부의 능력으로서 판단력이 담당한다. 판단력은 학습될 수 없는 것임을 한스 게오르크 가다머Hans-Georg Gadamer는 《진리와 방법》에서 다음과 같이 표현한다.

> 판단력은 일반적인 방식으로 배울 수 있는 것이 아니라 오직 그때그때의 경우에 따라 훈련될 수 있으며, 이 점에서 오히려 일종의 감각과 같은 능력이다. 판단력은 결코 배워서 습득할 수 있는 것이 아니다.[1]

혹시라도 판단력의 계발이 가능하다면, 그것은 운전이나 테니스 같은 실제적인 '연습'의 문제이다. 판단력에는 두 가지 종류가 있다. 칸트의 용어를 빌려 표현하면 '규정적 판단력'과 '반성적 판단력'이다. 다소 낯선 명칭이지만 이 두 가지를 이해하는 것은 어렵지 않다. 보편적인 규칙이 주어졌을 때 개별적인 것들을 그 규칙 아래 포섭하는 능력이 규정적 판단력이다. 가령 법조문이 주어졌을 때 어떤 사건이 그 법의 적용 대상이 되는지 판정하는 능력이 규정적 판단력이다. 뒤에서 보겠지만 법의 적용 문제는 이 이상의 중요한 의미가 있다.

반성적 판단력은 규칙이 주어지지 않고 개별적인 것만 있을 때 이 개별적인 것에 대한 반성을 통해 규칙을 찾아내는 능력이다. 들뢰즈는 의사의 진단을 반성적 판단력의 예로 제시한다.[2] 의사가 환자의 증상을 진찰할 때, 예를 들면 티푸스 같은 병의 개념(인식)이 주어져 있지는 않다. 의사는 이 증상을 판단하고 티푸스라는 병의 개념과 규칙을 발견한다.

그리고 티푸스라는 개념을 인식한 후 이루어지는 치료상의 결정은, 규칙이 주어졌을 때 사례에 그 규칙을 적용하는 규정적 판단력의 예가 된다. 환자가 티푸스에 걸렸다는 것을 알았을 때 어떤 치료상의 결정을 할 것인가? 일반적 개념(티푸스와 그 치료 방법)은 주어져 있으나, 환자 개인의 체질이나 건강 상태에 따라 어느 시기에 어떤 치료 방법을 적용해야 하는지는 천차만별이다. 여기서 개별 사례에 보편적 치료의 규칙을 어떻게 적용해야 하는지 판단하는 능력이 규정적 판단력이다. 알파고가 이세돌과 바둑을 두면서 이미 주어진 바둑의 일반적인 규칙에 맞추어 개개 상황을 판단한 것도 규정적 판단력에 해당한다고 해야 할 것이다.

덧붙이면, 반성적 판단력은 의사의 진찰 행위에 국한되지 않고 우리 삶 전반에서 흥미롭게 작동한다. 어떤 사람들은 눈치가 빠른데, 이 눈치의 정체가 반성적 판단력이다. 동료나

상사의 표정을 잘 읽어내는 사람들이 있다. 얼굴을 독해해서 '그는 느긋한 성격의 사람이다' 또는 '그는 조급한 성격의 사람이다' 등의 정보를 얻어낸다. 이들은 무엇을 하고 있는가? 바로 얼굴에 담긴 독특한 기색으로부터 '느긋한 성격의 사람'이라는 일반 개념에 대한 인식에 도달하는 것이다. 반면 이런 얼굴의 기색을 전혀 알아차리지 못하는 사람은 반성적 판단력의 자질이 결여되었다고 할 수 있다.

만일 AI 의사가 가능한 시대가 온다면, 그것은 저 천부의 능력인 반성적 판단력과 규정적 판단력을 AI가 습득할 수 있다는 의미일 것이다. 개별적인 환자로부터 티푸스(일반 개념)라는 병의 명칭을 찾아내는 것(반성적 판단력), 그리고 티푸스(일반 개념)에 걸린 환자의 개인적인 정황에 맞추어 치료 방식을 판단하는 것(규정적 판단력) 말이다.

어쩌면 AI는 이런 판단력을 익힐 수 있을지도 모르겠다. 그러나 판단력은 우리가 다룬 것보다 훨씬 풍부한 작용을 담고 있다. 판단력은 단지 개별적인 것으로부터 그것이 속하는 보편적인 규칙을 발견하거나, 보편적인 규칙이 주어졌을 때 그에 따라 개별적인 것을 판단하는 능력에 그치지 않는다. 판단력은 '이렇게 되어야 한다'는 식으로 가치가 관철되기를 '요구'한다. 가다머는《진리와 방법》에서 말한다.

건전한 판단을 내리는 사람은 특수한 것을 일반적 관점

에서 판단할 능력을 지니는 것이 아니라, 진정 중요한
것이 무엇인지를 알고 있다. 다시 말해 그는 사물을 올
바르고 정당하고 건전한 관점에서 바라볼 줄 안다.[3]

판단은 실현해야 할 정당하고 건전한 가치를 요구한다는
것이다. "판단력은 능력이라기보다는 오히려 모든 사람에게
제기될 수 있는 요구이다."[4] 예를 들어 우리는 우크라이나에
서 일어난 처참한 민간인 살해를 '전쟁 범죄라는 일반적인 법
조항'에 귀속되는 사례로 판단한다. 그러나 판단력이 하는 일
은 이렇게 한 사례를 일반 개념 아래 포섭하는 일에 그치지 않
는다. 더 중요하게, 판단력은 이런 범죄의 사례가 있어서는 안
된다고 '도덕적 요구'를 한다. 이런 의미에서 판단력judgement은
개개 사태에 대한 심판judge이다. 《진리와 방법》의 다음 구절과
더불어 법학적 맥락에서 이 점을 좀 더 살펴보자.

구체적인 경우들을 바르게 평가하는 데는 판단력이 필
요하다. 특히 법학에서 판단력의 이러한 기능이 나타난
다. (…) 법에는 일반적 원칙의 바른 적용 이상의 것이
늘 문제가 된다. 법과 도덕에 관한 우리의 지식도 언제
나 개별 사례에 의해 보충된다. (…) 법관은 법을 단지
개별적인 경우에 적용할 뿐 아니라, 자신의 판결로 법의
발전('판례법')에 기여한다. 법과 마찬가지로 도덕도 개

별적인 경우의 생산성에 힘입어 지속적으로 발전한다.[5]

법적 판단을 한다는 것은 무엇인가? 하나의 사건에 적용될 일반적 규칙(법조문)을 찾는 것이다. 그렇게 해서 판례가 탄생한다. 그러나 이는 판단력이 하나의 특수한 사건과 그것이 귀속되는 일반적 규칙을 기계적으로 연결하고서 끝나는 문제가 아니다. 판단력은 '이 사건에 대해 이 법을 적용해서 도덕적 가치를 달성해야 한다'는 요구를 하고 있는 것이다. 그러니까 판단은 비난이나 칭찬을 포함한다.

즉 판단력은 단지 지식에 도달하는 데 그치지 않는다. 하나의 사례(민간인 살해)가 어떤 일반적인 개념(전쟁 범죄)에 속하는지 판단하는 일은 지식을 획득하는 일이다. 동시에 판단력은 '이런 살해는 있어선 안 된다는 요구'를 전 인류에 대해 하고 있다. 이런 요구는 세상이 지향해야 하는 도덕적 이념에 입각해 이루어지는 것이다. 사례가 귀속되는 일반적 규칙이 무엇인지를 아는 것은 지식이지만, 전쟁 범죄라는 일반적 법 조항을 통해 규정된 민간인 살해가 과연 일어나도 좋은지 도덕적 이념에 비추어 판단하는 일은 지식이 아니다.

판단력의 위대함은 지식을 얻는 데 있지 않고, 바로 도덕적 이념에 비추어 이런 사태가 일어나도 괜찮은지 심판하고 비난하는 데 있다. 도덕적 가치에 입각한 이런 판단(심판)은 인간의 운명을 다루는 의학과 법학의 핵심을 이룬다. 판단력을 습득한 AI가 보편적 규칙을 발견하거나 적용하는 지식의 획득 차원에 그치지 않고, 가치라는 심급에 따라 '이렇게 되어서는 안 돼'라고 요구하는 판단력의 화신이 될 수 있을까? 만일 정말 그럴 수 있다면, 그것은 더 이상 '인공지능'이 아니라 '인공양심'일 것이다.

문제를
만들어내는 능력

우리는 참 많은 시험을 보고 살아왔으며, 그만큼 우리 주변에는 늘 문제가 있어왔다. 문제를 푸는 일은 어려웠지만, 문제 자체는 자동적으로 늘 앞에 있었다. 수학 문제, 대학에 어떻게 진학할 것인가 하는 문제, 국가고시나 입사 시험에 나오는 각종 문제 등등 …. 그리고 문제를 어떻게 풀어야 하는지 공식과 요령을 숱하게 경험했다. 문제 해결에 귀감이 될 만한 전기傳記 역시 어린 시절부터 넘치도록 읽어왔다. 과거엔 발명왕 에디슨Thomas Edison, 근래에는 에디슨 신화의 재탕인 잡스Steven Jobs까지.

문제를 해결하며 성장해온 것이 인류이다. 당면한 문제를 해결할 수 있는가에 한 집단의 사활이 걸려 있었다고 해도 좋겠다. 가령 철학자 칸트를 보자. 보통 칸트는 유럽 근대 사상

128

의 두 사조인 이성중심주의와 경험중심주의의 장점을 흡수하고 단점을 증발시켜 유럽 문명을 좀 더 안전한 기반 위에 올려놓은 사상가로 평가된다. 만약 당대를 양분하는 이성중심주의와 경험중심주의의 문제점을 해결해서 양자를 종합하라는 과제가 오늘의 우리에게 생사를 가름하는 문제로 주어진다면? 어쩌면 우리 시대의 어떤 이는 칸트보다 훨씬 나은 답안을 내놓았을지도 모르겠다. 주어진 문제를 해결하는 것은 정말 어려울 뿐 아니라 가치 있는 일이기도 하다.

더 중요한 것이 있다면 바로 문제 자체를 창안해내는 일이리라. 그런데 사람들은 진정 중요한 것인 '문제 자체'를 만들어내는 능력에 대해선 관심을 기울이지 않는 듯하다. 문제를 해결하는 일과 구별되는, 문제를 만들어내는 능력은 무엇인가? 오늘날 사상의 역사를 돌아보는 사람들은 칸트 시대의 문제가 명확히 이성중심주의와 경험중심주의의 대립이었으며, 칸트는 이 대립을 독창적으로 해소했다고만 생각한다. 이는 이미 이루어진 역사를 뒤에서 편안히 회고하는 자의 '착시 현상'이다. 칸트 당대에는 당대를 진단하는 문제 틀이 수없이 많았다. 이성주의와 경험주의의 대립 같은 명확한 문제란 아무것도 없었다. 온갖 것이 부글거리는 잡탕 속에서 바로 칸트가 저 대립을 자기 시대를 대표하는 하나의 명확한 문제로 만들어낸 것이다.

문제 자체를 창안해내는 일은 얼마나 어려운가? 가령 이렇게 자신에게 물어보라. 오늘날 우리 사회의 난점들을 요약하는 '하나의' 문제는 무엇인가? 결코 대답하기 쉽지 않을 것이다. 매우 난감하게도 우리는 우리의 가장 중요하고 근본적인 문제가 무엇인지 모른다. 문제를 해결하는 일과 비교할 수 없을 정도로 어려운 일은 바로 문제를 발명해내는 일인 것이다. 사람들은 문제의 해결이 인생의 가장 어려운 모험인 듯 도전하지만, 자신이 매달리는 그 문제란 누군가가 더 험난한 길 속에서 이미 창안해낸 것이라는 사실을 종종 잊는다.

누가 문제를 창안하는가? 역사 속에서 예를 들면 혁명과 개국을 이루는 자들일 것이다. 혁명과 개국이란 다름 아니라 모든 사람들이 달라붙어 중요하게 여기면서 해결하려고 노력하는 문제의 창안으로부터 시작된다. 그리고 문제 해결을 위해 수많은 우수한 두뇌들이 모여든다. 문제의 창안이란 바로 잠자고 있는 저 우수한 두뇌들을 최초로 깨워내는 일이다. 무엇엔가 열광하면서 온갖 지적 능력을 동원해 달려들 때 우리는 이미 누군가에 의해 창안된 문제에 매달려온 것은 아닐까? 이를 진정한 창조로 오해해온 것은 아닐까?

혹시 문제 자체를 창안해내는 힘은 비범한 다른 이의 몫이고, 애초 우리에게 그런 능력은 없는 게 아닐까? 그렇지 않다. 누구나 문제 자체를 창안해내는 소질이 있다. 선생님의 얼굴 표정에서 자신이 혼날지도 모르는 불길한 문제 상황을 읽어내는 초등학생을 보라. 그 아이는 남들은 발견하지 못하는 선생님의 표정을 하나의 문제로 창안해내는 중이다. 그는 어떻게든 문제를 해결해 꾸지람을 피할 것이다. 애인이 보낸 평범한 문자에서 이별의 조짐이라는 심각한 문제를 찾아낸 이를 보라. 설령 해결하지 못하고 이별하더라도 그는 자신의 운명을 결정할 문제를 창안해낸 위대한 이다.

그렇다면 이제 우리는 교육의 의미에 대해서 깨닫게 된다. 진정한 교육이란, 문제에 답안 하나를 공들여 제출하는 길을 일러주는 것이 아니라, 문제를 창안해내는 소질을 빛나게 해주는 것이다.

철학과
매스미디어

매스미디어란 텔레비전, 신문, 라디오, 잡지, 영화, 광고 등 불특정 다수에게 '정보'를 전달하는 매체를 뜻한다. 물론 전달되는 정보는 진실해야 한다. 이런 점에서 매스미디어는 철학의 친구이다. 철학philosophy이 '진실한 앎sophia'에 대한 '사랑philos'이라는 점에서 말이다. 철학과 매스미디어, 둘 다 진실을 위해서라면 기꺼이 자신을 희생할 준비가 되어 있는 것이다.

그러나 실상은 그렇지 못하다. 철학이 궤변에 시달리는 것처럼 매스미디어 역시 거짓과 경박함에 시달린다. 일찍이 시인 김수영은 현대적 삶에 불가결한 것이면서도, 다른 한편으로는 거짓과 경박함으로 혐오감을 주는 매스미디어에 대한 감정을 이렇게 표현하기도 했다. "신문을 보지 마라. 신문만 보는 머리에서 무엇이 나오겠느냐!"(1961년 4월 14일 일기)[1] 텔레비전을 통해 공해처럼 퍼져나가는 과장 광고 또는 거짓 광고의 피해자들은 늘 사라지지 않는다. 최근에는 매스미디어가 만들어낼 수 있는 최악의 거짓인 '가짜뉴스'가 심각한 문제를 불러일으키고 있다. 그러나 가짜뉴스가 아니더라도 매스미디어는 그 이상적 정신과 상관없이 진실을 으깨버리는 일을 하곤 한다.

신문과 광고가 없던 고대인들에게도 매스미디어의 폐해라 일컬을 만한 것이 있었다. 고대 그리스인들의 희극과 비극은 어떤 의미에선 매스미디어로 기능했다. 그리스인들에게 연극은 단순한 오락거리도 순수한 예술작품도 아니었다. 연극은 공동체의 문제를 대중에게 알리고 함께 생각해보는 공적 장이기도 했다는 점에서 매스미디어와 같은 측면이 있었다. 미디어는 순기능과 역기능을 동시에 지닌다. 고대 그리스인들에게는 연극이 그러했는데, 아테네의 주요 사건과 인물은 연극을 통해 찬양되기도 했고, 매도되기도 했다.

가령 희극 작가 아리스토파네스Ἀριστοφάνης의 《구름》은 누구를 궁지에 몰아넣었는가? 바로 철학자 소크라테스Σωκράτης다. 이 희극에서 소크라테스는 젊은이에게 궤변을 가르치고 신에게는 불경한 자로 묘사된다. 이 연극이 공연되고 24년 후 소크라테스는 잘 알려진 것처럼 법정에 서게 되고, 결국 독약을 마시고 죽는다. 그때의 죄목이 무엇인가? 젊은이를 망치고 국가가 믿는 신을 믿지 않는다는 것이었다. 우리는 오랜 세월에 걸쳐 진행된 이야기를 이렇게 정리할 수 있다. 24년 전 아리스토파네스가 희극의 형태로 만든 가짜뉴스는 끈질기게 소크라테스를 따라다니며 가짜 이미지를 형성하고 결국 죽게 한 죄목을 만들어냈다고 말이다. 무서운 일이 아닌가?

아울러 우리는 플라톤의 《국가》에 나오는 '동굴의 비유'를 매스미디어에 관한 이야기로 읽을 수 있다. 동굴에 갇힌 죄수들은 평생 실제 사물이 아니라 동굴 벽에 비친 그림자만을 바라보며 그것을 진실로 알고 있다. 그 죄수들 가운데 하나가 사슬을 풀고 밖으로 나가, 그림자가 아닌 태양 아래 있는 사물들의 진실한 세계를 목격하게 된다. 이 해방된 자는 오로지 혼자만 진실을 누리며 기뻐하는 데 그쳤을까? 그는 거짓된 세계에 살고 있는 동료 죄수들을 불쌍히 여기고, 그들에게 진실을 알리기 위해 동굴로 되돌아온다. 그러나 다시 동굴의 어둠 속으로 온 그는 어둠이 익숙하지 않아 더듬거리게 된다. '밖으로 나가 오히려 눈을 망쳐 왔군. 밖에 나가볼 가치조차 없어.' 동료 죄수들은 이렇게 생각하며 그를 죽이려 든다.

이 비유는 은연중 플라톤의 스승 소크라테스의 운명을 가리켜 보인다. 아테네인들에게 진실을 이야기했다가 그들의 분노를 사서 독살당한 운명 말이다. 진실을 말한 자에 대한 독살은 오늘날엔 일어나지 않는가? 하이데거는 바로 매스미디어에서 이 독살의 현대적 형태를 찾는다. 그는 《진리의 본질에 관하여》에서 말한다.

독살은 공격이나 싸움과 같은 가시적인 외적인 상해에 의해서 일어나지 않는다. 오히려 독살은 (…) 동굴에서 사람들이 상과 명예를 부여하는 방식으로, 사람들이 철학자들을 서서히 신문과 잡지, 라디오와 텔레비전을 통해서 유명하게 만들며 그들을 찬양할 때 일어난다. (…) 이런 식으로 철학자들은 아주 소리 나지 않게 살해당하고 있다. 무해하고 위험스럽지 않은 존재로 만들어진다.[2]

매스미디어는 새로운 것에서 또 새로운 것을 쫓아가는 사람들의 관심을 만족시켜주기 위해 뭔가 진기한 구경거리를 제공하듯이 철학자를 제공한다. 이때 철학자는 세계의 위협적인 비판자가 아니라, 안전하게 유지되는 세계의 일부이다. 그저 세계가 관리하는 '문화'의 한 진기한 모습이다. 그가 아무리 신랄하게 비판하더라도 문화는 그 비판조차 너그럽게 자신의 일부로 흡수한다. 문화와 함께 모든 것은 제자리이다. 처음엔 흥미를 끌다가 곧 사라져버리는 많은 것들처럼, 철학자는 그의 사상이 미처 이해되기도 전에 낡은 것으로 버려지고 또 잊힌다.

이런 정황은 매스미디어가 가장 현대적인 삶의 방식이라는 것을 생각해보면 더 잘 이해할 수 있다. 현대적 삶은 어떻게 그려질 수 있을까? 《존재와 시간》에서 하이데거는 현대적 삶의 방식으로 '호기심'을 꼽는다. "호기심은 (…) 언제나 새것과 만나는 것을 계속 바꿈으로써 생기는 동요와 흥분을 찾는다."[3] 또한 그는 현대적인 말하기의 방식을 '잡담(빈말)'이라고 이름 붙이는데, 잡담 속에선 이런 일이 일어난다. "모든 근원적인 것은 하룻밤 사이에 이미 오래전에 잘 알고 있는 것으로 다듬어진다. 모든 쟁취품들은 다루기 쉬운 것이 된다."[4] 이런 식으로 오랜 시간과 깊은 숙고를 요구하는 것들이 건성으로 다루어지며 단순화된다.

그리하여 '애매함'이라는 특성이 등장한다. 애매함은 무엇이 진정한 이해에 속하고 무엇이 속하지 않는지, 무엇이 새롭게 성취된 것이고 무엇이 낡은 것인지 구별할 수 없게 되는 정황을 말한다.[5] 예컨대 광고가 어떻게 포장하느냐에 따라 급조된 조잡한 책도 훌륭한 책으로 등장하고, 미디어를 거치지 못하면 오랜 성찰이 담긴 독창적인 책도 그저 그런 평범한 책의 하나로 잊힌다. 사람들은 애매함 속에서 저 두 가지 가운데 무엇이 중요한 것인지 판단하지 못한다. 저러한 호기심, 잡담, 애매함은 바로 매스미디어 시대의 키워드인 것이다.

이런 점에서 진실한 앎에 대한 사랑(철학)의 위협적 경쟁자는 매스미디어일 수 있다. 철학의 경쟁자로서 미디어(전달 매체들, 상업적 선전)에 대해 들뢰즈는 이렇게 말한다.

플라톤의 '경쟁자들'에서 차라투스트라의 익살 광대에 이르기까지 철학에는 늘 경쟁자가 있었습니다. 오늘날의 경쟁자는 '개념'이라든가 '창조적'이라는 말들을 흡수해가는 정보 과학, 전달 매체, 상업적 선전 등입니다.[6]

진실을 전달한다는 그 기본적인 사명에 비추어 보자면, 역설적이게도 미디어는 무엇이 진실이고 거짓인지 구별할 수 없게 한다. 그런 점에서 미디어는 진리를 거짓으로부터 가려내는 일을 사명으로 삼는 철학의 경쟁자이다.

들뢰즈의 《시네마Ⅱ》에서 이런 매스미디어의 암울한 상황을 잘 드러내주는 몇몇 구절들을 발견할 수 있다. 들뢰즈는 텔레비전, 각종 디지털 매체를 통틀어 '전자기적 이미지'라고 부르는데, 그것은 "끊임없는 메시지의 흐름", "과부하된 뇌" 등으로 특징지어진다.[7] 전자기적 이미지가 오가는 매스미디어에선 무슨 일이 일어나는가? 이 물음과 더불어 들뢰즈는 심각한 '정치적 문제'를 제기한다.

'어떤 정보도 그것이 무엇이든지 간에 히틀러를 무찌르기에는 충분치 않다'는 것이다. 모든 자료들을 보여주고 모든 증언들을 듣게 해도 소용없을 것이다. 정보를 전능하게 만드는 것(신문과 라디오, 그리고 이어 텔레비전)은 그것의 무용성 자체, 그것의 근본적 비효율성이다. (…) 히틀러를 무찌르기 위해서는 정보를 뛰어넘거나 혹은 이미지를 전복시켜야 하는 것이다.[8]

신문과 텔레비전 등 매스미디어는 흔히 말하듯 정보의 홍수를 이룬다. 모든 자료와 그에 대한 모든 반박 자료, 그리고 수많은 관점이 공존한다. 예를 들어 우리는 한 정치인에 대한 서로 극명하게 반대되는 뉴스들을 얼마나 많이 체험하는가? 매스미디어는 이 정보들을 쏟아내는 것을 미덕으로 하지, 진실에 입각해 선별하는 일에는 인색하다. 그래서 우리는 정보들 속에 진실이 있더라도 좀처럼 거짓과 구별해내지 못한다. 이는 마치 수만 권의 허구들 틈에 뒤섞인 단 한 권의 진실한 기록을 찾아내는 일처럼 어렵다. 지독한 숨은그림찾기이다. 히틀러Adolf Hitler와 같은 독재자는 어떤 정보 뒤에라도 계속 숨을 수 있으며, 자신의 방패가 되어줄 정보를 계속 생산해낼 수 있다. 그렇기에 정보는 비효율적이고 무용하다고 일컬어지는 것이다.

정보의 흐름은 쇠락하지도 몰락하지도 않는다. "정보의 쇠락이 존재하지 않는다면, 그것은 정보 그 자체가 쇠락이기 때문이다."[9] 바로 진실로부터의 쇠락이 정보의 정체성인 것이다. 그렇다면 이제 들뢰즈처럼 이렇게 말할 수 있지 않을까? "구원 (…) 그것은 또한 정보 너머의 창조이다."[10]

그러나 매스미디어가 사라진 세계를 꿈꿀 수 있는가? 그런 꿈은 공허하다. 완전히 불가능한 일이다. 오히려 어떻게 하면 매스미디어가 긍정적으로 작동할 수 있는지를 모색하는 편이 좀 더 현실적일 것이다. 정보 흐름의 가장 기본적인 근대적

형태인 우편배달의 초기 역사를 다룬 토마스 핀천의 소설《제
49호 품목의 경매》에서 한 인물은 이렇게 말한다. "유럽의 구
원은 커뮤니케이션에 달렸다. (…) 유럽의 군주들 사이의 커
뮤니케이션을 조종할 수 있는 사람이 그 군주들 모두를 조종
하게 될 것이다."[11] 오늘날엔 미디어의 손에 떨어진 저 커뮤니
케이션의 운명을 지켜보는 눈이 필요하다.

철학자와
계몽군주

근대 철학의 황금기에 철학자들에겐 특별한 후원자, 주인, 또
는 보는 관점에 따라선 성가신 학생이 있었다. 바로 계몽군주
이다. 디드로Denis Diderot는 예카테리나 2세Екатерина II의 초청으
로 5개월간 러시아 황제의 궁전에 있었고, 프리드리히 2세
Friedrich II의 오랜 편지 친구였던 볼테르는 자신의 독설과 사람
을 불편하게 하는 성격에도 불구하고 3년이나 프로이센 대왕
곁에서 우정을 이어갔다. 계몽군주는 그야말로 계몽사상에
친화적인 군주로, 합리성을 견지하며 봉건적인 유럽을 탈피
할 길을 모색한 통치자이다.

　계몽군주가 탄생하길 열망하고 그를 직간접적으로 지도하
는 일은, 단지 근대 철학의 관심사가 아니라 철학 자체의 오
랜 꿈이 아닌가? 시라쿠사의 참주들을 방문하기 위해 평생 여

행했던 플라톤이 잘 알려주듯, 군주를 철학으로 깨우치는 것은 철학자의 일생일대 소명이었다. 페리클레스Περικλῆς 곁의 아낙사고라스Ἀναξαγόρας, 알렉산드로스Ἀλέξανδρος 곁의 아리스토텔레스 등 철학자는 늘 군주의 교육을 맡고자 했다. 이는 고대 서양에서뿐만이 아니라 비슷한 시기, 자신의 말에 귀 기울일 제후들을 찾아 끊임없이 여행한 동양의 제자백가諸子百家도 마찬가지였다.

통치자를 통해 철학을 실현하는 일은 성공했는가? 우리는 너무도 많은 쓸쓸한 결말들을 잘 알고 있다. 결말들 가운데 철학자가 통치자의 노여움을 사서 수난당하는 것보다 더 나쁜 경우는, 철학자가 정치의 어릿광대가 되는 일이다. 철학은 늘 정치와의 관계를 주의 깊게 생각해야만 한다.

근대의 '계몽'은 자유를 추구하는 '비판적 태도'의 상속자이다. 비판적 태도의 기원은 어디인가? 푸코가 〈비판이란 무엇인가〉에서 말하듯 그것은 중세 후반기의 종교 투쟁에서 기인한다. 가톨릭교회의 사목 활동에 따라 통치받지 않으려는 의지가 비판적 태도를 구성한다.

> 제가 주목하고자 하는 점은 (⋯) 15세기에서 16세기 이래의 근대 서양 사회 특유의 비판적 태도의 역사적 기원을 중세 후반기의 종교 투쟁과 영적 태도에서 찾아야 한다는 사실입니다. (⋯) 제 생각엔 중세 후반기의 사목을

둘러싼 모든 투쟁이 종교개혁을 예비했고, 비판적 태도
가 발전하는 역사적 출발점이 되었습니다.[1]

한마디로, 비판이란 통치에 대한 저항이다. "저는 비판의
가장 일차적인 정의로서 (…) 이런 식으로 통치받지 않으려는
기술이라는 정의를 제안할까 합니다."[2] 그리고 기존의 방식으
로 통치받기를 거부한 중세의 비판적 태도가 일군 성과이자
근대적 비판의 발판을 이룬 것이 종교개혁이었다. "종교개혁
은 통치받지 않으려는 기술로서 대단히 뿌리 깊은 최초의 비
판 운동이었다."[3] 근대에 와서 저 비판적 태도를 상속받은 것
은 바로 계몽이다. 그런데 계몽은 사상가와 군주 양자의 공통
적인 꾸밈말이다. 계몽철학자와 계몽군주. 그렇다면 계몽은
둘 가운데 누구에 의해 주도되어야 하는가?

계몽의 완성자라 불리기도 하는 칸트는 현대에 와서 더욱
널리 읽히는 짧은 글 〈계몽이란 무엇인가에 관한 답변〉에서
"감히 알려고 하라sapere aude"라는 말로 계몽의 정신을 표현한
다. 호라티우스Quintus Horatius Flaccus의 경구를 빌린 이 말은 '통
치받지 않으려는 기술이라는 비판의 정신'을 담고 있다. 칸트
에게 감히 알려 한다는 것은 후견인의 통치를 받지 않고 스스
로 생각한다는 뜻이기 때문이다. 예를 들면, 감히 알려고 한다
는 것은 "나를 대신해 지성을 가지고 있는 책, 나를 대신해 양
심을 가지고 있는 목사, 나를 대신해 식단을 짜주는 의사"[4] 등

후견인의 통치를 벗어나 스스로 생각한다는 뜻이다. 그런데 이 통치받지 않으려는 계몽의 용기는 '한계 없이 무한히' 구현될 수 있을까?

칸트는 자기 시대를 일컬어 "계몽의 시대 혹은 프리드리히 대제의 세기"[5]라고 말한다. 즉 칸트의 계몽은 통치자와의 관련성 속에서만 정체성을 가질 수 있는 것이다. "감히 알려고 하라"는 칸트의 계몽표어 역시 통치자의 말과의 관련성 속에서만 정체성을 지닌다. "감히 알려고 하라"는 표어는 바로 프리드리히 2세의 다음과 같은 말과 대구를 이룬다. "당신이 따지고 싶은 것에 대해 따지고 싶은 만큼 따져보라. 그러나 복종하라!"[6] 여기서 '따지다rasonnieren'라는 말은 푸코가 〈계몽이란 무엇인가〉에서 잘 지적하듯, 칸트가 그의 책들에서도 빈번히 사용하는 단어로서 오로지 이성만을 위한 이성 사용, 즉 그 무엇에도 종속되지 않는 이성의 사용을 뜻하며, 그런 의미에서 철학함 자체와 동일시될 수 있다.

그런데 칸트가 긍정과 인정 속에 인용하는 프리드리히 2세의 말이 알려주는 것은, 따지는 일이 복종이라는 한계 속에 자리 잡는다는 점이다. 스스로 생각하는 계몽의 용기는 통치자에 대한 복종이라는 한계 안의 용기일 수밖에 없는 것이다. 예를 들면 조세 제도의 불합리에 대해 이성이 이끄는 대로 마음껏 따져볼 수는 있다. 그러나 시민으로서 조세 제도에 복종해 세금은 내야 한다. 병역 제도의 불합리에 대해 따져볼 수는 있다. 그러나 군인으로서는 군대의 명령에 복종해야 한다. 여기에는 '저항의 방법으로서 불복종' 같은 것이 자리할 곳은 없어 보인다.

만약 계몽의 정신에 따라 스스로 생각하는 것과 통치자에게 복종하는 것 사이의 양립할 수 없는 불화가 생긴다면? 칸트는 말한다. "국민이 자신에 대해서조차 내려서는 안 되는 결정을 하물며 군주가 국민에 대해서 내려서는 안 된다."[7] 이 문장은 푸코가 〈계몽이란 무엇인가〉에서 말하듯 칸트가 통치자 프리드리히 2세에게 제안하는 일종의 계약을 담고 있다고 해도 좋을 것이다. 복종은 하되, 복종해야 하는 정치적 원리가 보편적 이성에 부합하는 한에서 그럴 수 있다는 계약의 제안 말이다. 이럴 경우 "'복종하라'는 명령이 [복종하는 자의] 자율성 자체에 의거하게"[8] 된다.

그러나 복종 자체가 이성의 자율성으로부터 유래할 때 여기에는 어떤 위험이 있지 않을까? 바로 이성 자체가 '자율적으로' 통치자의 권력에 복종함으로써 권력에 불가항력적이 되는 위험 말이다. "바로 이성 그 자체가 권력의 남용과 통치화에 역사적 책임이 있는 것은 아닐까? 어쩌면 이성 자신에 의해 정당화되기 때문에 그것이 불가항력이 되어가는 것은 아닐까?"[9]

사실 우리는 병역 제도나 조세 제도의 불합리성에 대해 이성적으로(학문적으로) 원하는 만큼 따져보되, 시민으로서는 복종해야 한다는 생각에 만족하지 못한다. 만약 우리가 복종하고 있다면 이성에 의해서가 아니라 권력의 폭력에 의해서일 것이다. 또한 우리는 칸트가 제안한 계약, 즉 이성적 존재자로서 국민이 용납할 수 없는 결정을 통치자가 내려서는 안 된다는 계약을 많은 통치자가 준수한 적이 없다는 사실을 경험적으로(역사적으로) 알고 있다. 또 이성적 존재자로서 국민이 용납할 수 없는 결정을 통치자가 식별할 수 있도록 해주는 절차 자체가 늘 취약하다는 것도 알고 있다. 그렇다면 이성의 자율성에 입각한 복종이라는 형식에는 언제든 내용적 취약성이 들어설 위험이 도사리고 있지 않을까?

칸트가 〈계몽이란 무엇인가에 관한 답변〉에서, 글의 짧음을 염두에 둔다면 다소 과도하게 두 번이나 언급하는 프리드리히 2세의 말 "당신이 따지고 싶은 것에 대해 따지고 싶은 만큼 따져보라. 그러나 복종하라!"가 출현하기 훨씬 전에, 복종과 가장 거리가 먼 사상을 가진 철학자에게 비슷한 요구를 한 군주가 있었다. 바로 스피노자를 하이델베르크 대학의 교수로 초빙하려 했던 팔츠 선제후 카를 루트비히Karl I.Ludwig이다. 선제후의 뜻을 전하기 위해 스피노자에게 직접 편지를 쓴 이는 선제후의 조언자이자 친구이며 하이델베르크 대학 신학과 교수인 파브리치우스Johann Ludwig Fabricius이다. 편지의 몇 구절을 읽어본다.

저의 자비로운 군주 팔츠 선제후 전하께서는 선생님께
전하의 저명한 아카데미의 철학 정교수직을 수용할 의
사가 있는지 여쭤보라는 임무를 제게 맡기셨습니다. 저
는 아직 선생님을 모르지만 전하께서는 선생님을 강력
히 추천하십니다. 선생님께서는 현재 정교수들과 마찬
가지의 연봉을 받게 되실 것입니다. 다른 어디에서도 석
학들에게 이보다 호의로운 군주를 찾으실 수 없을 것입
니다. 전하께서는 선생님을 석학들에 포함시키십니다.
전하께서 생각하시기에 선생님께서 공식적으로 확립
된 종교를 침해할 정도로 자유를 남용하지 않으신다면
철학의 광범위한 자유를 누리실 것입니다. (…) 선생님
께서 이곳에 오신다면 저희의 예상과 반대되는 일만 없
을 경우 선생님께서는 철학자에게 걸맞은 쾌적한 삶을
누리시게 될 것입니다(1673년 2월 16일).[10]

이 편지는 묘하게 프리드리히 2세의 말을 예고하고 있다.
원하는 만큼 따지기는 하되 복종하라(원하는 만큼 철학을 하되
공식적으로 제도화된 종교에는 복종하라). 스피노자를 초대하면서
동시에 그가 넘지 말아야 할 선에 대해 경고하는 파브리치우
스의 편지는 얼마나 선제후의 마음을 반영하고 있는 걸까? 칼
뱅주의자인 파브리치우스는 기존 종교에 위협적인 스피노자
를 증오했다. 어떤 견해에 따르면 "적의가 있는 파브리치우스

는 아마도 스피노자에게 상처를 줌으로써 그 임명을 방해하려고 하였다."[11] 그러나 파브리치우스의 말이 얼마나 선제후의 의도를 벗어났는지 판정하는 문제와 별도로, 어쨌든 저 편지는 공식적으로 선제후의 의견이다.

왕이 마련한 제도적 교육의 장으로 들어설 수 있는 길을 제안한 저 편지에 대한 스피노자의 응답은 한마디로 거절이다. 거절로 이어질 수밖에 없었던, 스피노자의 신경을 가장 건드린 내용은 물론 철학함의 자유가 기존 종교를 침해해서는 안 된다는 '복종의 요구'였다. 스피노자의 답장에서 우리는 이런 구절을 읽을 수 있다. "제가 기존 종교를 동요시키는 것으로 보이지 않기 위해 철학의 자유가 어떤 한계 내에서 억제되어야 하는지 모르겠습니다"(1673년 3월 30일).[12] 스피노자는 자유가 멈추어 서야 하는 한계를 모른다. 원하는 만큼 따지기는 하되 복종하라는 지침, 즉 장래 계몽군주를 통해 출현할 지침을 정면으로 거부하는 것이다. 원하는 만큼 자유롭게 따질 수 있다. 복종은 없고, 진리에 대한 사랑이 있을 뿐이다.

따라서 이런 결론을 얻을 수 있을 것이다. 사람들은 자신의 자유가 침해받는 것을 못 참으며, 특히 자신이 진실하다고 생각하는 바를 이야기할 자유(즉 철학함의 자유와 언론의 자유)가 침해받는 것을 가장 못 참는다. 이런 자연적인 자유를 국가가 침해하려 할 때 국가는 자유의 침해를 견디지 못하는 사람들에 의해 전복될 것이다. 그러므로 국가의 안녕은 사람들을 자유롭게 둘 때 얻어질 수 있다. '국가의 목적은 자유이다.' 이 것이 스피노자의 《신학정치론》에 담긴 핵심적인 생각 가운데 하나이다.

철학자와 계몽군주 사이에, 또는 철학과 국가 사이에 계몽 은 누구의 소유일까? 적어도 둘의 공동 소유라고 말할 때 우 리는 악마적인 기만이 침입하고 있지 않은지 사방을 둘러보 아야 할 것이다. 계몽 또는 철학함이란 제한이 없는 것이고, 통치자는 제한을 만드는 자이다. 따라서 철학을 하되 제한에 복종하는 일, 정확히는 철학의 이름으로 자율적으로 복종하 는 일은 있을 수 없다. 철학의 이름 아래는 제한에 대한 복종 이 아니라, 위반할 수 있는 길에 대한 세심한 검토가 자리 잡 는다.

서유기와
혹성탈출의 정치

충직한 개들은 인간의 무용담에 출현하지만 영리한 원숭이들은 자신의 무용담을 만든다. 매력적인 원숭이 무용담은 고전부터 현대 작품에 이른다. 오늘날엔 〈종의 전쟁〉으로 일단락된 영화 '혹성탈출' 시리즈가 있고, 과거엔 《서유기》가 있다.

　〈종의 전쟁〉에서 지도자 시저는 원숭이 백성을 삶의 터전으로 이끌고 자신은 죽어간다. 사람들은 여기서 가나안으로 백성을 이끈 모세를 목격할 것이다. 나는 시저에게서 손오공의 그림자를 보는 게 더 흥미롭다. 영화 포스터에서 눈을 맞고 있는 전사 시저를 보면 이런 생각부터 떠오른다. 이마에 금테만 두르면 딱 손오공이야. 시저가 인간 가족 속에서 점점 능력을 성장시키듯 손오공도 수보리조사 밑에서 자신의 능력을 키워나간다. 지도자로서 시저의 목표는 원숭이들의 구원

○ ● ○ 영화 〈혹성탈출: 종의 전쟁〉의 유인원 지도자 시저. 총 대신 여의봉을 메고 이마에 금테만 두르면 영락없이 손오공이다.

인데, 손오공 역시 그렇다. 손오공은 원숭이들의 왕이며, 도술을 배운 뒤 첫 번째 하는 일이 바로 혼세마왕에게 잡혀간 백성들을 구하는 것이다.

시저는 그를 제압하려는 인간 세상을 혼란에 빠트린다. 이를 넘어서는 전 우주적 대혼란의 충격은 《서유기》가 담고 있다. 손오공은 염라대왕과 옥황상제를 쩔쩔매게 하며 하늘나라를 난장판으로 만든다. 생명 있는 것들의 수명을 기록한 '생사부生死簿'까지 까맣게 지워버리니 자연 질서 자체의 파괴자라 할 만하다. 이에 비하면 고작 인간들을 혼란에 빠트린 시저는 아주 얌전한 원숭이다.

그런데 혼란을 일으키는 두 원숭이의 이야기는 서로 정반대 방향으로 가지를 뻗는다. 우리가 잘 아는 것처럼 손오공은

150

석가여래에게 벌을 받고 삼장을 도와 수행을 마친 뒤, 마침내 죄를 씻고 싸움꾼다운 투전승불鬪戰勝佛이라는 부처가 된다. 손오공뿐 아니라 삼장, 저팔계, 사오정, 그리고 삼장이 타던 백마도 삶의 어디선가 꼬여버린 혼란스러운 매듭을 수행 속에서 풀고, 더 이상 죄지음도 불만도 없는 영광스러운 자리를 찾게 된다. 요컨대 모두 조화롭게 통일된 하나의 세상 속에서 자신에게 적합한 위치를 얻는 것이다. 이렇게《서유기》는 당대 중국인들이 납득할 수 있는 불교 사상의 형태로 조화와 통일의 이념을 제시하며 막을 내린다.

> 모든 진여眞如가 속세에 떨어졌다가
>
> 사상四相과 조화를 이루어 다시 몸을 수련하였네.
>
> (…)
>
> 불경을 천하에 전하여 은혜와 영광이 충만하고
>
> (…)
>
> 종일 상서로운 기운 가득하네.[1]

《서유기》의 마지막 100회에 나오는 시구이다. 헤겔 시대라면 이 조화와 통일은 완성된 '인륜성Sittlichkeit'이라 불렸을 것이고, 종교에 의지하지 않는 세속화된 우리 시대에는 '자유'나 '평등' 같은 좀 더 익숙한 이름을 통해 사람들에게 울려 퍼졌으리라.

반대로 〈종의 전쟁〉에는 혼란과 투쟁 속에 들어간 자들을 화해와 조화 속으로 이끌어주는 통일의 이념이 없다. 화해의 목소리는 실패하고, 죽거나 죽이는 실력 행사, 승리 아니면 패배, 그리고 바이러스 같은 우연적 변수만이 남는다. 그 결과 한 종은 멸망하고 다른 한 종은 발전한다. 이런 점에서 '혹성 탈출' 시리즈는 고대인들의 쾌활한 《서유기》를 거꾸로 뒤집어놓은 어두운 《서유기》라 일컬을 만하다.

이 어두운 《서유기》가 우리 시대의 것이다. 화해와 조화의 이념에 내기를 거는 정치가 있고, 노골적인 이익 행사를 향해 걸어가는 정치가 있다. 오늘날 국제사회 어디를 돌아보건, 누구나 그 빛 속으로 걸어 들어가 동참하고 싶게 하는 이념을 제시하는 정치가 없다. 오로지 힘의 자랑과 토라짐과 위협이 있다. 글로 옮기기도 민망할 정도이긴 하지만, 가령 북한의 지도자와 눈높이를 맞추고서 "내 핵단추가 더 세다"고 했던 지난 미국 대통령의 발언은, 인류가 바라볼 이념이 사라진 대신 동네 아이들이 주먹으로 투덕거려 골목을 제패하는 수준의 정치가 지배하는 현실을 말해준다. 그야말로 짐승들 사이의 '종의 전쟁'이 있을 뿐, 갈등이 상승된 화해에 가닿고, 이상에 드디어 손을 대보는 《서유기》 식 전망은 세상 밖으로 사라진 듯하다.

이런 전망은 관념적이라고? 관념 아닌 현실의 규칙에 대해서는 이미 고달픈 나날의 싸움으로부터 모두가 질리도록 체득했다. 반대로 정치만이 인간의 꿈에 귀 기울이고 그 꿈을 향해 오를 수 있는 계단을 현실로 만들 수 있다. 그렇지 않다면 인간의 삶에는 권력가와 그가 만든 임의의 규칙, 규칙의 허점을 노린 축재蓄財, 위반에 대한 형벌, 그리고 보복으로서 '종의 전쟁'만이 있을 뿐이다.

근대와
인간 주체의 탄생

우리는 '인간 주체'라는 표현을 종종 쓴다. '주체적으로' 생각하고 행동하자는 등의 표현을 쓰기도 한다. 도대체 '주체'가 뭐길래 우리는 자신이 '주체'이기를 열망하는 걸까? '인간 주체'라는 말의 의미를 이해하기 위해서는 우리가 어떤 세계 속에 담겨 있는지부터 이해해야 한다.

우리의 생각과 행동을 방향 짓는, 우리가 담겨 사는 요람은 무엇인가? 바로 '근대modern times'이다. 근대라는 말을 통해 우리는 자신이 누구인지를 알게 된다. 객관적인 연표에서 근대가 어디에 위치하는지 궁금할 수도 있을 것이다. 하버마스Jürgen Habermas는 《현대성의 철학적 담론》에서 근대에 대해 이렇게 말한다. "영어 'modern times'(모던 타임스)와 프랑스어 'temps modernes'(텅 모데른느)는 1800년경을 중심으로 이

전의 3세기를 서술한다."¹ 보통 이 시기를 우리는 근대라는 명칭 아래 들여다본다.

그러나 좀 더 중요한 점은 근대란 연표상의 객관적인 어떤 기간을 가리키기보다는 하나의 '태도'라는 점이다. '근대modern'의 어원이 되는 라틴어 형용사 'modernus'(모데르누스)는 '가까운'이라는 뜻을 지닌다. 가까움이란 지금의 시점에 대해 가까운 것이니, 곧 새롭다는 뜻이다. '근대'란 자신의 현재를 새로운 시기로 감지하는 태도인 것이다. 이 점은 근대를 대표하는 저작들의 제목에서부터 표현된다. 예를 들면 프랜시스 베이컨Francis Bacon의 《신기관》과 잠바티스타 비코Giambattista Vico의 《새로운 학문》.

구체적으로, 근대의 대표적인 철학자 헤겔은 《정신현상학》에서 자신의 시대를 다음과 같이 '새로운' 시대로 이해한다. "우리의 시대가 탄생의 시대이며 새로운 시기를 향한 여명기임을 알아차리기란 어렵지 않다."² 혹시 자기 시대를 새로운 시대로 진단하는 헤겔의 저 말이 평범하게 보인다면, 우리가 늘 '신상품' 같은 새로운 것을 추구하는 근대적 삶에 이미 익숙해 있다는 증거일 것이다. 모든 시대가 새로움을 추구하지는 않았다. 오히려 과거 성인들의 경전에서 이상理想을 발견하고, 상실한 과거로 끊임없이 회귀하려는 복고적 노력을 보인 시대들이 더욱 많다. 반대로 근대는 새롭게 되는 것 자체에서 자신의 정체성을 발견한다. 새로운 순간을 계속 갱신해나가는 것, 그것이 근대이다.

그럴 수 있는 까닭은, 근대인들에게 '새롭다'는 것은 과거보다 악화했다는 뜻이 아니라, 오늘날이 과거보다 발전했다는 뜻이기 때문이다. 비코의 《새로운 학문》에는 다음과 같은 구절이 나온다. "오늘날에는 완벽한 인간 문명이 모든 민족에게 널리 퍼져 있는 것으로 보인다."[3] 한마디로 근대는 자신감의 시대, 과거와 단절한 채 새롭게 발전해나가는 시대이다.

이 새로움을 이루는 주된 내용, 그리고 새로움을 추구하는 원동력은 구체적으로 무엇일까? 바로 '인간 주체'의 출현이다. 인간 주체가 근대에 출현했다는 것은, 곧 '주체'가 애초부터 '인간'은 아니었다는 말이 된다. 그러면 주체란 도대체 무엇인가? 개념의 기원은 고대 그리스 철학의 '휘포케이메논 ὑποχείμενον'으로 거슬러 올라간다. 이 말은 '근거로서 모든 것을 떠받쳐주는 자'라는 뜻을 지닌다. 고대 그리스인들은 모든 다양한 것들을 근거 지우는 '하나의 원리'로서 자연(피시스φύσις)을 휘포케이메논이라는 개념 아래서 발견하고자 했다. 라틴어로 학문하는 시대가 되었을 때 이 그리스어 개념이 라틴어 단어 'subjectum'(수브옉툼)으로 번역되었고, 이 수브옉툼이 오늘날의 서양말에서는 '주체'를 뜻하는 'subject'(서브젝트)가 된 것이다.

이처럼 주체라는 말은 애초에 인간과는 상관없는 말이었다. 그런데 어떻게 '인간'이 '주체'를 소유하게 된 것일까? 어떻게 '인간 주체'가 탄생했을까? 이를 알기 위해서는 근대 학문의 본성을 이해해야 한다. 근대 학문의 특성을 단적으로 보여주는 칸트의 《순수이성비판》 속 한 구절이 있다. "우리가 '자연'이라고 부르는 현상들에서 그 질서와 규칙성을 우리는 스스로 집어넣는다."[4] 즉 다양한 자연 만물에 규칙을 부여하는 것은 바로 우리 '이성'이라는 것이다. 이성은 어떻게 이런 일을 하는가?

근대성의 본질을 탐색하는, 하이데거의 《세계상의 시대》는 어떻게 인간 이성이 만물의 원리가 되는지 그려 보인다. 이성이 지닌 원리들의 기본을 이루는 것은 '수數'이다. 이성은 수를 바탕으로 연구 공간을 열어놓고, 그 안에 들어서는 것을 대상으로 파악한다. 즉 수리물리학적 질서가 대상 세계의 본질로서 부여되는 것이다. 더불어 수적 계산의 '정밀성'은 학문이 갖추어야 할 이상이 된다. 수가 본질적인 것이 됨으로써, 근대는 어떤 시대에도 보지 못했던 정밀함의 시대가 된다. 강물은 수량으로 측정되는 수자원으로, 임야는 생산할 수 있는 목재의 총량으로 계산된다. 자연에 대한 이런 수학적 파악을 바탕으로, 자연을 가공할 수 있는 근대 기술이 탄생한다. 근대 기술은 무엇을 위한 기술인가? 바로 인간에게 유용하기 위한 기술이다.

결국 인간 이성이 자연 속 모든 대상들의 원리(수학과 물리학)를 제공하는 대상 세계의 '근거', 휘포케이메논(주체)이 된 것이다. 또한 수리물리학적으로 파악된 대상은 근대 기술을 통해 인간이 이용할 수 있는 대상으로 귀결된다. 세계의 근거와 귀결의 자리 모두에 인간이 자리 잡고 있다. '인간 주체'가 탄생한 것이다. 이 인간 주체의 등장을 '인간중심주의'라는 말로 불러도 좋겠다. 인간중심주의는 근대의 곳곳에서 목격된다. 예를 들어 근대 종교가 있다. 앞서 근대에 자연은 수리물리학적으로 파악되며, 이를 바탕으로 인간이 이용할 수 있는 대상이 되었다고 했다. 이는 곧 자연으로부터 신들이 떠나갔다는 뜻이다. 이제 숲에 사는 정령도 없고, 산을 지키는 신령도 없다.

잠깐 미야자키 하야오宮崎駿의 애니메이션 〈모노노케 히메〉를 떠올려보자. 이 작품은 근대성에 대한 비판으로 읽힐 수 있는데, 이 애니메이션의 배경은 무로마치室町 막부 시대이다. 당시 철광 개발의 비약적 발전은 자연에 대한 근대적 착취의 상징이다. 작품 속에서 철광 개발과 함께 신성한 동물 신들은 죽임을 당한다. 철광을 개발해 총을 제작하는 인물 에보시의 다음과 같은 말은 인상적이다. "옛 신들만 사라지면 괴물들도 보통 짐승이 되지. (…) 풍요로운 국가를 만들 수 있어." 이제 자연을 지키던 신들은 그저 동물일 뿐이고, 근대의 기술은 자연을 착취해 인간의 풍요를 이룬다. 근대는 부산물로서 재앙신災殃神을, 즉 근대의 고질적 병폐인 환경문제를 낳는다.

사람들은 지금껏, 예컨대 풍어제와 같은 의식을 통해 나날

158

○ ● ○ 〈모노노케 히메〉에서 철광을 개발해 총을 제작하는 에보시(가운데). 근대의 기술은 자연을 착취해 인간의 풍요를 이룬다.

의 생활에서 신들을 만나왔다. 신들은 삶의 요람이었다. 그러나 근대에는 풍어제와 같은 것은 액면 그대로의 의미를 상실한 채 박물관에 넣어두듯 보존만 추구되는 전통문화로 파악된다. 그것은 더 이상 생활 속에서 신들과 더불어 사는 방식이 아니다. 수와 합리성이 지배하는 자연에서는 신이 떠나갔고, 이제 신은 인간의 '심리적 교신 상대'로서 믿음이나 불신 등으로 표현될 뿐이다. 인간 심리가 신이 나타날 수 있는 지평이 된 것이다. 이것이 종교에서의 인간중심주의라 할 수 있다.

인간중심주의는 예술의 영역으로도 파고들었다. 바로 '미학'이 근대에 등장한 사실이 이를 알려준다. 미학은 고대부터 있어왔던 예술철학 일반과 혼동하면 안 되는 특수한 의미의 근대 학문이다. 미학을 뜻하는 'Ästhetik(esthétique)'의 원래

의미는 '아이스테시스αἴσθησις에 관한 학문'이다. 그리스말 '아이스테시스'란 감각적 지각을 뜻한다. 그러므로 '에스테틱'이란 감각적 지각을 가능케 하는 인간 마음의 능력인 감성에 관한 학문, 즉 '감성론'이다. 그런데 어쩌다 감성론이 미학이 되었을까? 바로 근대는 아름다움의 척도를 인간의 감각하는 능력, 즉 감성에서 찾으려 했기 때문이다. 인식론과 존재론에서 일어난 근대의 혁명이 예술의 영역에서도 일어난 것이다. 데카르트와 더불어 시작된 이 혁명은 인간 주체의 생각함(코기토)을 모든 지식과 존재의 토대로 만들었다. 미美의 영역에서는 미학의 출현과 함께 인간의 감성이 아름다움의 척도로 등장한 것이다.

　이렇게 근대의 여러 영역에서 인간은 주체라는 개념을 소유하게 되었다. 즉 만물의 근거가 되었다. 이는 저절로 되는 것이 아니라, 인간이 모든 능력을 동원해 세계를 인간의 계획에 맞추어 가공함으로써 이루어진다. 근대 국가란 바로 이 인간 주체의 힘을 실현하기 위한 공동체로서, 동서양의 인간들은 경쟁적으로 이 공동체를 이루려고 어떤 희생도 마다하지 않았다. 다니구치 지로谷口ジロー의 만화《도련님의 시대》는 '혹독한 근대 및 생기 넘치는 메이지인'이라는 부제가 달려 있는데, 여기서 우리는 이런 흥미로운 구절을 읽을 수 있다. "국가를 급조하느라 이 40년 동안 쌓인 피로, 그것도 알겠습니다. 일본은 많은 모순과 대면하며 잰걸음으로 걷고 있지요."5 '국

가의 급조'와 '잰걸음', 이것이 주체로서 자신을 실현하기 위해 늘 조급하고, 늘 바쁘고, 늘 경쟁하며, 늘 피로와 자연의 파괴를 끌고 다니는 근대인의 모습이다.

'인간의 주체 되기'라는 이 프로그램이 여전히 유효하다면 우리는 지금도 근대인이며, '근대'는 곧 '현대'를 뜻할 것이다. 반면 인간이 더 이상 주체가 아니라면, 즉 주체로서의 인간이 죽었다면, 우리는 근대라는 인간의 계획을 뒤로 한 채 미지의 시간으로 나아가는 현대인일 것이다.

근대 이후,
하이브리드의 삶 또는 AI

4차 산업혁명, AI 혁명의 시대이다. 물론 이런 혁명은 기술의 발전에서 생겨난 것이다. 그렇다면 비약적인 기술 발전의 기원은 무엇일까? 중세를 마감한 르네상스 시대 이후 화려하게 펼쳐진 과학의 힘이다. 그 힘의 원천은 당연히 '이성'이다.

과학이 보편적 진리인 까닭은 그 과학을 주관하는 이성이 보편적인 까닭이다. 철학자들은 자연에 대한 인간의 보편적 지배력을 이성의 보편성에서 확인했다. 예를 들면, 근대 사상의 공간을 열었다고 해도 과언이 아닌 데카르트는《방법서설》에서 이성의 보편성에 대해 이렇게 말한다.

양식bon sens은 세상에서 가장 공평하게 분배되어 있는 것이다. 누구나 그것을 충분히 지니고 있다고 생각하므로,

다른 모든 일에 있어서는 만족할 줄 모르는 사람이라도
자기가 가지고 있는 이상으로 양식을 갖고 싶어 하지는
않는다.[1]

'양식良識'을 '이성'으로 보아도 좋다. 누구나 지녔기에 이성
은 보편성을 띠며, 개인마다 변화무쌍한 사적인 감정 따위와
는 다른 것이다.

이런 보편적 이성을 옹호하는 가장 최근의 형태로는, 대
표적으로 하버마스의 '의사소통적 이성'이 있다. 하버마스는
《현대성의 철학적 담론들》에서 이 의사소통적 이성에 대해
이렇게 표현한다. "사회문화적 생활형식들은 (…) 의사소통적
이성의 구조적 제한을 받는다."[2] 상호 의사소통을 함으로써
보편적이 되는 이성이 사회와 문화를 규정하는 것이다. 이성
이 있고 나서 이 이성이 이차적으로 소통하는 활동을 하는 것
이 아니라, 이성의 본성 자체가 소통이라는 것이 하버마스의
생각이다. "후차적으로 비로소 언어적 옷을 입는 순수이성이
란 존재하지 않는다. 그것은 본래부터 의사소통적 행위와의
연관 관계와 생활세계의 구조 속에서 구현되는 이성이다."[3]
이렇게 이성은 의사소통을 통해 보편성에 도달한다. 의사소
통을 하는 이성의 공동체가 문화와 제도를 규정하고, 또 사물
과 자연을 관리한다.

그런데 이성은 정말 이런 일을 할 수 있을까? 우리는 푸코

처럼 보편적 이성의 존재 자체를 의심해볼 수 있을 것이다. 한 대담에서 푸코는 이렇게 말한다.

> 제가 보기에는 막스 베버 이래 프랑크푸르트학파에서 건 깡길렘과 같은 과학사가들이건 문제가 된 것은 지배적인 것으로 나타나고 유일한 이성의 지위를 부여받은 합리성의 형식을 분리해냄으로써 그것이 단지 여러 형식 중 가능한 '하나'에 지나지 않음을 보여주는 것이었습니다.[4]

하나의 보편적 이성이 있는 것이 아니다. 보편적이라 여겨졌던 이성은 이런저런 역사와 맥락에 따라 출현하는 '한 경우의 수'에 불과한 것이다.

그러니 의사소통적 이성 역시 보편적인 것이 아니리라. 우리의 소통 자체가 인간 이성의 품을 떠난 시대에 들어서버렸다는 사실이 이를 잘 알려준다. 인간의 이성은 또 다른 인간 이성이 아니라 기계와 소통하기 시작했다. 예컨대 챗GPTChat Generated Pre-trained Transformer, 즉 대화 전문 인공지능 챗봇이 있다. 이제는 이성과 이성이 소통하는 것이 아니라 이성과 기계가, 이성과 비인간이 소통한다. 그래서 이성과 기계의 합작품, 바로 '하이브리드'가 탄생한다. 하이브리드는 어떤 미래를 가져올까? 이것이 우리 시대가 궁금해하는 질문이다.

근대는 인간 이성이 수학과 수학에 뿌리를 둔 기계기술을 통해 대상을 지배한 시대였다. 지배하는 능동적 인간 이성과 지배당하는 자연의 이분법이 근대의 바탕에 놓여 있다. 그러나 이런 지배하는 인간 이성과 지배당하는 자연의 구도는 허구적일 것이다. 저 이분법의 근대가 허구였다는 뜻에서 《우리는 결코 근대인이었던 적이 없다》를 쓴 과학철학자 브뤼노 라투르Bruno Latour는 이렇게 말한다. "인간이 대상들을 만든 만큼 대상들이 인간을 만들기도 한 것이다."[5] 인간 주체와 대상은 뚜렷이 구별되며, 그 구별은 인간과 자연, 인간과 그가 만든 기계의 구별로 표현되어왔다. 진실일까? 아니라면, 이렇게 말해야 하지 않을까? "인간은 기계를 만들었고 스스로를 기계의 일부가 되도록 하였고 (…) 기계를 가지고 자기 자신의 신체를 건설하였다."[6]

한마디로 인간 이성과 그가 지배하고 가공하는 대상은 구별되지 않는다는 것이 이제 드러났다. 이 점을 기술철학자 질베르 시몽동Gilbert Simondon은 일찍이 통찰한 바 있다. 시몽동은 1958년에 쓴 《기술적 대상들의 존재 양식에 대하여》에서 이렇게 말한다. "문화와 기술 사이에, 그리고 인간과 기계 사이에 세워진 대립은 거짓이며 근거가 없다."[7] 인간과 그가 지배하는 대상을 나누는 이분법은 존재하지 않는다는 것이다. 그래서 이렇게 말하기도 한다. "기술적 대상 안에 인간적인 것이 존재한다."[8] 이런 시몽동의 생각에 호응하는 문장을 우리

2. 세상을 견뎌내기 위하여

는 앞서 언급했던 라투르의 저작에서도 확인할 수 있다. "물론 인간은 기계가 아니지만 기계를 본 사람들은 누구나 기계가 결코 기계적이지 않다는 것을 안다."[9] 즉 기계 안에는 인간적인 것이 섞여들어 있다. 바로 챗GPT가 그렇지 않은가?

하버마스가 생각한 바와 달리 이성은 다른 이성과의 소통을 통해 보편성에 근접하지도 않으며, 소통을 통해 이성을 지닌 자들의 공동체를 이루지도 않는다. 이성들 사이에서만 이루어지는 소통은 사라졌다. 챗GPT의 존재가 증언하듯 이제 이성의 소통 상대자는 비이성이자 비인간인 기계이다. 판사는 챗GPT와 상의해 판결을 이끌어내고, 학자는 챗GPT와 대화해 어엿한 공저자로서 책을 쓰며, 정치가는 챗GPT와 함께 연설문을 만든다. 공론장 안으로 인간 이성이 아닌 기계가 들어선 것이다. 챗GPT는 까다로운 논쟁 상대자가 아니라 비서와 같은 협력자이기에 사람들은 더욱더 쉽게 그와의 대화에 빨려들어간다.

챗GPT는 인간이 던지는 질문에 창의적으로 보이는 답을 내놓는다. 그의 답은 자신을 창조한 개발자, 즉 인간 주체의 이성과 의도와 통제를 벗어나 있다. 그런 점에서 이 기계는 '자율적'이다. 요컨대 기계이자 대상인 동시에 '자기의식이 없는데도 주체'인 것이다. 주체와 대상의 구별이 철폐되고 도구와 주체가 서로 구별되지 않는 하이브리드, 라투르가 붙인 별칭대로 '키메라'가 출현한 것이다. 일찍이 들뢰즈는 하이브리드의 탄생을 이렇게 표현한 적이 있다.

> 인간의 힘이 다른 힘, 예컨대 정보의 힘들과 관계를 맺
> 고 있으며, 이 힘은 인간과 함께 인간이 아닌 다른 무엇
> 인가를, 즉 분할 불가능한 '인간-기계homme machine' 체계
> 를 구성하며, 제3세대 기계와 이미 관계 맺기 시작했다
> 는 것은 오늘날 상식이 아닌가? 이는 탄소 대신 실리콘
> 과의 결합인가?[10]

'인간-기계' 또는 '주체-기계'인 키메라는 인간의 가장 좋
은 조언자가 될 수도 있고, 가르침을 주는 스승이 될 수도 있
다. 그렇다면 이제 우리는 자기의식을 지닌 인간 주체가 인공
물과 자연을 지배하는 시대, 바로 근대와 결별한 것일까?

우리는 벌써 근대를 지나쳤는데 여전히 근대적 인간 주체
의 근심을 안고 살아가는 것은 아닌지 생각해보아야 한다. 챗
GPT는 이미 지식을 산출하고 유통하는 주체인데, 한낱 학생
들이 부정 과제물을 만드는 데 사용하는 수단으로만 보는 것
은 아닌지 생각해보아야 한다. 오래전 전자오락이 비약적인
발전을 보였을 때 폭력이 난무한다며 도덕적 설교자의 어조로
이 기계의 폐해를 우려하던 목소리가 기시감 속에서 들린다.

새로운 기계만 나오면 인간 주체는 주체와 대상을 가르는
이분법, 그리고 주체로서 자신의 지위를 잃어버릴까 걱정하는

'터미네이터 콤플렉스'에 시달린다. 챗GPT의 대답을 듣고 깜짝 놀라 윤리 규정을 만드는 일이 시급하다는 사람도 있다. 그런데 누가 도덕적 판단의 기준일 수 있을까? 오히려 정의의 이름으로 챗GPT의 언론자유를 펀드는 사람도 나오지 않겠는가? 우리는 인간 주체와 지배 대상의 구분, 원본과 복사물의 구분 등과는 멀어진 새로운 지식 환경에 들어서고 있는 것이다.

좀 이상한 비교일지 모르지만 이렇게 말해볼 수 있을 것이다. 재래의 가족은 풍비박산 났다. 어른, 아이, 아버지, 어머니, 자식 역할도 이제는 고정되어 있지 않다. AI와 인간의 관계도 그럴 것이다. 인간계는 풍비박산이 났다. AI는 문학 작품이든 미술품이든 만들어낸다. 이는 인간을 감동시킬 수 있고, 홀릴 수 있으며, '유혹'할 수 있다는 뜻이다. 핵심은 작품의 수준이 높냐 아니냐, 독창적이냐 아니냐가 아니라, 유혹할 수 있다는 것이다.

이 유혹이 예술의 영역에 그칠까? 일단 유혹의 기술을 배우면 그 적용 범위는 한없이 넓어진다. AI가 유혹의 문제라는 것은, AI가 칵테일이나 요리 레시피에 대해서까지 독자적인 의견을 표명할 수 있다는 데서도 잘 알 수 있다. 최고의 레시피를 제공할 수 있느냐 아니냐는 중요하지 않다. 도대체 무엇이 최고의 기준인지 우리는 결코 답하지 못한다. 관건은 AI가 무엇인가를 제시하며 인간을 유혹할 것이고, 결국 적응시킬 것이라는 점이다.

AI가 인간이란 예술적 갈구 이상으로 종교적 갈구가 심한 생물임을 알게 된다면? AI는 신을 발명해서 인간을 감동시킬(유혹할) 것이다. AI 앞에서 단지 예술가가 살아남을까 걱정하는 게 아니라 재래의 종교가 살아남을까 걱정하게 될 것이다. 그러면 "도를 아십니까?" 하고 묻는 직업이 위협받게 되며, 이제 우리는 이런 정겹고도 짜증 나는 질문자가 없는 외로운 거리를 걸어가야 할 것이다.

죽어가는 내게 기도를 해달라고 하면, 챗GPT가 신부님, 목사님, 스님보다 더 영혼의 위로가 될 말을 해줄 것 같다. 그러면 이미 그는 하나의 기능이 아니라 동반자이다. 내가 아는 한 종교는 말씀의 종교이다. 그리고 챗GPT만큼 말 잘하는 자도 없다. 한 말씀만 하소서. 내 영혼이 곧 나으리다.

3부

위안의 말

산책

걷기를 좋아한다. 걷는다는 것은 비효율적으로 느린 이동 방식 같지만, 실은 시간을 버는 일이다. 걷는 중에 생각할 수 있고, 나중에 사람들과 해야 할 말을 가다듬을 수도 있으며, 행운과도 같은 햇살을 만날 수도, 잎사귀에 부딪히는 빗소리도 들을 수 있다. 잘 아는 길도 최초의 길인 듯 관광객처럼 이것저것 구경할 수 있다. 차를 타면 이 모든 것이 일시에 사라진다. 일찍 도착해서 빨리 일해야 하고, 누군가와 빨리 복잡한 대화를 나눠야 할 뿐이다. 촉박한 일정으로부터 해방된 이런 걷기의 정수는 '산책'이 간직하고 있다.

산책을 다른 걷기와 헷갈려서는 안 된다. 산책은 이동이라는 실용적 목적을 지니지 않는다. 놀라운 도보 이동자들이 있다. 가정교사 자리를 얻기 위해 시인 횔덜린은 독일 슈투트가르트에서 프랑스 보르도까지 걸어서 갔다. 열여덟 살의 푸치니Giacomo Puccini는 베르디Giuseppe Fortunino Francesco Verdi의 〈아이다〉를 보기 위해 열일곱 시간을 걸어 극장까지 가기도 했다. 이들의 걷기는 놀랍지만 이것은 걷기 자체보다는 자신의 운송에 목적을 둔 실용적인 행위이다. 산책은 이런 실용적인 운송과 다르다. 또 산책은 김삿갓의 방랑 같은 것도 아니다. 비탄에 빠져 죽을 때까지 떠돌아다닌 오이디푸스의 유랑과도 다르다. 산책자는 정처 없이 방랑하지 않으며, 길을 잃는 법이 없고, 명확한 궤도 위에서 움직인다. 산책은 늘 집으로 되돌아오기 위한 산책이며, 그런 점에서 정주민의 지혜로운 거주 방식이다.

산책하는 자는 운동하는 자도 아니다. 군인다운 체력단련이 목적이건 아름다운 체형이 목적이건, 고대 그리스의 김나시온부터 현대의 피트니스 클럽에 이르기까지 사람들은 운동을 해왔다. 그러나 운동경기에 이기는 것이라는 관념 자체가 산책에는 없다. 러닝머신 위에서 좀 더 빨리 오래 걷겠다는 집념이 산책에는 없다. 한마디로 산책은 신체의 능력과 에너지를 극한으로 발휘하려는 노력이 없는 행위이다. 산책자는 목적을 달성하려고 안달하는 자가 아니라, 해도 그만 안 해도 그만인 것처럼 걷기를 천천히 수행하는 태평한 자이다. 건강조차 산책의 목적이 아닐 것이다! 레비나스가 《시간과 타자》에서 말하듯 "산책하는 것은 바람을 쐬기 위한 것이고, 건강

철학은
날씨를
바꾼다

174

때문이 아니라 공기 때문이다."[1] 의무나 달성해야 할 목적이 아닌, 야외에서 누리는 공기의 즐거움이 산책을 이끈다.

모르는 사이 자라난 화초처럼, 산책하는 동안 생겨나는 것은 뭘까? 바로 '생각'이다. 산책과 생각의 긴밀한 관계에 대해선 이미 고대인들이 잘 알고 있었다. 아리스토텔레스는 리케이온이라는 학당을 세우고 철학을 가르쳤다. 이 학당에는 산책로가 있었는데, 그는 제자들과 '산책(페리파테인περιπατεῖν)'을 하면서 토론하고 연구했다. 그래서 아리스토텔레스 학파를 가리켜서 '소요학파(페리파토스 학파)'라고 부른다. 또한 아리스토텔레스는 알렉산드로스 대왕의 가정교사이기도 했는데, 알렉산드로스와도 산책하면서 여러 문제에 대해 토론했다고 한다. 이 흥미로운 이야기들은 철학자들에 관한 최초의 전기인 디오게네스 라에르티오스Διογένης Λαέρτιος의 《유명한 철학자들의 생애와 사상》이 전한다. 산책길은 아리스토텔레스에게 사상의 열매를 수확하는 비옥한 대지와도 같은 곳이었다.

고대인뿐 아니라 현대인도 산책을 통해 생각의 열매를 수확한다. 루소Jean-Jacques Rousseau는 《고독한 산책자의 몽상》에서 말한다.

> 매일 산책하며 보낸 여가 시간은 종종 유쾌한 명상으로 채워지곤 했는데, 그 기억을 잃어버려 몹시 안타깝다. 이제 앞으로 떠오르는 명상들을 기록해두려 한다. (…)

산책을 하면서 머리를 스쳐간 온갖 낯선 생각 또한 이
종이들 속에서 제자리를 찾을 것이다. 나는 생각한 것들
을 머리에 떠오른 상태 그대로, 전날 떠오른 생각이 다
음 날의 생각과는 대개 별 상관이 없듯 그렇게 두서없이
말하려 한다. 그러나 내 정신이 지금 내가 처한 이 이상
한 상태로부터 매일 자양분을 얻어 만들어낸 감정과 생
각을 통해, 나의 천성과 기질에 대한 인식이 늘 새롭게
생겨날 것이다.[2]

산책은 유쾌한 명상, 두서없는 생각들을 만들어낸다. 머리
에 떠오른 상태 그대로의 생각이 산책길에는 있다. 이 모든
것은 무엇을 뜻하는가? 바로 산책은 책상 앞에 앉아 계획을
세우고 하는 공부와는 전혀 다른 생각의 장場이라는 것이다.
　이와 같은 사유의 체험을 버지니아 울프Virginia Woolf의 산책
에서도 찾아볼 수 있다. 그녀는 산책에 대해 이렇게 쓴다. "걸
을 때는 이런 수만 가지 흥분이 지속되지만, 내일이면 오래되
고 죽어버린 구절을 쓰기 위해 앉아 있어야 하죠. (…) 나는 걸
으면서 계획을 세우겠어요."[3] 울프는 산책길에서의 생각과 책
상 앞에서의 생각을 구별한다. 산책길에서 생각은 불어오는
바람처럼 자연스럽게 머리를 채우고, 길옆에 핀 꽃처럼 자연
스럽게 마음을 기쁘게 한다. 그러나 책상 앞에 앉아 이 생각
들을 정리할 때는 까다로운 글쓰기의 규범이 끼어들며, 산책

길이 준 축복 같은 생각의 자유는 사라지고 만다.

산책길의 생각과 책상 앞 생각의 이런 근본적인 차이 또는 불화를 가장 잘 보여준 이는 니체이다. 니체는 걸으면서 사유하는 자였는데,《즐거운 학문》에서 이렇게 말한다.

> 우리는 책 사이에서만, 책을 읽어야만 비로소 사상으로 나아가는 그런 인간들이 아니다. 야외에서, 특히 길 자체가 사색을 열어주는 고독한 산이나 바닷가에서 생각하고, 걷고, 뛰어오르고, 산을 오르고, 춤추는 것이 우리의 습관이다.[4]

니체는 사상이란 산책을 통해 얻어지는 것이지, 책상 앞에 앉아 책에 몰두하면서 이루어지는 것이 아니라고 말한다. 책상과 의자와 서재가 없던 문명의 저 이른 시기부터 인간은 사유해왔다. 그때의 생각이란 걷는 일과 분리된 것이 아니다. 걷는다는 것은 생각함과 몸의 움직임이 일치하는 축복의 체험이다. 불길을 키우듯 산책이 생각의 숨구멍을 열어준다.

인간이 서재로 들어가 의자에 앉게 되면서, 걷는 일 속에서 생각을 자유롭게 창조하던 시절은 종말을 고했다. 산책의 자유 반대편에 서재, 즉 전문가가 답답한 규칙들에 따라 생기 없는 지식을 산출하는 장소가 자리 잡는다. 의자에 종일 앉아 있는 이의 접힌 뱃살이 걷는 이의 자유를 대신한다. 니체는 말한다.

> 오, 한 인간이 어떻게 그 사상에 도달했는가를, 그가 잉
> 크병을 앞에 두고 뱃살을 접은 채, 종이 위로 머리를 구
> 부리고 앉아서 그 사상에 도달했는지의 여부를 우리는
> 얼마나 빨리 알아채는가! (…) 눌린 창자가 스스로를 폭
> 로하며, 또한 서재의 공기와 천장, 좁은 서재가 스스로
> 를 폭로한다. — 이것이 성실하고 박식한 책을 덮으며
> 내가 받은 느낌이었다. (…) 박식한 학자의 책에서는 또
> 한 거의 언제나 억누르고 또 억눌린 어떤 것이 느껴진
> 다: 어디에선가 '전문가'의 티를 내는 것이다.[5]

충분히 걷지 못하고, 앉아 있기를 자신에게 강요할 수밖에
없는 학자 또는 사무원은 이제 직업병으로서 곱사등을 가지
게 된다.

> 모든 전문가는 곱사등을 가지고 있다. 학자의 책은 또한
> 언제나 굽은 영혼을 반영한다. 모든 전문수공업은 구부
> 리는 일을 하기 때문이다. 젊은 시절의 친구를 그가 학
> 문의 소유자가 된 후에 다시 만나보라. 아, 얼마나 반대
> 가 되어버렸는가! (…) 자신의 구석 자리에 틀어박혀,
> 알아보지 못할 정도로 일그러지고 부자유스럽고 균형을

잃고 쇠약해지고 모든 점에서 모가 나고 (…) 사람들은
그를 다시 만나면 마음에 충격을 받고 할 말을 잃는다.[6]

　여기서 "일그러지고 부자유스럽고 균형을 잃고 쇠약해지고
모가 난 것"은 단지 서재에 갇힌 자의 성격과 신체만을 가리
키지 않을 것이다. 이는 생기 없는 규칙에 억눌린 학자의 지
식, 그리고 사무원의 업무 자체의 모습일 것이다.
　반대로 산책은 지구 위를 걸어 다니는 생명의 자연스러운
삶의 방식 자체이다. 산책 중 얻게 되는 착상 역시 어디선가
날아온 씨앗이 꽃으로 피어나듯 자연스럽게 생겨나는, 어떤
억압적인 규칙에도 짓눌리지 않는 보석이다. 우리가 산책에
대해 살펴본 바들을 한마디로 요약하는 이가 있는데, 바로 로
베르트 발저Robert Walser의 단편 〈산책〉의 주인공이다.

　산책은 (…) 나에게 무조건 필요한 것입니다. 나를 살게
하고, 나에게 살아 있는 세계와의 연결을 유지시켜주는
수단이니까요. (…) 산책을 못 하면 나는 죽은 것이나 마
찬가지고 열정적으로 사랑하는 내 일도 무너져버릴 겁
니다. (…) 산책을 못 하면 관찰을 하지 못하고 연구도
할 수 없게 됩니다. (…) 산책을 하다 보면 수천 가지 생
각이 머리에 떠오르는데, 그것이 내게는 얼마나 아름답
고 유용하고 쓸모 있는 일인지 모릅니다.[7]

맞다. 산책은 자유로운 생각의 폭죽을 만들어낸다. "원래 산책을 할 때는 여러 가지의 번쩍이는 발상이 번개처럼 동시에 떠올라 한꺼번에 마구 밀려오는 것이 보통이니까."[8]

산책이 한 인간의 삶을 만들어낼 수도 있을까? 그럴 것이다. 프루스트의 《잃어버린 시간을 찾아서》는 사실 두 개의 산책로에 관한 이야기이다. 부르주아 계급을 나타내는 메제글리즈 쪽 산책길과 귀족 계급을 나타내는 게르망트 쪽 산책길. 한 번의 오후에 다 가볼 수 없는 이 두 산책길은 평생 동안 소설의 주인공 마르셀의 탐구 대상이며 사색거리다.

산책에는 삶의 중요한 진실이 있다. 산책에는 단조로움과 새로움이 결합해 있다. 달리 말하면 반복과 반복을 통해 얻는 새로움이 결합해 있다. 늘 똑같은 길로 들어서지만 그것은 늘 새로운 하루이다. 이것이 일상의 구조 자체라는 것, 반복이 새로움의 조건이라는 것은 산책의 귀중한 동반자인 우리 집 강아지가 나보다 훨씬 더 잘 알고 있다. 매번의 산책이 세상에서의 첫날인 것처럼 구름이는 너무 신나서 걸어간다. 산책이 그렇듯 반복이 새로움이 아니라면, 일상은 그저 형벌일 것이다.

염세주의

세상에 살아 있다는 것 자체에 대한 슬픔이 넘친다. 당나라 시인 이하李賀는 스물일곱에 죽었다. 시인 이상은李商隱이 이하의 누이에게서 들은 죽음의 경위를 전한다. 이하가 죽음을 앞두고 있었을 때 갑자기 붉은 옷을 입은 사람이 나타나 공문公文을 보여주었다. 그는 하늘에서 온 사람이었다. 공문에는 상제가 백옥루白玉樓를 지었는데, 거기 붙일 글을 쓰기 위해 이하가 당장 와야 한다는 명이 쓰여 있었다. "저는 가고 싶지 않습니다." 이렇게 말하며 이하는 울었다. 그러나 상제의 명을 거스를 수는 없었다. "천상은 즐겁고 고되지 않을 걸세." 붉은 옷을 입은 자가 말했다. 그러곤 이하의 방 창문에 먼지가 솟고 마차 바퀴 구르는 소리가 들렸다. 이하는 죽었다.

790년에 태어나 중당中唐에 활동한 이 불행한 시인의 시구

181

를 고등학교 시절 벽에 사인펜으로 써놓고 살았다.

> 장안에 한 젊은이 있으니
> 스무 살에 마음은 벌써 늙어버렸네
> (…)
> 지금 벌써 길은 막혀 버렸으니
> 백발을 기다릴 필요 어디 있으랴.[1]

  책상 앞에 앉아 출구 없는 세상의 기록인 저 시구를 물끄러미 올려다보던 학생은, 어떻게 세월의 파도를 타고 빠져 죽기에 알맞은 무서운 소용돌이들을 지나쳐 여기까지 흘러왔는가? 그저 신기하다. 이하는 이미 마음이 죽은 사람이었다. 모함하는 방해꾼들 때문에 관직(당시의 유일한 출구)을 통해 세상에 나갈 길이 막힌 그는, 그저 염세와 색정과 귀신들이 만들어내는 환상 사이를 오가며 살았다. 이렇게 쓰기도 한다.

> 슬피 울며 초사楚辭를 배우고
> 몸이 병드니 서글프고 쓸쓸하기 그지없네
> 쇠약한 얼굴에 머리카락 세어가고
> 나뭇잎은 비바람에 소리 내어 우네.[2]

  이십 대에 머리카락이 세어가는 이하는 초사를 손에서 놓지 못했다. 초사의 많은 부분은 멱라수汨羅水에 몸을 던져 자살한 굴원屈原의 비가悲歌가 차지한다. 이하는 그 자신의 시만큼 어두운 노래에 빠져 있었다.

세상을 버리고 싶은 이들이 있다. 사랑 때문에 그렇게 되기도 한다. 해결할 수 없이 어두운 곳에 숨어들어야만 하는 부정한 사랑에 빠진 트리스탄은 말한다. "사랑의 밤이여, 내가 살아 있다는 것을 잊게 해다오." 바그너의 〈트리스탄과 이졸데〉 2막의 노랫말이다. 트리스탄과 이졸데는 그들을 휘감은 정념에 지쳐 오로지 세상으로부터 빠져나갈 궁리만을 하고 있는 것이다. "나를 죽게 내버려두오." "이 세상에서부터 자유롭게 해주오." 세상을 버리고 싶어 하는 이런 말들이 트리스탄과 이졸데의 이중창에는 차고 넘친다. 자신의 과오 때문에 염세에 빠진 맥베스의 경우도 있다.

난 태양이 지겨워지기 시작한다.
그리고 우주가 이제 무너졌으면 좋겠다.[3]

또 리어왕의 고통스러운 삶에 대해 그의 신하 켄트는 이렇게 말한다.

그는 이 험악한 세상이란 형틀 위에
자기를 더 오래 묶어 두려는 사람을

미워하실 겁니다.[4]

　세상은 그저 벗어나야만 하는 잔혹한 형틀인 것이다. 예술
에 깃든 염세의 정서는 구스타프 말러에 이르러 궁극에 다다
른다 해도 좋을 것이다. 말러 말년의 두 작품, 〈대지의 노래
〉와 〈9번 교향곡〉에서 우리는 세상에 지치고 세상을 저버리
고 싶어 하는 이의 정서와 마주한다. 이 곡들에 대해 나 자신
은 객관성을 잃어버리고 밀착해 있으니, 다른 사람들의 표현
을 빌려 이야기하는 게 좋겠다. 철학자 아도르노Theodor Adorno
는 그의 저작 《말러》에서 〈대지의 노래〉에 대해 이렇게 쓰고
있다. "그의 고독은 도취된 가운데 절망과 절대 자유의 열락
사이에서 엎치락뒤치락하고 있으니, 벌써 죽음의 지대 안에
들어와 있는 것이다."[5] 아도르노는 이 음악을 "자기파괴의 도
취", "자포자기의 충일", "공허가 그 자체로 음악이 되는 것"[6]
등의 말로 표현한다.
　그리고 〈9번 교향곡〉이 있다. 이 곡의 4악장은 세상에 대
한 어떤 미련도 없이 아무 소리도 들리지 않게 된 채로 소멸
한다. 지치고 지쳐 울음도 슬픔도 회한도, 눈물 자국마저 남지
않고 세상의 모든 불은 꺼져버린다. 이젠 아무것도 없고 분노
도 안식도 없는 우주는 눈을 감는다. 다 사라진다. 이 작품에
대해 음악 평론가 파울 베커Paul Bekker는 이렇게 쓴다. "사람을
지쳐서 주저앉게 만드는 음악이고, 도대체 이 세상 사람들이

들으라고 만든 음악이 아니다. 그는 죽음과 그 너머의 것들에 관해서 이야기한다. 말러 본인도 그 곡으로 인해 죽었다."[7] 어려서부터 보헤미아의 장송행진곡에 익숙했던 이 예술가의 귀는 수많은 불행을 겪으며 화살이 과녁을 찾듯 염세의 정점을 향해 음표들을 모아간다. 그것은 어떤 의미에서 두 번의 세계대전을 앞두고 황혼으로 접어드는 유럽 정신의 만가輓歌이기도 하다.

깊은 신앙을 지닌 이도 고통에 못 이겨 세상에 태어난 것 자체를 저주한다. 이토록 지독한 염세의 언어는 들어본 적이 없으리라. "어찌하여 나를 모태에서 나오게 하셨습니까? 차라리 그 누구의 눈에도 뜨이지 않고 숨겨 태어나지도 않았던 듯이 모태에서 무덤으로 바로 갔다면 좋았을 것을"(《욥기》, 10: 18-19, 공동번역). 염세의 정서는 철학 안으로도 들어선다. 세상에 대한 차가운 혐오를 우리는 헤라클레이토스에게서 발견할 수 있다. 그는 왕족이었으나 인간을 혐오해 산속에 들어가 풀을 먹으며 연명했다.

염세적 인생관을 노골적으로 피력하는 본격적인 염세주의자라 할 만한 사람은 에게해 케오스Ceos섬 출신의 프로디쿠스Πρόδικος이다. 그는 소크라테스와 비슷한 시기인 기원전 5세기 무렵 활동한 철학자이다. 케오스섬의 주민들 자체가 염세적 성향에 젖어 있는 사람들이었다. 한동안 플라톤의 저작으로 알려져 왔지만 사실은 익명의 다른 이가 쓴 것으로 밝혀진

《악시오쿠스》에는 프로디쿠스의 말이 담겨 있다.

그의 생각에 따르면 우리는 삶의 악독함을 피하기 위해서 죽음을 열망해야 한다. 죽음이 두렵다고? 그건 잘못된 생각이다. 왜냐하면 죽음은 살아 있는 것에도 죽은 것에도 관심이 없기 때문이다. 살아 있는 것에 관심이 없는 까닭은 그것이 죽음과 상관없이 여전히 살아 있는 것이기 때문이다. 죽은 것에 관심이 없는 까닭은 그것이 더 이상 살아 있지 않기 때문이다. 결국 죽음은 살아 있는 것도 죽은 것도 공격하지 않는다. 그러니 두려워하지 않고, 삶의 고통을 종결짓는 길로 죽음을 선택할 수 있다는 것이다.

논변의 약점에 대한 평가와는 별도로, 저런 사상은 인간이 머나먼 옛적부터 삶을 혐오해왔고 철학 속에서 그 혐오를 표현해왔다는 것을 단적으로 보여준다. 로마의 철학자 역시 삶을 씁쓸해한다. 루크레티우스 Titus Lucretius Carus 는 《사물의 본성에 관하여》에서 말한다.

> 오, 가련한 인간의 정신이여, 오 맹목의 가슴이여!
> 어떠한 삶의 어둠 속에서, 얼마만 한 위험 속에서
> 이 짧은 삶을 영위하고 있는가![8]

염세주의를 생각하면서 근대의 쇼펜하우어 Arthur Schopenhau 를 피해갈 수는 없을 것이다. 그는 모든 것의 근본에 '의지'가 있다고 생각했다. 이 의지란 의도한 바를 행하는 자유의지 같은 것이 아니다. 의지라는 말은 쇼펜하우어에게서 맹목적인 충동을 가리킨다. 우리 삶은 이 맹목적인 의지의 지배를 받는 노예 상태이다. 쇼펜하우어는 대표작 《의지와 표상으로서의 세계》에서 인간에 대해 이렇게 말한다. "날마다 새로이 생기는 무거운 요구에 시달리며 자신의 현존을 유지하기 위해 대체로 일평생 걱정하며 살아간다."[9] 여기서 '무거운 요구'라 불린 맹목적 의지는 늘 굶주린 채로 먹을 것을 찾아오라고 인간을 부리는 거지왕 같다.

> 모든 의욕의 기초는 결핍, 부족, 즉 고통이다. 따라서 인간은 이미 근원적으로 또 그의 본질로 인해 이미 고통의 수중에 들어가 있다. 이와는 달리 의욕이 너무 쉽게 충족되어 곧 소멸되면서 의욕의 대상이 제거되면 인간은 무서운 공허와 무료함에 빠진다.[10]

두 가지 비관적인 방향이 제시되고 있다. 맹목적인 충동을 다 만족시켜주지 못해 삶은 늘 허기와도 같은 고통을 겪는다. 반대로 이 충동이 쉽게 충족되는 경우엔? 삶은 좌표를 잃고 무료함에 빠지게 된다. 욕구가 충족되지 못하는 데서 오는 고통, 그리고 더 이상 무엇을 해야 할지 모르는 데서 오는 권태와 무료함. 인생은 어디로 가든 이 두 가지 나락으로 굴러떨어진다. 그래서 그는 말한다. "참된 행복, 즉 삶과 고뇌로부터의 구원은 의지의 완전한 부정 없이는 생각할 수 없다."[11] 의지의 부정과 함께 "모든 이성보다 높은 평화, 대양처럼 완전히 고요한 마음, 깊은 평정, 흔들림 없는 확신과 명랑함"[12]이 나타난다고 말한다.

그런데 의지를 부정할 수 있을까? 쇼펜하우어는 "의지가 본질적으로 헛되다는 인식"[13]에서부터 삶에의 의지에 대한 부정이 가능하다고 말한다. 그는 "헛되고 헛되다. 세상만사 헛되다"(〈전도서〉, 1: 2)라는 성서의 가르침에서 지혜를 얻으려는 걸까? 그러나 의지는 맹목적인 충동이라서 식욕이나 성욕처럼 사유의 지배를 받지 않는데, '의지는 헛되다'는 사유에서 얻은 인식으로 의지를 부정하는 것이 가능할까?

쇼펜하우어의 《의지와 표상으로서의 세계》는 유럽에서 1848년 혁명의 실패 후 좌절한 사람들에게 새롭게 발견되어 인기를 끌기도 했다. 이들이 혁명의 실패 뒤에 뜬 눈에는 어느새 염세가 가득했던 것이다. 쇼펜하우어의 비관주의, 즉 인간은 '결핍을 근본으로 하는 의지'의 노예이며 그로 인해 인생의 모든 고통이 생겨난다는 생각에 우리는 동의하지 않을 수 있다. 의지는 늘 고통스러워하는 결핍이 아니라, 봄이 오면 풀이 자라고 대지가 더 뜨거워지면 열매가 생산되는 것과 같이, 우리가 자연의 일부로서 지닌 생산력, 살아나가는 힘, 삶의 기본을 이루는 긍정적 힘이라 생각할 수도 있다. 쇼펜하우어의 제자를 자처했지만 쇼펜하우어와 정반대로 의지(힘의 의지)를 긍정했던 니체처럼.

쇼펜하우어처럼 염세주의를 인간의 타고난 충동이 겪는 결핍 탓으로 돌릴 수는 없을 것 같다. 그러기엔 염세주의는 훨씬 심오하다. 염세주의는 삶에 대한 하나의 위대한 관점, 삶을 긍정하는 자라면 가질 수밖에 없는 통찰이다. 현실이란 삶을 긍정하기보다는 반대로, 가벼운 쾌락에 욕심내며 태만, 복수심과 시기심을 만족시키려고 남의 삶을 파괴하는 폭력 같은 것으로 가득 차 있으니 말이다. 따라서 삶을 긍정하는 자라면 삶을 파괴하는 이 현실 앞에서 염세의 눈에 눈물을 담고 슬퍼할 수밖에 없다. 우리가 보았던 저 예술가들의 슬픈 시와 음악이 그렇듯 말이다.

닐 사이먼Neil Simon의 희곡들과 커트 보니것Kurt Vonnegut의 소설들만 읽으며 지낸 적이 있다. 늪지대 속으로 빠져드는 난파선 같은 침울한 삶은, 폭죽처럼 웃음을 터지게 하는 저들의 익살만이 일으켜 세워줄 수 있었다. 사이먼의 《빌록시 블루스》에서 군인들의 시답지 않은 대화들, 보니것의 《제5도살장》 속 '웃픈' 광경들은 갑자기 과일 향과 공기 가루로 된 인공 햇살을 회색 하늘에 가득 뿌리는 탄산음료이다. 유머가 날씨를 바꾼다.

　유머는 타인과의 관계를 즐겁게 해준다. 대화가 다루는 주제의 무거움 때문에 생기는 상대자와의 경직된 관계를 풀어서, 쟁점에 유연하게 접근할 수 있는 지혜의 길을 열어준다. 그러니 유머는 축복이 아닌가? 프로이트는 〈유머〉라는 글에서 말한다. "유머는 희귀하고도 귀중한 재질이다."[1]

그런데 그 뒤에 이렇게 덧붙인다. "다른 사람이 들려주는 유머를 느끼지 못하는 사람도 많이 있다." 이런 사람들 앞에서 유머를 구사한다는 것은 곧 실언한다는 것이고 이를 빌미로 자신이 고발당할 위험에 처할 수 있다는 것, 한마디로 후회할 괜한 짓을 한다는 것이다. 그리고 유머가 통용되지 않는 사람들이 대부분인 사회가 달성되었을 때, 그것은 냉혹한 법과 답답한 당위의 눈치를 보면서 겨우 안전한 길을 찾는 일만 할 수 있는 겨울이 도래했다는 뜻이다. 요컨대 유머의 존재 여부는 사회를 평가하는 기준이다.

웃음 없는 냉혹한 법으로만 이루어진 사회의 광기를 그대로 보여준 작품이 움베르토 에코의 《장미의 이름》이다. "인간은 하고많은 동물 가운데서도 웃을 줄 아는 유일한 동물이다."[2] 그러나 신에게 복종하는 냉혹한 질서를 세우기 위해선 웃음(유머) 자체를 근절해야 한다. 소설의 한 구절이다.

> 웃음이라고 하는 것은 허약함, 부패, 우리 육신의 어리석음을 드러내는 것에 지나지 않아요. (…) 웃음은 잠시 동안 범부를 두려움에서 벗어나게 합니다. 그러나 두려움, 정확히 말하자면 하느님을 두렵게 여기는 마음은 곧 법을 가능케 하는 것입니다.[3]

이 소설에서는 저 두려운 법을 지키기 위해, 웃음의 비밀을 알려주는 책인 아리스토텔레스의 〈희극론〉에 접근하는 자들에 대한 살인이 벌어진다.

그러니 유머의 위대함에 대해서 생각해보자. 유머는 어떤 메커니즘을 통해 발생하는 것일까? 베르그송 Henri Bergson의 《웃음》 속 몇 구절을 읽어볼 필요가 있다. 웃음을 불러일으키는 이런 이야기들을 보자.

> 대형 여객선이 난파된 적이 있었는데, 일부 승객만이 구명보트로 간신히 구조되었다. 그런데 그들을 구조하기 위해 용감하게 뛰어들었던 세관원들이 던진 첫 질문이 "혹시 뭐 신고하실 것 없으세요?"였다. 이와 유사한 예로 좀 더 교묘한 것이 있다. 열차에서 범죄 사건이 일어난 다음 날, 한 국회의원이 장관에게 말한다. "살인자는 피해자를 죽인 다음 플랫폼의 반대쪽으로 뛰어내렸는데, 명백한 교통 법규 위반입니다."[4]

이 이야기들은 왜 우리를 웃게 만드는 걸까? 기계적인 규칙성 또는 자동적인 사회적 규정 때문이다. 여기서 사회적 규정은 현실의 절박한 상황들에 대해 눈감고 자신의 의무만을 기계적으로 수행한다. 이 경직성의 한심함이 드러날 때 웃음이 터진다. "경직성이 웃음거리이며, 웃음은 이에 대한 징벌인 셈이다."[5] 그러니 저 유머는 사회적 규정의 엄격성에 극단적으로 충실함으로써 역으로 그 규정을 비웃는 것이다. 이렇게 말할 수 있을 것이다. "희극성을 낳는 원인에는 사회생활에 미미하게 위배되는(또한 특이하게 위배되는) 무엇인가가 있게 마련이다."[6]

유머는 이렇게 마비된 사회에 벌을 내리는 데 그치지 않는다. 유머는 철학 속으로 파고든다. 우리는 고대 철학자 크리시포스Χρύσιππος의 정신에서 유머를 발견한다. 크리시포스는 문답을 주고받는 변증술로 명성을 얻었는데, 신들이 변증술을 지녔다면 크리시포스의 것과 다르지 않을 거라는 평가를 사람들로부터 받았다. 그의 논변엔 유머가 깃들어 있다. 이런 식이다. '만일 네가 무엇인가를 잃어버리지 않았다면, 너는 그것을 가지고 있다. 그런데 너는 뿔을 잃어버리지 않았다. 그러므로 너는 뿔을 가지고 있다.'

믿기지 않겠지만, 그는 스스로 농담을 하고 너무 웃겨서 죽었다. 어느 당나귀가 그의 무화과를 입에 넣자, 주인 노파에게 "이제 포도주를 당나귀에게 먹여 무화과 열매를 삼키게 하시오"라고 말한 뒤 자신의 이 말이 너무 웃겨 죽었단다. 후에 니체가 《차라투스트라는 이렇게 말했다》에서 이 웃다 죽는 사건을 계승한다. "그들은 오히려 너무 웃어대다 죽고 만 것이다!"[7]

내가 보기에, 20세기에 와서 들뢰즈는 크리시포스의 이 죽음을 다음과 같이 철학 자체의 운명에 귀속시키려 한다. "철학이 만일 죽게 된다면, 그것은 웃다가 죽은 것일 것입니다."[8] 이 문장을 나는 이렇게 읽는다. 혹시 철학의 끝이 있다면 저널이나 광고 등 외부자의 침입에 의한 것이 아니라, 그 자신의 본성인 웃음 속에서 자신의 완성을 이루는 방식으로일 것이다. 여하튼 크리시포스의 저 모든 즐거운 이야기는 3세기경 디오게네스 라에르티오스가 쓴 《유명한 철학자들의 생애와 사상》에 기록되어 있다.[9]

들뢰즈는 《의미의 논리》에서 스토아학파의 철학자, 특히 이 크리시포스에 관해 연구하고 있는데, 그의 익살에 대해 이렇게 말한다. "크리시포스가 말했듯이, '당신이 짐수레라는 말을 할 때, 짐수레가 당신의 입을 지나간다.' 그리고 이것이 짐수레의 이데아라면, 그것은 더 좋지도 더 편리하지도 않다."[10] 이 농담 같은 말은 플라톤주의를 반박하고 있다. '짐수레'라는 말의 의미는 현상적인 세계 저편 어딘가에 있는 초월적인 이데아(초월적인 의미)가 아니다. 그것은 그저 언어 안에 있을 뿐이며, (익살스럽게 말하면) 언어를 구사하는 입을 지나갈 뿐이다. 짐수레의 이데아가 있더라도 여느 평범한 짐수레보다 좋지도 편리하지도 않다. 즉 실상은 그저 내재적인 세계 안의 짐수레들만 있지, 그 세계를 초월한 이상적인 짐수레의 이데아가 있는 것이 아니다.

이렇게 스토아학파는 초월적인 세계를 반박하기 위해 유머를 사용한다. 이 '유머'란, 대화 속에서 이데아를 발견하기 위한 방식인 소크라테스의 '아이러니'에 맞서는 화법이다. 이 화법은 플라톤의 《국가》에서 등장인물 트라시마코스가 '잘 알려진 소크라테스의 아이러니'[11]라고 부른 바 있다. 누가 뭘 물어도 무지한 척하며 바로 대답하지 않고, 오히려 상대방이 스스로 자신의 무지를 깨닫고서 궁극적으로는 진리(이데아)에 도달하게끔 하는 화법이다.

유머의 위대함은 존재의 문제를 다루는 데만 있지는 않다. 그것은 인간 마음의 한 비밀이기도 하다. 프로이트는 유머의 미덕을 고통을 방어하는 힘에서 찾는다. 지나치게 심각한 갈등을 겪는 이들에게 그 갈등이 별것 아닌 듯 유머러스한 태도를 취하는 사람을 보자.

> 그는 다른 사람들을 마치 어른이 어린아이를 다루는 것처럼 대하는 것인데, 이럴 때 그는 어린아이에게는 상당한 의미를 갖고 있는 이해관계와 고통들을 미소를 지으며 별것 아닌 것으로 치부해버리는 것과 같은 행동을 하는 것이 된다.[12]

이런 관계는 한 사람 안에서도 성립한다. 한 사람 안에는 '초자아Über-Ich'와 '자아Ich'가 있다. 초자아는 부모가 차지하고 있던 위상이 한 사람 안으로 내면화한 것이다. 초자아는 자아

195

의 이상적인 상이기도 하며, 자아가 판단 기준으로 삼는 금지와 명령을 형성하기도 한다. 즉 초자아는 한 사람의 내면에서 자아에 대해 부모 역할을 하는 것이다.

초자아가 자아에 대해 엄격하고 무서운 주인의 역할만 하는 것은 아니다. 프로이트는 말한다. "겁에 질려 있는 자아에게 유머를 통해 위안이 가득 담긴 말을 해주는 자가 정말로 초자아"[13]이다. 인간에게는 무시무시하게 위험한 사건들이 닥친다. 경제적·사회적으로 고립될 수도 있고, 자신을 증오하는 사람들의 비방에 누명을 쓸 수도 있다. 이런 어려운 국면 속에서 초자아는 자아에게 여유를 찾아주고자 이렇게 말한다. "보아라, 이것이 그렇게 위험해 보이는 세계다. 그러나 애들 장난이지, 기껏해야 농담거리밖에는 안 되는 애들 장난이지!"[14] 프로이트의 표현이다. 이렇게 자아가 처한 상황을 가볍게 만들고 부모가 아이를 보듬듯 어루만져주는 것, 그것이 유머이다.

이런 프로이트의 유머는 나쓰메 소세키 같은 일본 근대 작가의 문장에서 본질을 이루기도 한다. 소세키는 자신의 산문을, 하이쿠에서 유래한 '사생문寫生文'이라고 일컬었다. 비평가 가라타니 고진柄谷行人은 《일본근대문학의 기원》에서 이 사생문의 본질이 바로 저 프로이트적인 유머라고 말한다. 그는 유머에 대한 프로이트의 문장을 인용하며 말한다.

"[유머를 지닌] 이 사람은 타인에 대해 어른이 아이를 대하는 것과 같은 태도를 취하고 있는 것이다." 이는 소세키의 '사생문'에 관한 설명과 다를 바 없다. 소세키가 말하는 '사생문'의 본질은 유머라고 해도 좋다.[15]

소세키에게 글쓰기란 글쓰기의 대상을 자식처럼 어루만지고, 심각한 상황에 유머라는 완충제를 집어넣는 일이다. 이런 글쓰기가 달성된다면, 심오한 사상의 전달 여부를 떠나서 글쓰기 자체가 새끼를 핥는 어미의 혀처럼 인간에게 위안이 될 수 있으리라.

그러나 유머는 위협받는다. 《우신예찬》(1511)이라는 농담으로 대표되는 에라스무스Desiderius Erasmus의 자유 정신이 초석을 놓은 근대 소설들, 즉 '신이 추방된 진정한 인간의 이야기들'은 유머와 함께 태어났다. 프랑스의 라블레François Rabelais가 쓴 《가르강튀아와 팡타그뤼엘》 연작(1532~1564), 스페인의 세르반테스Miguel de Cervantes가 쓴 《돈키호테》(1605~1615), 영국의 스턴Laurence Sterne이 쓴 《트리스트람 샌디》(1760~1767)가 바로 유머로 가득 찬 수다, 신성한 도덕법을 깨트리는 잡소리이다. 이 자유로운 유머는 영원한 것일까? 쿤데라는 이렇게 쓴다. "옥타비오 파스의 말을 빌리면 유머는 '현대 정신의 위대한 발명품'이다. 그것은 늘 여기 있었던 게 아니요, 늘 여기 있을 것도 아니다."[16] 그렇다. 언제 회색빛의 엄격한 도덕과 법이 단지 인간을 사냥하기 위해서 자신의 엄밀함을 뽐낼지 모른다. 유머에 대한 애정은 곧 자유에 대한 애정인 것이다.

우리는 자신의 인생이 성공했다고 웃을 수는 없다. 누구도 절대적 기준을 가지고 자신이 성공했는지 아닌지 알 수 없는 까닭이다. 인생을 체념한 자만이 이 정도면 성공했다고 되뇌며 삶과 타협한다. 우리는 인생이 행복해서 웃는 것도 아니다. 당신의 삶을 보라. 행복과 불행의 조각들이 설탕과 모래처럼 어지럽게 흩어져 있을 뿐 인생 자체가 행복한지 불행한지는 결코 알 수 없다. 요컨대 성공이나 행복 같은 이념이 우리를 웃게 만들지는 않는다. 그런 것들은 웃음을 만들기엔 너무 추상적이다.

지적인 세계에서는 오로지 삶의 축복처럼 갑작스럽게 닥쳐오는 유머가 우리를 웃게 만든다. 그것은 액면가가 얼마 되지 않을지 모르나 손에 쥐고 무게와 촉감과 광채를 느껴볼 수 있는 진짜 금화이다. 지적인 세계 밖에서는? 아이들이나 강아지들이 우리를 웃게 할 것이다. 그들은 유머와 같은 자유를 보여주지만, 당연히 유머보다 위대하다.

사랑의
말

세월은 계속 흐르니 아버지와 어머니께도 사랑한다는 말을
많이 해드리고 싶다. 그러나 잘 되지 않는다. 그간 연습이 없
었던 까닭이다. 아이에게는 태어나 요람에 누웠을 때부터 일
부러라도 사랑한다라는 말을 계속 한다. 안 쓰면 잊히고 마는
외국어처럼 언젠가 말문이 막혀버릴지 모르는 까닭이다. 강
아지에게도 사랑한다고 말한다. 이해되지 않을지라도 그 말
은 나날의 성사聖事로서 우리 사이에 귀중한 관계를 만든다.
성사의 의의는 시행되는 데 있지 이해되는 데 있지 않다.

사람들은 가까운 사람일수록 사랑한다와 같은 마음의 말
을 잘 하지 않는다. 사랑하는 거 당연히 알 텐데 뭐하러 하나
하는 심정에서이다. 일상은 젖은 옷처럼 회색으로 처진 채 생
기가 없는데, 그 일상에 한번 얹어보자니 사랑이라는 말이 너

199

무 화려해 어색하게 느껴져 그럴지도 모른다. 그러나 어떤 말들은 생활 속에서 사용함으로써만 인공호흡으로 숨결을 얻듯 생명을 얻는다. 사랑의 말은 발화되지 않으면, 바람이 없을 때 죽는 바람개비처럼 고개를 숙이고 잠잘 뿐이다.

'법'의 말은 이와 다르다. 법전 속에 기입되어 있는 것으로 충분하다. 법은 사람들의 귀에 늘 자신의 법 조항을 속삭일 필요가 없다. 그것은 필요할 때 언제든지 책 속에서 뛰쳐나올 준비가 되어 있다. 위법자를 기다리면서 말이다. 그런데 사랑의 말은 법전에 쓰인 것과는 다르지만 역시 '일종의 법'이다. 왜 그것은 법인가?

'사과는 빨갛다'와 같은 문장은 그것을 말하는 일이 그 문장을 유효한 것으로 만들진 않는다. 현실의 사과가 빨간색일 경우 이 사실에 의존해 저 문장은 참된 것으로 유효해진다. 그러나 어떤 말은 꼭 입으로 내뱉어야만 유효해진다. '사랑한다'와 같은 말, '맹세한다'와 같은 말이 여기 속한다. 사랑은 어디 있는가? 맹세는 어디 있는가? 그것은 말 속에 있다. 사랑한다는 말이 사랑을 비로소 현실로 만든다. 맹세한다는 말만이 비로소 맹세를 세상 속에 등장시킨다. 사랑한다는 말은 이미 있는 현실 속의 사랑을 묘사하는 말이 아니라, 사랑을 창조해내는 말이라는 것이다.

기도나 주문의 말 역시 비슷하다. 기도는 언제 기도가 되는가? 기도문이 짧은 몇 문장으로 되어 있어서 한번 외우고 나면 기도는 끝인가? 왜 신앙을 가진 이는 기도문을 완벽히 한 번 외우는 것으로 그치지 않고 늘 반복해서 기도하는가? 기도는 발화되는 그 순간에만 기도로서 현실이 되기 때문이다. 일회적 발화로 충족되는 것이 아니라 오로지 발화가 이루어질 때만 의미 있는 것이 된다. 주문 역시 마찬가지다. 창과 칼이 무기고에 있다고 적을 이길 수 있는 것이 아니라 들고 휘둘러야 이길 수 있는 것처럼, 주문 역시 책에 적혀 있다고 효력을 발휘하는 것이 아니라 마법사가 발화하는 순간에만 현실이 된다.

사랑의 말도 말해지는 순간 비로소 현실이 된다. 현실이 된다는 것은 무슨 뜻인가? 바로 말하는 사람을 구속하는 '법'으로서 효력을 지닌다는 뜻이다. 이 점은 맹세한다라는 말에서도 분명하게 확인할 수 있다. 맹세는 어떤 법의 문장에 근거해서도 이루어지지 않는다. 오로지 맹세한다고 말하는 행위 자체가 말하는 자를 구속하는 법인 것이다. 그러니 맹세의 말과 더불어 지상에 없던 유일무이한 법, 오로지 맹세의 말을 한 사람만 구속하는 새로운 법이 탄생하는 셈이다.

사랑의 말 역시 그렇다. 사랑한다는 말은 말하는 자에게 사랑에 전념하는 자가 될 것을 약속하라고 강요하는 법이다. 이성에게 사랑의 고백을 할까 망설이다가 포기하고 돌아서는 사람들을 주변에서 종종 볼 것이다. 그때 포기를 통해 모면하는 것은 무엇인가? 바로 자신을 구속하는 사랑의 법의 지배를 모면하는 것, 사랑의 법으로부터 면책받는 것이다. 면책과 동시에 그는 자유를 얻는데, 그것은 무인도에서 제 맘대로 할 수 있는 자유이다.

그러니 부모와 아이와 반려자에 대한 사랑은, 한 가정의 장롱 안에서 잠자며 안전하게 보관되어 있는 금덩어리 같은 것이 아니다. 사랑을 금덩어리로 믿고 보관해놓은 채 영영 잊고 있다가 문득 생각나 꺼내 보려 하면, 그것은 장롱의 나프탈렌처럼 다 녹아 사라지고 흔적도 보이지 않으리라. 오로지 입 위에 올려놓을 때만 사랑은 비로소 현실이 된다. 사랑은 죽기 쉬운 생명체인 듯 끊임없이 발화를 통해 숨결을 불어넣어 주어야만 살아 있다.

기차
이야기

기차는 태어나면서부터 세계사를 기록했다. 그리고 기차가 철로의 이음새들을 지나가며 만들어내는 규칙적인 리듬, 철도만의 음악 역시 있다. 그래서 기차는 인간의 역사를 기록한 예술이 될 수 있다.

스티브 라이히Steve Reich의 현악사중주 〈서로 다른 기차들〉이 바로 그것을 보여준다. 미니멀리즘 특유의 속도감과 단순화된 반복이 기차의 운동을 훌륭하게 구현하는 곡이다. 이 작품은 기차의 음향 자체를 예술로 만들 뿐 아니라, 기차의 소리로 세계사를 쓰고 있다. 전쟁 전 미국, 전쟁 중의 유럽, 전쟁 이후 등 세 부분으로 이루어진 이 곡에선 "독일인들이 헝가리를 침략했다"와 같은 역사의 장면을 담은 말소리들이 기적 소리 사이로 끼어든다.

세계대전의 비극과 기차가 얽혀드는 장면을 인상 깊게 그려낸 또 다른 작품은 제발트w. G. Sebald의 소설《아우스터리츠》이다. 독일에서 히틀러가 정권을 장악했을 때 유대인 어린이들을 영국으로 피난시키는 구명운동이 일어났는데, 그것이 이 소설의 배경이다. 1930년대에 약 1만 명의 어린이들이 영국으로 건너와 입양되었다. 그러나 기차로 먼 길을 이동하면서 죽는 아이들도 부지기수였다.

> 그 아이는 객실의 창문 구석에 앉아 움직이지 않고 어둠속을 내다보았어요. 나는 그 아이에 대해 아무것도 알지 못했고, 심지어 이름조차 몰랐으며 그와 한마디도 나누지 않았지만, 여행이 끝날 무렵 그 아이가 힘이 다 빠져 죽게 되자 짐을 올려놓는 그물망 속에 우리들의 다른 물건과 함께 올려져 있었다는 생각이 끊임없이 나를 괴롭혔어요.[1]

기차가 무서운 역사적 장면들에 개입하는 일은 마르케스 Gabriel García Márquez의《백 년 동안의 고독》에서도 생생하다. 끝을 알 수 없을 만큼 긴 기차가 한밤중에 어디론가 달려가는 장면이 나오는데, 여기에는 학살당한 사람들의 시신이 실려있다.

또한 기차는 숨겨진 역사의 틈새들을 보여준다. 제발트의

《토성의 고리》는 흥미로운 기차를 기록하는데, 영국의 헤일 스워스와 사우스월드 사이를 오가는, 중국의 용이 새겨진 궁정 기차가 그것이다. 매우 예외적인 장식을 한 이 기차는 근대의 새로운 기계장치에 빠져 있던 청나라 광서제가 주문했다가 취소한 것이다. 갈 곳 없어진 특별품은 그 지역의 협궤 열차가 되었다.

기차는 태어나면서부터 인간 삶에 깊이 들어섰다. 비행기나 자동차의 실용화가 이루어지지 않았던 19세기의 절대적 운송수단으로서 말이다. 우리는 1813년에 태어난 19세기인 키르케고르의 기차 여행을 떠올려볼 필요가 있다. 그는 마차 여행이 기차 여행으로 교체되는 시기를 살았다. 그는 기차가 출현하기 이전에 마차로 여행한 마지막 세대일 텐데, 마차 여행의 괴로움을《반복》에서 기록하고 있다.

> 이런 급행 우편마차에서 어떤 자리가 가장 편안한가 하는 문제에 관해서 학자들의 의견은 구구하다. 나의 의견으로는, 어느 자리이건 비참하기 짝이 없다. (…) 마차 안에 탄 우리들 승객 여섯 사람은 36시간 동안 마치 몸이 하나가 될 지경으로 휘어어졌기 때문에, 오랫동안 억지로 함께 앉아 있으라고 해서 어느 다리가 자기의 것인지를 분간할 수가 없어졌다고 하는 바보들의 경험이 어떤 것이었는가를 알게 되었다.[2]

반면 기차 여행은 쾌적하며, 그런 한에서 일단 상류 사회의 징표였다. "외국을 여행하고 나서도, 한 번도 '기차를 탄' 일이 없었다면, 어떤 상류 사회에도 참여할 수 없을 것이다!"[3] 기차는 여러모로 이전의 마차에 비해 탁월했는데, 1843년 베를린 체류를 마치고 고향 코펜하겐으로 돌아오는 키르케고르의 인상 깊은 기차 여행, 기차라는 새로운 공간 이동 방식은 한 키르케고르 연구자에 의해 이렇게 기록되어 있다.

전에는 그렇게 빨리 이동한 적이 없다! 그럼에도 그는 더할 나위 없이 고요하게 앉아 있다. 전혀 거북해하지 않고, 휴식하기까지 하면서, 심지어 '멋진 안락의자'에 앉은 채, 들판이 나는 듯이 스쳐 지나가는데, 여전히 봄의 밝디밝은 초록색이다. 여행을 재촉하는 그의 돛에는 아무런 신성한 바람도 없다. 이것은 새로운 종류의 기적이다. 증기와 강철, 창의력과 야망의 연금술적 융합이 철로를 통해 기독교 세계를 직통으로 관통하고 있다. 그리고 이 새로운 종류의 이동 덕분에 그와 같은 사람에게 휴식 시간이 허용된다.[4]

이 기록에서 가장 중요한 한 단어를 꼽자면 바로 '기적'이다. 바로 앞의 지옥 같은 마차 여행과 비교해보면, 왜 기차가 기적인지 잘 알 수 있을 것이다. 이는 빠른 것 이상으로 휴식

의 시간과 명상의 시간을 가능하게 한다. 비로소 인간은 감내
해야 할 고통과 필연적으로 결합한 여행이 아니라, 내면으로
침잠해 홀로 휴식과 사유를 할 수 있게끔 하는 여행을 기차와
더불어 하게 된 것이다. 그러므로 기차는 인간에게 실존적 성
찰을 가능케 한 환경이라고 일컬어져야 한다.

기차는 정념의 차원에서도 인간들의 이야기에 깊이 스며든
다. 톨스토이의《안나 카레니나》를 보라. 이 작품은 기차와 뗄
수 없는 소설이다. 안나는 기차역에서 연인 브론스키와 처음
만난다. 또 소설의 마지막에서 그녀는, 첫 장면에서 기차에 치
여 죽은 어떤 사람처럼 기차에 뛰어들어 생을 마감한다.

> 문득 브론스키와 처음 만난 날 기차에 치인 남자가 떠
> 올랐다. 그녀는 자신이 무엇을 해야 할지 깨달았다. (…)
> 바퀴와 바퀴 사이의 중간 지점이 그녀와 나란히 온 바로
> 그 순간 그녀는 빨간 손가방을 내던지고는 어깨 사이에
> 머리를 푹 숙인 채 객차 밑으로 몸을 던져 두 손으로 바
> 닥을 짚었다.[5]

모든 불행이 생기기 이전에 그녀가 남자의 사랑을 확인하
게 되는 장면 역시 기차 옆에서 이루어진다. 눈보라 속에 기
차가 잠시 정차했을 때 안나 앞에 나타난 브론스키는 자신이
그녀를 따라왔노라고 말한다. 그것은 안나가 듣고 싶어 하던

말이었다.

> "당신도 알잖습니까, 당신이 있는 곳에 있고 싶어서 떠
> 난다는 걸." (…) 기관차의 굵은 기적 소리가 구슬프고
> 음울하게 울려 퍼졌다. 이처럼 무시무시한 눈보라도 지
> 금의 그녀에게는 그 어떤 풍경보다 훨씬 더 아름답게 보
> 였다. 그는 그녀의 영혼이 갈망하던 그 말을, 그녀의 이
> 성이 두려워하던 그 말을 입 밖에 꺼냈다.[6]

인간 정서의 영역에 깊이 들어선 기차가 러시아의 이 애욕
적인 이야기에서만 핵심인 것은 아니다. 모네Claude Monet의 〈생
라자르역〉은 톨스토이가 《안나 카레니나》를 탈고한 바로 그
해에 그려졌다. 이 작품은 안나가 살던 시대의 유럽 정거장,
연기 속에 굴절되는 빛 속으로 들어선 기차를 그리고 있다.
이제 더 이상 견고한 법칙 아래 보호받지 못하는 운명의 사물
들이 오직 덧없는 일순간의 광채와 가변적인 기체로서 존재
하는 정거장, 정주지가 아닌 익명의 유동인구가 오가는 공간
이야말로 현대로 들어선 유럽 도시의 진정한 얼굴이다. 이렇
게 기차가 덧없음에 취한 인간 정서와 얽혀 있기에, 인간은 한
순간의 서정적 여행을 꿈꿀 때 기차에 몸을 싣는다. 연인과 마
주 앉아 빗방울이 부딪치는 기차의 창문을 바라보기도 하며,
눈보라 속으로 사라지는 철로를 물끄러미 응시하기도 한다.

철학은
날씨를
바꾼다

208

○●○ 클로드 모네, 〈생라자르역〉. 이 작품은 톨스토이가 《안나 카레니나》를 탈고한 1877년에 그려졌다. 이 작품은 안나가 살던 시대의 유럽 정거장, 연기 속에 굴절되는 빛 속으로 들어선 기차를 그리고 있다.

   이런 서정적 여행의 수단으로서 기차는 미야자와 겐지宮沢賢治 작품의 핵심을 이룬다. 그가 여러 번 공들여 고쳐 쓰고 유작으로 남긴 동화 《은하철도의 밤》은, 별들을 순례하는 또 다른 동화인 생텍쥐페리Antoine de Saint-Exupéry의 《어린왕자》와 친척 관계처럼 보이기도 한다. 이 작품에서 기차는 이렇게 서정적으로 움직인다. "달깍달깍 달깍달깍, 작고 예쁜 기차는 하늘 갈대가 바람에 휘날리는 그 속을, 은하의 물과 삼각표의 희고 푸르며 엷은 빛 속을 하염없이, 하염없이 달려가는 것이있습니다."[7] 이러한 서정적인 기차, 현실 저 밖으로 여행하는 기차는 이후 일본인들의 서사에서 중요한 자리를 차지한다(《도라에몽》 버전의 〈은하철도의 밤〉까지 등장한다).

《은하철도의 밤》의 영향을 직접적으로 받은 애니메이션 〈은하철도 999〉에서도 우리는 애상을 담은 채 외로이 우주를 여행하는 기차의 서정을 마주한다. 미야자키 하야오의 〈센과 치히로의 행방불명〉은 그런 기차의 서정성을 극한까지 끌어올린다. 치히로가 가오나시와 함께 타고 가는 바다 위의 기차를 보라. 기차는 적막하며 광대한 바다를 고독 속에 천천히, 소리를 죽이고서 미끄러지고 있다.

그러나 기차라는 기계가 이런 서정성을 획득하기까지는 오랜 시간이 걸렸다. 기차는 그 크기와 속도만 보더라도 정말 무서운 괴물 아닌가? 또한 얼마나 많은 자연의 파괴가 있고서야 철로가 놓였는가? 처음 출현했을 때 기차는 인간의 평온한 정서와 일치하기보다는 기존의 삶을 파괴하는 재앙과도 같은 것이었다. 그런 기차의 모습을 우리는 일본 근대 작가 나쓰메 소세키의 작품에서 찾아볼 수 있다.

소세키는 기차에 대한 흥미로운 구절들을 남겼는데, 본론적인 구절에 앞서 이 이야기부터 해보고 싶다. 《산시로》의 주인공 청년은 상경하기 위해 기차를 타는데, 놀랍게도 다 먹은 도시락을 창밖으로 던진다. 그래서 약간의 오물이 창밖으로 고개를 내밀고 있던 어떤 여자 승객에게 튄다. "산시로는 빈 도시락을 창밖으로 힘껏 던졌다. 여자가 머리를 내민 창문과

산시로가 도시락을 던진 창문은 한 칸 건너 바로 옆 칸이었
다."⁸ 근대의 열차 문화를 담은 이 풍경을 어떻게 이해해야 할
지 당황스럽다. 다 먹은 식사 폐기물을 창밖으로 던져 해결하
는 것은 근대의 관행이었던가? 이와 별도로 이야기하고 싶은,
기차에 관한 소세키의 가장 핵심적인 구절은《풀베개》에서 발
견된다. 다음 구절은 기차론의 형태를 띤 문명 비판론이다.

> 기차만큼 20세기의 문명을 대표하는 것은 없을 것이다.
> 수백 명이나 되는 인간을 같은 상자에 집어넣고 굉음을
> 내며 지나간다. 인정사정없다. (…) 사람들은 기차를 탄
> 다고 한다. 나는 실린다고 한다. 사람들은 기차로 간다
> 고 한다. 나는 운반된다고 한다. 기차만큼 개성을 경멸
> 하는 것은 없다. (…) 나는 기차가 분별없이 모든 사람을
> 화물과 마찬가지로 알고 맹렬히 달리는 모습을 볼 때마
> 다 객차 안에 갇혀 있는 개인과, 개인의 개성에 털끝만
> 큼의 주의조차 주지 않는 이 쇠바퀴를 비교하며, 위험하
> 다, 위험해, 하고 주의를 주지 않으면 위험하다고 생각
> 한다. 현대의 문명은 이 위험이 코를 찌를 정도로 충만
> 해 있다.⁹

 우리에겐 서정적인 교통수단인 기차가 근대에는 개인의 고
유성을 말살하는 냉혹한 기계문명의 디스토피아적 상징이었

던 것이다. 지금의 우리는 더욱 무시무시한 기계들을 얻게 되어, 기차 정도는 아주 인간적인 것이 되어버렸다.

더 나아가 기차는 현대적인 '존재론'을 구현한다. 프루스트의 《잃어버린 시간을 찾아서》에 나오는 기차에 관한 아름다운 구절을 보자.

> 선로가 방향을 바꾸면서 기차도 방향을 틀었고 (…) 내가 분홍빛 하늘의 띠를 잃어버리고 슬퍼했을 때, 그 띠는 다시 반대편 차창을 통해 그러나 이번에는 붉은빛이 되어 나타났고, 선로의 두 번째 모퉁이에서는 그조차 보이지 않았다. 그래서 나는 진홍빛을 발하는 변덕스럽고도 아름다운 아침의 그 불연속적이고도 대립되는 단편들을 한데 모아 새로운 화폭에 담기 위해, 이런 단편들에 대한 전체적인 시각과 연속적인 화폭을 가지기 위해, 이 창문에서 저 창문으로 계속 쫓아다니며 시간을 보내지 않으면 안 되었다.[10]

이 장면은 들뢰즈의 중요한 개념 '횡단성transversalité'을 구현한다. 이러한 횡단성을 가시화하는 '횡단선'은 하나로 통일되지 않는 다자多者들이 연결되는 방식이다. '막힌 부분들 사이의 통행 체계'라고도 할 수 있다. 예를 들어 여행은 다양한 장소들의 횡단선이고, 꿈은 다양한 시절들의 횡단선이다. 여행은 파편적으로 흩어진 여러 지역들을 연결한다. 한 번의 잠 속에 나타나는 여러 꿈은 서로 관계없는 시절들과 환상들을 연결한다. 기차의 창문들에서도 그런 횡단선이 생겨난다. 프루스트가 기차에 대해 쓰고 있는 저 구절과 관련해 들뢰즈는《프루스트와 기호들》에서 말한다.

> 기차 여행에서 (각각의 창문마다 내다보이는 여러 개의) 전 망들 모두의 통일은 (⋯) 바로 우리가 '하나의 창문에서 다른 창문으로' 옮겨 가며 끊임없이 관통하는 횡단선 위에서 이룩된다. 그러므로 여행은 장소들이 서로 소통하게 해주지도 않고, 장소들을 결합하지도 않는다. 오로지 장소들이 가진 '차이' 자체만을 모든 장소들에 공통적인 것으로서 확립할 뿐이다.[11]

기차의 창문들 각각처럼 세계는 전체를 이루지 않는 파편들, 차이뿐이다. 전체성은 주인공이 한 창문에서 다른 창문으로 옮겨갈 때 그 '횡단선'에서 생성된다. 그러니 횡단선을 따라 생기는 이 전체는 파편들을 통일하는 원리 같은 것이 아니라, 파편들의 차이로 이루어진 전체이다. 그것은 하나의 원리도, 법칙도 없으며 오로지 다양성으로만 이루어진 우리 세계의 모습이다.

피젯스피너와
너무 지친 인간

한때 피젯스피너의 인기는 대단했다. 처음 봤을 때 카프카가 묘사한 장난감이 탄생한 줄 알았다. 카프카는 정체가 모호한 어떤 물건을 한 소설에서 이렇게 소개한다.

> 그것은 우선 납작한 별 모양의 실타래처럼 보이기도 한다. (…) 사람들은 이러한 형상의 물체가 예전에는 어떤 목적에 알맞은 모양을 가지고 있었으나, 지금은 그저 부서졌을 뿐이라고 믿고 싶은 심정일 것이다. (…) 그 전체가 의미 없어 보이지만, 그 나름대로는 완성된 것으로 보인다. 그 밖에 이것에 관한 더욱 상세한 것은 말할 수 없다. 왜냐하면 오드라데크는 유난히 움직임이 많아서 붙잡을 수 없기 때문이다.[1]

피젯스피너가 꼭 이렇다. 납작하며, 별 모양도 있고, 유난히 빨리 돈다. 피젯스피너도 저 오드라데크처럼 다른 목적이 있던 기계의 한 부속인지 별도의 사물인지 잘 판별이 안 된다. 한마디로 용도를 모른다. "용도도 없는 피젯스피너를 왜 사죠?" 이런 질문이 포털을 채운다.

이 물건의 용도에 대해 주의력 결핍 치료용이라는 옹호도 있다. '초조하게 꼼지락거리다'라는 뜻의 '피젯fidget'을 이름으로 가진 물건답게 불안감을 흡수하고 스트레스를 해소하는 용도라고도 하며, 금연에 도움이 된다고도 한다. 그러나 모두 확정적인 얘기는 아니다. '쓸모없다는 것'이 오히려 피젯스피너의 독창성 아닐까?

인간은 쓸모없는 행위를 좋아한다. 연필 돌리기, 각종 손장난. 이런 행위의 본질은 끝없는 '반복'이다. 이런 반복 행위를 상품에 투영한 것이 피젯스피너인데, 프로이트 역시 이런 장난감에 대해 알고 있었고 《쾌락원칙을 넘어서》에 잘 기록해 두었다. 그가 관찰한 아이의 장난감은 피젯스피너처럼 도는 '실패'였다. 아이는 실을 잡고 실패를 굴려서 커튼 사이로 사라지게 하곤 '가버렸다'는 뜻으로 'fort'라고 웅얼거렸다. 그 다음 실을 당겨 실패가 나타나면 '저기 있다'는 뜻으로 'Da'라고 하며 기뻐했다. 이 놀이는 되풀이해 계속되며, 아이는 뭔가를 매번 회복하는 듯한 반복 속에서 만족을 찾았다.

어떤 의미에서 반복은 무상하다. 행위가 뭔가를 성취한다

○ ● ○ 인간이 몰두하기 좋아하는 연필 돌리기, 각종 손장난 같은 행위의 본질은 끝없는 '반복'이다. 이런 반복 행위를 장난감에 투영한 것이 피젯스피너다.

면 반복이 있을 수 없고 행위는 종결될 것이기 때문이다. 그런데 인간은 이런 무상한 반복을 좋아한다. 어느 휴양호텔에서는 밤이면 연못에 개구리 소리를 틀어놓는다. 개구리의 단순한 울음이 끝없이 반복되는데, 그 끝에 어떤 완성을 기다리는 목적이 있는 것이 아니다. 인간은 개구리 울음의 반복 자체를 그냥 좋아하고 만족을 얻을 뿐이다.

사실 목적을 향한 전진이란 사람을 피곤하게 만들지 않는가? 전진에서는 반복이란 낭비일 뿐이다. 직장에서도 제자리걸음을 반복하는 이는 낙오되며, 다른 사람이건 자기 자신이건 극복하면서 목적을 향해 앞으로 전진하는 이가 칭찬받는다. 이 피곤한 전진은 발전이라는 이름 아래 얼마나 큰 상처를 주었는가!

근본적으로 인간은 목적을 향한 전진이 아니라 무상한 삶, 무위의 삶을 희구한다. 사전은 무위를 '이룸이 없음'으로, 무상을 '행위에 대한 대가 없음'으로 정의한다. 목적을 설정해 이루려 하지 않고, 대가를 예측해 행위하지 않는 것이 무위, 무상의 삶이다. 한 기업 임원이 자신의 노동 이유는 은퇴 후 쉬는 삶 때문이라고 하는 것을 들은 적이 있다. 인간은 왜 목적을 향해 조직의 부속품처럼 노동하는가? 더 이상 목적에 종속된 수단처럼 되지 않고 쉬는 삶을 누리기 위해서다.

왕부터 노예까지 원하는 이 삶은 '안식'이라 불려왔다. 종교의 지향점마저 이렇듯 목적을 위해 더 이상 노력하지 않고, 대가를 얻으려 안달복달하지 않는 무상·무위의 삶이었다. 사도 바울은 말한다. "하느님께서 당신의 일을 마치고 쉬신 것처럼 하느님의 안식처에 들어간 이도 그의 일손을 멈추고 쉬는 것입니다"(〈히브리서〉, 4: 10, 공동번역). 목적을 향해 노동하지 않는 것, 일을 않는 게 구원이다. 목적을 위해 더 이상 노동하지 않아도 되는 이 쉬는 삶의 지속이란 결국 무상, 무위의 반복 외에 무엇이겠는가?

그러나 우리의 삶은 일하고 전진하고 발전하느라 저 위대한 무상, 무위를 잃어버렸다. 쿤데라는 바로 무위의 반복을 잃은 이 전진이 인간의 불행이라는 점을 알고 있었다. 그는《참을 수 없는 존재의 가벼움》에서 쓰고 있다. "인간의 시간은 원형으로 돌지 않고 직선으로 나아간다. 행복은 반복의 욕구이기에, 인간이 행복할 수 없는 것도 이런 이유 때문이다."[2] 무상한 반복을 갈구하는 소망, 휴식하고 싶은 소망. 피젯스피너는 바로 이 소망을 가리켜 보이는 무상한 상징이다.

혼밥

혼밥의 시대다. 혼밥은 개인화된 삶의 중요성을 드러내며 우리 시대의 한 특성을 표현하는 듯도 하다. 그러나 혼밥은 이미 수많은 의미와 맥락을 지니며 인간의 삶 속에 스며들어와 있었다.

혼밥이 인간의 이기성을 표현하는 것은 쉬운 일이다. 랜들 월리스Randall Wallace 감독의 영화 〈아이언 마스크〉에서 악역인 루이 14세로 분한 리어나도 디캐프리오Leonardo Dicaprio는 한 여성과 하룻밤을 보낸 후 "배고프다"고 말한다. 여자가 음식을 가져오겠다고 말하자 그는 이렇게 혼밥의 신념을 밝힌다. "나는 혼자 먹는 게 좋아. 그나저나 당신은 내일 떠나." 사랑을 나눈 후에도 먹는 쾌락은 혼자 독점하겠다는 것이다.

밥은 함께 나누어 먹는 데 그 가치가 있다는 이야기를 우리는 많이 들어왔으며, 이는 결코 틀린 이야기가 아니다. 이광수의 《무정》 뒷부분에 이런 이야기가 나온다. 소설의 주인공인 젊은이들은 수재를 겪은 사람들을 먹이기 위해 자선음악회를 연다. 여기서 영채 등 세 여성이 부르는 노래 가사에 이런 구절이 있다. "따뜻한 밥 한 그릇 국에 말아 드립시다." 타인의 손을 붙잡아주는 일, 공동체를 구성하는 일은 밥을 나누는 데서 시작한다. 나누는 밥의 가치에 관한 생각의 한 단면을 김지하의 《밥》에서 찾아볼 수 있다. 여기서 함께 나누는 밥은 혼밥과 대립한다.

철학은
날씨를
바꾼다

'혼자서 밥을 먹으면 밥맛이 없다'는 말의 뜻은 바로 이것 때문이라고 생각할 수 있겠습니다. 밥맛이 없는 이유는 바로 '독점' 때문입니다. 혼자서 걸게 처먹으려 하기 때문에 원래 밥상에 둘러앉아 나누어 먹도록 되어 있는 밥을 혼자서 처먹기 때문에, 본래 밥의 본질과 먹는 형식이 일치하지 않는 데서 오는 당연한 귀결이라고 볼 수 있겠습니다.[1]

그러나 혼밥이 밥의 거룩함을 모르는 것은 아니다. 홀로 밥 먹는 이는 역설적인 방식으로 밥이 공동체의 것임을 증언한다. 황지우의 시 〈거룩한 식사〉가 보여주듯이 말이다.

나이 든 남자가 혼자 밥 먹을 때
울컥, 하고 올라오는 것이 있다
큰 덩치로 분식집 메뉴표를 가리고서
등 돌리고 라면발을 건져 올리고 있는 그에게,
양푼의 식은 밥을 놓고 동생과 눈 흘기며 숟갈 싸움하던
그 어린 것이 올라와, 갑자기 목메게 한 것이다[2]

이 혼밥에는 식도락을 혼자 즐기는 사람의 여유 같은 것은 없다. 어떤 여유도 없이 밥에 절실히 매달려야 하는 이가 있고, 그 어깨에는 고단한 삶이 놓여 있다. 그의 마음에는 양푼을 앞에 놓고 밥을 다투던 가난한 날의 동생에 대한 안쓰러움이 있다.

다른 차원에서 혼밥은 예술가와 사상가의 고유한 고립을 표현하기도 한다. 프루스트의 《잃어버린 시간을 찾아서》에서 등장인물 엘스티르는 주인공이 다니는 레스토랑 '리브벨'에 저녁 늦게 혼자 식사하러 오는 화가이다. 그는 "레스토랑에서 손님들이 다 돌아가기 시작할 무렵에 들어와서 식탁에 앉는"다.[3] 예술가의 과업에 몰두하는 엘스티르에 대해 이렇게 이야기할 수 있다. "그는 고독을 실천하는 중에 고독을 사랑하게 됐다."[4] 혼자 식사하는 그의 습관은 그림 그리기 말고는 눈길을 주지 않는 그의 고독의 얼굴이다.

단지 소설 속의 예술가만이 혼밥을 즐기는 것은 아니다. 실

존한 예술가들과 사상가들도 혼밥을 통해 삶의 색깔을 드러
낸다. 우리가 차례로 살펴볼 베토벤, 쇼펜하우어, 스피노자의
공통점은 독신이었고, 어찌 됐든 혼자서 식사할 기회가 비교
적 많을 수밖에 없었다는 것이다. 얀 카이에르스는 전기《베
토벤》에서 베토벤의 혼밥을 이렇게 묘사한다.

> 당시 그는 옷차림에 거의 신경을 쓰지 않았고 그의 집도
> 보통 때보다 훨씬 엉망진창이었다. 그리고 사람들과의
> 만남도 피했다. 그는 여전히 단골 식당을 찾아가긴 했지
> 만 사람들과의 교류에는 조금도 신경을 쓰지 않았다. 형
> 편없는 식탁 예절로 주변 사람들의 밥맛을 뚝 떨어지게
> 만들곤 했는데 그런 그에게 항의하는 사람은 아무도 없
> 었다.[5]

다음 구절은 베토벤의 "형편없는 식탁 예절"이 어느 정도
인지 잘 알려준다.

> 보통 빈 사람들은 시간이 나면 집에 혼자 있지 않고 카페
> 나 술집을 찾았다. 베토벤도 마찬가지였다. 그는 거의 항
> 상 같은 곳을 찾아왔고 조용한 구석 자리에 앉았다. 그리
> 고 와인이나 맥주를 마시고 식사를 하면서 신문을 읽었
> 다. 특히 굴, 칠면조 고기, 거위 간 파테를 좋아했는데, 평

일에는 훈제 청어나 레버케제(간으로 만든 치즈)를 곁들
인 빵처럼 간단한 음식을 먹기도 했다. 그러다가 종종 옆
자리 손님들과 다투게 되는 일이 생기곤 했는데, 어떤 이
유에서건 그들의 존재가 그에게 방해가 되었기 때문이
다. 그럴 때는 그는 일부러 바닥에 침을 뱉어 다른 사람
들이 혐오감을 갖고 피하게 만드는 방법을 쓰곤 했다.[6]

옆 테이블 손님과 싸우고, 침을 뱉는 심술을 부리는 베토벤
의 혼밥 습관은 청력을 잃고서 다소 괴팍하게 늙어가는 그의
모습, 창작에서는 독창적인 개성으로 꽃피웠으나 다른 이들
에겐 불편함을 주던 그의 고집스러운 성격을 잘 보여준다. 한
사람이 먹는 음식은 그가 누구인지를 보여준다고 한다. 그러
나 그의 식사 습관 역시 그의 초상화를 그려 보여준다.

유럽 정신사에서 심술궂은 한 사람을 더 찾자면 쇼펜하우
어일 것이다. 그는 사상가일 때는 염세주의자였지만, 일상
생활에서는 이기적인 탐욕으로 삶에 집착했다. 그의 식사만
은 이 점을 숨기지 못한다. 뤼디거 자프란스키Ruediger Safranski의
《쇼펜하우어 전기》가 묘사하는 그의 혼밥은 이렇다.

점심 식사는 집 밖에서 한다. (…) 이 철학자의 식욕은
너무도 왕성해서 옆 탁자의 사람들이 놀라워할 정도이
다. 기름진 소스를 그는 숟갈로 떠먹는다. 이따금 그는

2인분을 주문하기도 한다. 식사를 하는 동안은 방해받는 것은 싫어하지만 커피를 마실 때에는 옆 사람과 즐겨 대화하며 오후 다섯 시까지 앉아 있는 적도 있다.[7]

밥 먹는 자로서 쇼펜하우어는 비관주의자가 아니라 낙천적인 쾌락주의자이다. 그는 방해받지 않고 혼자 마음껏 먹는 것을 좋아한다. 그러나 식사가 끝나면 말을 나누며 놀아줄 누군가가 필요하다. 우리는 쇼펜하우어의 혼밥과 정반대의 혼밥을 스피노자의 검소한 식탁에서 발견하기도 한다. 스피노자 전기에서 콜레루스Johannes Colerus는 다음과 같이 쓰고 있다.

철학은
날씨를
바꾼다

> 그[스피노자]가 사망했을 때 내(콜레루스)가 발견한 몇 장의 서류에서 그가 온종일 3센트에 해당하는 버터로 만든 우유 수프로 살았으며, 1.5센트에 해당하는 맥주 한 병을 마셨다는 것이 나타난다. 그는 어떤 날은 4센트와 8페니에 해당하는 건포도와 버터로 만든 묽은 죽 외에는 아무것도 먹지 않았다. 한 달 내내, 나는 그의 계산서에서 1파인트의 포도주만을 발견했다. 비록 종종 다른 사람들에게서 식사 초대를 받았지만, 그는 그 자신의 빵을 먹는 것을 좋아했다.[8]

스피노자는 그날 벌어서 그날 먹고사는 것에 만족했던 시람이고, 감각적 쾌락에 의해 정신이 방해받는 것을 최대한 피하려 했던 사람이다.[9] 그의 혼밥 메뉴는 이런 삶과 생각을 그대로 보여준다. 이렇게 혼밥은 예술가들과 사상가들의 마음 빛깔을 드러내 보인다.

혼자서 먹는 밥은 말 그대로 홀로됨, 다른 사람들로부터의 소외를 표현하기도 한다. 시코쿠에서 교사 생활을 했던 나쓰메 소세키가 그 체험을 바탕으로 쓴 소설《도련님》에는 근대인으로서 재래적인 것과 불화할 수밖에 없던 소세키의 모습이 투영되어 있다. 바로 현지에 동화되지 못하는 주인공 도련님의 혼밥이 그것을 보여준다. 교사로 시코쿠의 한 학교에 부임한 주인공은 어느 날 국숫집에 들러 혼자 튀김국수(덴푸라 메밀국수)를 네 그릇이나 먹는다. 식당 안에는 그가 속한 학교의 학생들도 손님으로 있었는데, 다음 날 수업에 들어가 보니 칠판에 크게 '덴푸라 선생님'이라고 써 있는 게 아닌가? 다른 교실 칠판에는 "덴푸라를 먹으면 억지를 부리고 싶어지는 법이라"[10]라고 적혀 있었다. 고약한 따돌림이다. 그 다음에는 혼자 당고(경단)를 사 먹었는데, 역시 교실에서 똑같은 방식으로 놀림을 당한다. 우리 주변에서도 흔한, 따돌림의 결과로서 혼밥이 있는 것이다.

이와 결을 달리하며, 혼밥을 통해 자발적인 고립을 표현할 수도 있다. 최근 젊은이들의 초상화에서도 목격할 수 있을 이 혼밥은 꽤 오래전부터 있었다. 무라카미 하루키村上春樹가 1987년에 펴낸 《노르웨이의 숲》에서 주인공인 대학생 와타나베가 보여주듯이 말이다.

> 강의가 끝난 다음 나는 학교에서 걸어서 십 분 정도 떨어진 곳에 있는 작은 레스토랑으로 가서 오믈렛과 샐러드를 먹었다. 레스토랑은 번잡한 곳에서 조금 벗어났고 가격도 학생에게는 조금 비싼 편이었지만, 조용해서 마음이 편했고 오믈렛 맛도 꽤 괜찮았다.[11]

그는 창가 자리 일인석에 앉아 식사한다. 밤이 깃든 뒤 혼술 역시 즐겁다. "그리고 잠이 올 때까지 브랜디를 마시면서 《마의 산》을 마저 읽었다."[12] 그는 세상의 흐름으로부터 자발적인 고립을 통해 자기주장을 하는 중이다. 혼밥은 예외적인 식사법이 아니다. 혼밥은 함께 먹는 밥만큼이나 수많은 얼굴로 인간의 다채로운 운명을 증언한다.

바람과
허파의 철학

전염병을 옮기는 바이러스는 무엇에 실려 세상으로 퍼지는가? 비말飛沫이다. 비말의 뜻은 '튀거나 날아올라 흩어지는 물거품'이다. 갑작스러운 강풍 같은 허파의 공기를 통해 밖으로 나오는 인간의 물기가 비말인 것이다. 인간은 우물처럼 몸 안에 고요한 물을 숨기고 있지 않다. 인간은 태풍을 간직한 바다처럼 에취, 하며 파도친다. 비말에 해당하는 서양 말 그대로, 인간은 물을 공기에 섞어 사방으로 뿜는 '스프레이'다.

이런 단순한 사실에 우리의 모든 삶이 얽매여 있다. 이는 우리 인간 주체가 바로 '허파 주체'라는 것을 알려준다. '나는 생각한다, 고로 존재한다'라고 자기의식을 통해 자기 존재를 확보하는 주체도 아니고, 모든 경험을 종합하는 초월적 통각統覺의 주체도 아니다. 우리는 그냥 숨을 쉬는 자, 숨 쉬는 일에 모든 것이 달린 자, 바람을 들이키고 내뿜으며 공기에 비말을 실어 날려 보내는 허파 주체이다.

우리가 바람의 존재라는 것, 즉 허파 주체라는 것은 역병의 문제를 다루는 고전적인 철학 작품 가운데 하나인 루크레티우스의 《사물의 본성에 관하여》에서부터 알 수 있다. 펠레폰네소스 전쟁에서 아테네를 굴복시킨 것은 어떤 의미에서 스파르타가 아니라, 바로 아테네를 덮친 역병이었다. 루크레티우스는 바로 아테네의 이 역병을 묘사하며 말한다.

> 죽음과 질병에 속한 많은 것들이
> 떠돌고 있어야만 한다. 그것들이 어쩌다 우연히 모여서
> 하늘을 혼란시키면, 공기가 질병을 품게 된다.[1]

이 말은 전염병에 대한 우리 시대의 의학이 이야기하는 바와 크게 다르지 않다. 질병을 품고 있는 것은 바로 '공기'라고 말하고 있다. 우리 폐에서 나오는 공기, 기침이 비말을 싣고 가듯이 말이다. 전염병이 인간을 쓰러트리고, 미세먼지가 인간을 갉아먹는다. 우리의 가장 큰 근심거리는 우리가 폐를 통해 공기를 순환시킨다는 피할 수 없는 존재 조건에서 온다. 우리의 가장 근본적인 모습이란 바람의 존재, 숨을 쉬는 존재인 것이다.

이런 까닭에 옛사람들은 공기를 만물을 다스리는 원리로

이해했다. 기원전 6세기에 최초의 철학자들이라 불리는 사람들이 출현했는데, 그 가운데 아낙시메네스Ἀναξιμένης는 만물의 근원에 대해 이렇게 이야기한다. "우리의 영혼이 우리를 결속해주는 것처럼, 공기(프네우마)는 우주 전체를 감싸고 있다." 아낙시메네스와 더불어 철학의 역사에 처음으로 '프네우마πνεῦμα'라는 말이 모습을 드러내며, 만물의 원리 자리를 차지한다.

프네우마는 바람, 공기, 대기 등의 뜻을 지닌다. 그러나 이 말은 현대인들이 생각하는 물리적 요소와는 거리가 멀다. 그것은 생명체와 관련해서, 존재함의 원리 자체인 호흡과 숨결을 의미한다. 공기가 생명의 원리라는 생각은 이미 기원전 800년경 호메로스에게서도 엿볼 수 있다. 《일리아스》에는 전쟁터에서 다리에 창을 맞은 채 죽어가는 사르페돈이 나오는데, 전우 펠라곤이 사르페돈의 몸에서 창을 뽑자 그는 이렇게 소생한다. "그는 다시 숨을 쉬었고 주위에서 불어오는 북풍의 입김이 꺼져가는 그의 목숨에 다시 생기를 불어넣었다."² 여기서 북풍의 '입김'을 가리키는 말은 '프노이에πνοή'이다. 이것은 한편으로 사르페돈의 목숨을 살리는 숨결이며 다른 한편으로 대기이다.

공기를 물질의 일종으로 축소하는 근대 과학의 관점과 달리, 대기 자체와 생명 자체인 숨결 사이엔 차이가 없다. 근대 과학의 관점으로 눈을 가린 채 만물의 원천을 '공기'라고 말한 아낙시메네스를 유치하고 조야한 자연과학자라고 비웃는 이들도 있다. 그러나 고대인들이 원했던 것은 모든 생명의 원천이 무엇인지 밝혀내는 것이었으며, 그 답을 프네우마라는 단어 속에서 사유해보려 했던 것이다.

그러니까 우리 존재의 원천으로서의 바람, 프네우마는 물질로서의 공기가 아니라 오히려 '모든 것들을 살아 있도록 하는 것', 바로 영혼에 가깝다. 그러니 공기를 가리키는 프네우마라는 말이 후에 영혼을 가리키는 단어가 된 것은 당연한 일이겠다. 영혼을 뜻하는 '프시케'라는 말은 '숨 쉬다'라는 뜻의 '프시코'에서 나왔다. 바람을 불어넣는 일, 숨 쉬는 일이 영혼의 근본적 의미인 것이다. 또한 정신이나 영혼이라는 의미로 알려진 라틴어 '스피리투스'나 '아니마' 역시 바람을 의미한다. 성령을 가리키는 유대인들의 표현 '뤼아' 또한 바람을 뜻하는 단어이다.

영혼으로서 프네우마는 역사적인 문헌에서도 쉽게 확인할 수 있다. 사도 바울은 〈로마서〉에서 육신에 따라 사는 것과 영靈에 따라 사는 삶을 대립시키는데, 여기서 '영'을 가리키는 원래의 말이 바로 '프네우마'이다. 바울이 말하는 '프네우마티코스πνευματικός'는 프네우마가 불어넣어진 자, 즉 신의 숨결이라 할 수 있는 '성령'을 받아들인 인간을 일컫는다. 근대에 와서 칸트는 《순수이성비판》에서 'Pneumatismus'(프네우마티스무스)라는 표현을 쓴다. 유물론과 반대되는 뜻에서 '유심론'

을 일컫기 위해 도입된 표현이다.

'프네우마'의 뜻이 점점 풍부해져가는 이 사상의 여정은 무엇을 뜻하는가? 액면 그대로의 뜻은 공기였으나, 그것은 마침내 '영혼'의 이름마저 되었다. 존재하는 것들을 살아 있게끔 하는 것, 즉 영혼의 일을 하는 것이 바로 공기, 호흡인 까닭이다. 인간은 육신의 삶보다 앞서서, 그리고 육신의 삶에 대해 독립해서 의식을 가지고 생각하는 자인가? 뇌사자를 보라. 코기토(나는 생각한다)는 사라졌지만, 그는 여전히 숨 쉬는 자로서 인간이다. 생각 없는 호흡은 가능하나, 호흡 없는 코기토로서의 생명을 우리는 생각할 수 없다. 굳이 유대인의 신화를 떠올리자면 신은 자신의 형상으로 된 진흙에 숨을 불어넣었지 자기의식, 즉 코기토를 불어넣지는 않았다. 코기토 이전에 숨 쉬기, 즉 프네우마가 있다. 주체는 생각하는 실체이기 이전에 바람과 허파의 주체이다.

그런데 허파로 바람을 마시고 뱉는 행위에는 더욱 중요한 사건이 자리 잡고 있다. 숨을 쉰다는 사실은, 주체는 타자와의 관계 속에서 존재하는 자임을 알려준다. 인간이 타자와 관계를 맺고 있다는 것, 근본적으로 사회성을 지닌다는 것의 징표 가운데 대표적인 것이 말[言]이다. 말은 늘 타인을 향한 것인 까닭이다. 셰익스피어William Shakespeare의 〈햄릿〉에는 말에 관한 이런 구절들이 나온다. "그렇게 달콤한 숨결에서 빚어낸 말들"(3막 1장), "말들은 숨결로 이루어지고, 숨결은 생명으로 이루어진다면 …"(3막 4장). 숨결이 생명을 이룬다는 것을 우리는 앞서 보았다. 그런데 인간의 말이란 바로 숨결을 통해 가능한 것이다. 숨을 쉬는 자만이 호흡의 흐름을 사용해 말도 할 수 있다.

시의 운율은 말이 호흡의 리듬에 의존한다는 것을 알려주는 가장 두드러진 징표이리라. 츠바이크Stefan Zweig는 시인 횔덜린에 대해 이렇게 쓰고 있다. "그에게 있어서는 호흡이 바로 시작詩作이었다."[3] 인간의 말함의 뿌리에는 인간의 호흡법이 있으며 횔덜린의 말하기, 즉 시가 그 호흡을 실현하고 있다는 것이다. 타자를 향해서 우리가 열리는 방식, 다시 말해 말하기의 바탕에는 호흡이 있다.

숨 쉰다는 것이 주체 혼자 고독 속에서 수행하는 일이 아니라 타자와의 관계 속에서 이루어진다는 것은, 상징적 형식을 통해 표현되는 인간의 어떤 이타적 행위에서도 목격된다. 타자에게 생채기가 생겼을 때 우리는 무엇을 하는가? 상처에 입김을 부는 행위를 한다. 어린아이 시절부터 우리가 해오던 이 입김의 비밀을 드러내는 글이 박완서의 〈사랑의 입김〉이다. 외손자가 할머니에게 와서 뭔가를 바란다.

다치거나 물것에게 물린 자리에 약을 발라줄 때마다 '호오, 호오.' 하면서 상처에 입김을 불어넣어 줬었는데 그것이라도 해달라는 것 같았다. 나는 웃으며 녀석의 얼굴

을 끌어당겨 이마에 정성껏 '호오.'를 해주었다. 녀석은
눈까지 스르르 감으면서 그렇게 마음 놓이고 느긋한 표
정을 지을 수가 없었다. (…) 할머니나 어머니의 따뜻한
입김에 상처를 내맡겼을 때 어린 마음을 푸근히 감싸
주던 평화로움은 이 나이가 되도록 잊혀지지 않는다.
(…) 입김이란 곧 살아 있는 표시인 숨결이고 사랑이
아닐까?[4]

숨 쉬는 인간은 그 숨 쉰다는 사실로부터 타인을 치유하는
힘 또는 사랑의 공동체를 만드는 힘을 이끌어내는 것이다. 상
처에 입김을 불어넣는 것은 정말로 놀라운 상징적 행위이다.
자신의 생명을 부지하는 가장 근원적인 일, 즉 숨 쉬는 일을
타인의 치유를 위해 사용하고 있으니 말이다. 상처에 부는 입
김을 통해 인간은 무인도에 갇힌 이처럼 혼자 숨 쉬는 자가
아니라 타인과의 관계 속에서 숨 쉬는 자, 타인을 위해 숨을
사용할 수 있는 자임을 알린다.

또한 숨 쉬는 일은 우리가 저 혼자의 발명을 통해서가 아니
라, 타인의 이질성으로부터 영감을 얻고 존재하는 자임을 알
려준다. 레비나스는 "타자에 의한 나의 영감(들숨)"[5]이라고 쓰
고 있다. 흔히 '영감靈感'으로 번역되는 'inspiration'의 원래 뜻
은 외부의 이질적인 것을 받아들이는 '들숨'이다. 프네우마라
는 말과 더불어 인간의 몸과 정신의 활동 모두를 표현하는 이

낱말은, 우리가 라이프니츠Gottfried Wilhelm Leibniz가 말한 '창窓 없는 실체'가 아니라, 숙명적으로 나와 다른 것을 받아들이면서 존재하는 자임을 알려준다. 프네우마를 지닌 자, 숨 쉬는 자는 홀로 있는 자일 수 없고 타자와 더불어 있는 자이다.

《홍루몽》의
시회

지금은 유실됐지만, 대학 때 두 문화를 각각 대표하는《홍루몽》과《잃어버린 시간을 찾아서》를 비교하는 글을 즐겁게 쓴 적이 있다. 두 작품은 지금은 사라진 세계, 동양과 유럽의 귀족 사회를 우아한 필치로 다룬다는 공통점을 지닌다. 여자들 틈에서 노는 것을 좋아하고 다소 한심한 구석이 없지 않은 두 아이, 가보옥과 마르셀 각자의 이야기인 소설들은 모두 저자들이 한번 가졌다가 상실한 세계에 대한 추억 속에서 쓰였다.

《잃어버린 시간을 찾아서》만큼《홍루몽》도 주인공들의 문학 취미에 많은 지면을 할애한다. 홍루몽의 저자 조설근曹雪芹은 연극과 시에 깊이 빠져 있던 사람이 분명한데, 시에 대한 그의 애정은 이 소설의 아주 근사한 시회詩會 장면(《홍루몽》 37회)으로 승화되어 있다.

가보옥과 집안의 아가씨들은 국화를 주인공 삼아 시회를 여는데, 국화에 관한 열두 가지 시제가 나온다. 첫째는 국화를 생각한다는 의미에서 '억국憶菊', 둘째는 국화가 보이지 않을 때 찾는다는 '방국訪菊', 셋째는 국화를 찾은 이상 심어야 하니 '종국種菊', 넷째는 심은 국화가 꽃이 만발할 때 마주 보니 '대국對菊', 다섯째는 국화를 꺾어서 병에 모시니 '공국供菊', 모셔 놓은 꽃을 시로 읊지 않으면 빛을 잃을 테니 여섯째는 '영국咏菊', 읊은 국화를 그림으로 옮겨야 하니 일곱째는 '화국畵菊', 여덟째는 국화가 이렇듯 사람들의 사랑을 받는 까닭을 묻지 않을 수 없으니 '문국問菊', 아홉째는 국화가 말을 할 줄 알면 사람을 기쁘게 할 테니 '잠국簪菊'이 된다. 마무리를 위한 열둘째는 시들어가는 국화라는 뜻의 '잔국殘菊'이 주제이다. 놀라운 것은, 다른 주제들이 끝날 때쯤 출현하는 열째와 열한째 주제이다.

> 이리하여 사람으로서 해야 할 일은 끝난다 하더라도 국화 자신은 아직도 더 읊을 점들이 남아 있거든. 이를테면 국화의 그림자와 국화의 꿈 같은 것 말이야. 그래서 열째와 열한째는 '국영菊影'과 '국몽菊夢'이 되지.[1]

인간과 상관없이 국화 스스로 할 일이 있다는 것이다!
국화를 시로 옮기는 일은 예술이라는 인위적 테크닉이 떠맡는다. 그런데 중국의 예술가는 열째와 열한째 주제를 국화 혼자서 하는 테크닉을 위해 비워두고 있다. 인간이 테크닉을 구사하기 전에 자연 자체가 이미 테크닉이기 때문이다. 자연은 세상의 어떤 예술가도 흉내 낼 수 없이 국화 자체를 피워내며, 국화는 스스로 고즈넉이 그림자를 떨어뜨리고(국영) 또 혼자서 꿈꾼다(국몽). 자연이 이런 대단한 테크닉을 구사한 이후에야 비로소 인간의 테크닉은 부가적으로 자연의 작품에 달라붙어 이런저런 궁리를 하는 것이다. 그러니 《홍루몽》의 예술가는 인간이 부릴 수 있는 예술적 테크닉에 자만할 수 없었고, 자연 스스로의 테크닉, 국화 스스로 짓는 국화시의 자리를 마련하는 일로 예술가의 겸손을 표현한 것이다.

이런 테크닉을 발휘하는 자연을 고대 그리스인들은 '피시스'라 불렀다. 스스로 생산하고 스스로 펼쳐지는 자연 말이다. 자연이 발휘하는 저 기술, 테크닉이 뿌리를 두고 있는 말은 그리스인들의 말 '테크네τέχνη'인데, 여러 맥락에서 쓰이는 이 말의 뜻 가운데 하나는 '밖으로 끌어내놓음'이다. 이 테크네 때문에 자연만이 무無에서 국화 한 송이를 인간의 눈앞에 끌어내놓을 수 있다.

인간의 테크닉은 '기술'과 '예술'이다. 예를 들어 자연의 테크닉이 먼저 강江을 세상으로 끌어내오면, 그 뒤에야 인간의 테크닉이 다가가 강에 다리를 세우거나(기술), 강에 대한 시를 짓는다(예술). 그러니 인간의 테크닉이란 자연의 테크닉 안에 있을 수밖에 없으며, 또 자연의 테크닉 안에 있어야만 한다. 하이데거가 〈예술작품의 기원〉에서 말하듯 "이 모든 일[기술, 예술]은 '자생적으로 피어오르는 존재자', 즉 '피시스'의 한가운데서 일어난다."²

비극은 언제 생겨나는가? 자연의 테크닉에 맞추어 인간의 테크닉이 일하지 않고, 거꾸로 인간의 테크닉에 자연을 맞추려 할 때 생긴다. 온갖 환경문제의 모습으로 자신을 알려오는 이 비극을 오늘날 우리는 실수투성이의 개발들에서 체험하고 있다. 그것은 인간의 테크닉이 자연의 테크닉을 압도할 수 있다는 오만에서 태어난 비극이다. 《홍루몽》의 예술가는 인간이 결코 다가갈 수 없는, 자연이 발휘하는 기술을 위한 자리를 비워두었는데 말이다.

차이가
우리를 보호한다

'차이'는 너무도 깊이 삶 속에 스며들어 있어 사람들은 그것을 잘 느끼지 못할지도 모른다. 그러나 우리 삶은 늘 차이의 보호를 받는다. 사람들 사이의 관계를 만들어나감에 있어서, 그리고 창조적인 생각을 꾸며나감에 있어서 말이다.

언제 사람들은 다른 사람들을 존중하는 관계를 만들게 될까? 상대방이 같은 종류의 인간이라는 데 생각이 미칠 때 그럴까? 아마 그 반대일 것이다. '서로 다르다'는 사실 때문에 존중하게 될 것이다. 같은 종류의 사람들이라는 기준은 오히려 타인에 대한 존중과 상반되는 위험을 가져올 수 있다. 같은 종류라는 기준이 마련되면 그 기준 안에서 다음으로 이루어지는 일은 무엇인가? 바로 위계적 편차를 만들어내는 일이다. 우월과 열등의 나눔은 동일한 종류를 척도로 삼아서만 이루어진다. 하다못해 생선 가게에서 굴비를 큰 것과 작은 것으로 분류해서 팔 때도 더 좋은 것과 덜한 것을 나누는 위계적 분류는 바로 동일성, 모든 굴비의 공통성을 바탕으로 이루어진다.

반면 그런 공통성을 전제하지 않는 '차이'는 사람들 사이에 어떤 위계도 불가능하게 만든다. 나와 공통의 척도를 지니지 않는 자에게 내 이해의 잣대를 들이댈 수 없는 까닭이다. 공통의 척도가 없는 대상에 대해 자신만의 잣대를 억지로 들이대려 할 때 우리는 폭력의 행사라는 비난을 감수해야만 한다. 이렇듯 차이는 사람들의 관계를 '평등'하게 만들며 위계가 끼어들지 못하도록 보호한다.

그런데 차이는 이렇게 사람들 사이의 관계를 만들어나가는 데만 개입하는 것이 아니다. 놀랍게도 차이는 '창조적 사유'의 원천이 된다. 흥미로운 예가 있다. T. S. 엘리엇Thomas Stearns Eliot의 장시 《황무지》는 현대시의 장을 연 작품인데, 이 시의 5부 〈천둥이 한 말〉에는 《우파니샤드》의 〈브리하다란야카〉로부터 가져온 이야기가 실려 있다.

이 시는 말 그대로 '신의 소리인 천둥이 한 말'에 대한 이야기다. 천둥이 '다'라고 울리자 그 소리를 들은 사람들은 천둥의 말을 세 가지 의미로 해석한다. 다타, 다야드밤, 담야타. 각각 '주라', '공감하라', '자제하라'라는 뜻이다. 여기서 '다'라는 천둥의 소리는 오로지 '다타', '다야드밤', '담야타'라는 세

가지 의미를 만들어주는 역할을 하지 그 자체로 들리는 소리가 아니다. 사람들에게 들린 소리는 오로지 다타, 다야드밤, 담야타 세 가지뿐이다. 그러니 '다'의 역할은 무엇이었겠는가? 바로 '차이'이다. 세 가지 의미의 구분을 만들어내는 '차이' 말이다.

그러면 실제 천둥으로부터 온 소리도 아닌 다타, 다야드밤, 담야타라는 세 가지 의미는 도대체 어디에서 메아리친 것일까? 바로 그 소리를 들은 인간의 정신 속에서다. 그러니 세 가지 의미로의 분화를 만든 '차이'는 인간의 정신 속에 들어와 새로운 의미를 창조해내는 기능을 한다. 차이가 바로 '창조적 사유'의 핵심에 자리 잡고 있는 것이다.

이런 식으로 창조적 사유의 견인차로서 작용하는 차이는 단지 《황무지》가 담고 있는 저 이야기에만 국한된 것이 아니다. 문화가 외국에서 외국으로 전해지며 퍼져나가는 양상을 보라. 외부로부터 주어진 어떤 문화의 최초 씨앗은 그 원형대로 유지되는 법이 없고 늘 '차이'로서만 기능한다. 가령 바로크 문화는 왕성한 흡입력으로 고대 그리스, 로마, 동방에서 수많은 문물을 받아들였다. 이 수입품들은 바로크 안에서 어느 것 하나 원형대로 유지되지 않았다. 오히려 바로크의 다양한 창조물들을 분화시키는 '차이'로서만 기능했다.

우리가 학습을 통해서 무엇인가로부터 반짝이는 아이디어를 얻을 때 이 아이디어는 어떻게 기능하는지 생각해보라. 학습한 것을 그대로 받아들이고 원형대로 유지하려 할 때 정신은 낡은 것을 수동적으로 보존하는 박물관이 되며, 수분을 빨아들이지 못하는 식물처럼 새로운 꽃을 틔우지 못한 채 말라죽고 만다. A라는 것이 학습을 통해 주어졌을 때 반짝이는 아이디어로 기능한다는 것은 무슨 뜻일까? B와 C, 그리고 D라는 듣도 보도 못한, 서로 차이 나는 새로운 창조물들이 A로부터 '분화'되어 나왔다는 뜻이다.

이때 A란 흔적도 남지 않으며, 오로지 B, C, D라는 새로운 산물을 분화시키는 '차이'로서만 기능할 뿐이다. 이렇게 '차이'란 바로 창조적 사유가 작동될 수 있도록 하는, 생각하는 힘의 원천이다.

4부

예술과 세월과
그 그림자

느려질
권리

느림만이 붙잡을 수 있는 아름다움이 있다. 계단에서 엇갈리며 지나치는 〈화양연화〉 속 두 남녀 사이의 미묘한 기류는 '느림'이 만들어낸다. 시간이 단지 어떤 구간에서 서행했을 뿐인데, 느리다는 이유만으로 모든 것이 아름다워진다. 놀랍지 않은가?

우리가 태어나면 시간은 품삯을 잘 받은 유모인 듯 냉큼 우리를 품에 받아 양육하기 시작한다. 아침과 낮을 보내고 저녁놀을 바라보듯 하루하루와 이별하면, 게임기에 더 집어넣을 동전이 없는 토요일 밤처럼 어느 날 우리는 지상의 오락실에서 일어선다.

우리 삶이 죽음에 이르기까지 통과하는 시간은 균질적일까? 칸트가 《순수이성비판》에서 애써 보이려고 했던 것은 바로 시간의 전 구간이 균질적이라는 점이었다. 그래야만 물리학적 법칙들이 늘 보편타당한 것이 된다. 복잡한 계곡을 빠져나오는 물처럼 시간이 어떤 구간에선 느리고 어떤 구간에선 빠르다면, 물리학적 법칙들은 때로는 해이해지고 때로는 지나치게 긴장한 정신처럼 일관되지 못할 것이다. 뉴턴의 사과가 어떤 때는 빠르게, 어떤 때는 느리게 떨어질 것이다.

그러나 나도 그렇고, 지루한 시간을 어떻게든 낮잠으로 모면하려 하고 또 즐거운 공놀이 시간은 짧다고 아쉬워하는 우리 집 강아지도 그렇고, 살아 있는 것들에게 시간은 균질적이지 않다. 시간은 빠르거나 느리다. 아이들은 유년과 청춘의 보물을 분실하는 줄도 모르고 빨리 큰다. 그리고 시간이 미워하는 어른들은 지루하게 늙는다. 연애는 짧지만 추억은 복기해야 하는 바둑판처럼 오래 머문다. 생물들의 진화 역시 '감속'이나 '가속', 느리거나 빠른 시간의 변덕에 빚지고 있다. 들뢰즈는 《차이와 반복》에서 말한다.

> 진화를 조건 짓는 원리를 발견하기 위해서는 시간에 창조적 현실화라는 그 진정한 의미를 부여하는 것으로 충분하다. (…) 이행은 감속이나 가속을 통해 이루어진다. (…) 유형幼形 성숙에서는 심지어 정지조차 어떤 창조적 현실화의 측면을 지닌다.[1]

예를 들어 박물학자 생틸레르 Étienne Geoffroy Saint-Hilaire가 말하듯 만일 한 신체에서 기관 B의 발달이 느리다면, 발달이 빠른 기관 A와 기관 C는 기묘한 결합 관계에 놓이게 될 것이다.[2] 느림과 빠름 속에서, 시간의 변덕 속에서 생명체는 만들어진다.

시간의 흐름 가운데 '느림'은 정말 매력적이다. 느림의 매력을 찬양하는 작품이 있는데, 바로 쿤데라의 소설 《느림》이다.

어찌하여 느림의 즐거움은 사라져버렸는가? 아, 어디에 있는가, 옛날의 그 한량들은? 민요들 속의 그 게으른 주인공들, 이 방앗간 저 방앗간을 어슬렁거리며 총총한 별 아래 잠자던 그 방랑객들은? 시골길, 초원, 숲속 빈터, 자연과 더불어 사라져버렸는가? 한 체코 격언은 그들의 그 고요한 한가로움을 하나의 은유로 이렇게 정의한다. 그들은 신의 창密들을 관조하고 있다고. 신의 창들을 관조하는 자는 따분하지 않다. 그는 행복하다. 우리 세계에서 이 한가로움은 빈둥거림으로 변질되었는데, 이는 성격이 전혀 다르다. 빈둥거리는 자는 낙심한 자요, 따분해하며, 자기에게 결여된 움직임을 끊임없이 찾는 사람이다.[3]

그런데 우리는 늘 시간에 쫓긴다. 아침에 지각하지 않기 위해 쫓기고, 맡은 일의 마감 시간을 맞추기 위해 쫓긴다. 이런 와중에 느리게 움직일 수 있다고? 그것은 시간에 대해 '갑'인 자의 특권 아니겠는가? '을'은 레이스에서 맨 뒤에 처진 스케이트 선수처럼 시간을 따라가기에 급급하다. 하이데거는 《존재와 시간》에서 저 '을'처럼 제대로 된 자리에 존재하지 못하는 자의 삶을 이렇게 기록한다. "'자기'를 잃어버리며 결단 내리지 않는 자는 거기에서 '자기의 시간을 잃는다.' 그러므로 그에게 맞는 전형적인 말은 '시간이 없다'이다."[4] 자기를 시간 속에서 잃어버린 자, 시간의 맷돌에서 갈리며 비지가 되는 자는 늘 바쁘다며 허덕인다. 시간의 소유자가 아니므로 당연히 그에겐 시간이 없다. 시간 속에서 미아가 된 자는 시간을 보내기 힘들다. 그는 아무리 노력해도 열리지 않는 문 앞에서 전전긍긍하듯 시간에게 고문당한다.

반면 시간을 잃지 않은 자, 오히려 시간을 돈다발처럼 소유한 자, 바로 시간의 '갑'은 원하는 만큼 느려도 상관없다. 오히려 시간이 예, 예 하면서 충실한 하인처럼 그와 발을 맞춘다. 시간을 소유한 자만이 원하는 속도로 시간의 페달을 밟으며 풍경을 즐기듯 '느릴' 수 있다. 그는 세상살이에 흡수되어 사라져버린 자가 아니라 원하는 만큼 천천히 세상을 즐길 수 있는 자이다. 시간을 즐길 수 있다는 것, 다시 말해 삶을 즐길 수 있다는 것이 느림의 가치이다.

쿤데라의 《느림》이 쾌락주의 철학자 에피쿠로스Επίκουρος에 대한 명상으로 가득 찬 까닭도 여기 있다. 느림의 비밀은 부엇보다 쾌락에, 즐거움에 있다. 사실《느림》자체가 즐겁고자 하는 쿤데라의 이상을 글쓰기로 실현하는 작품이라 할 수 있는데, 작중 인물의 다음과 같은 말이 이를 알려준다. "종종 당신은 내게 언젠가는 단 한마디도 진지하지 않은 그런 소설을 쓰고 싶다고 말했어. 당신의 즐거움을 위한 거대한 장난질을."[5] 이 장난질 때문에《느림》에는 유쾌한 도발과 파격이 넘쳐난다.

《느림》은 각종 금기로부터 쾌락을 해방한 18세기 계몽주의 시대의 정신을 대표하는 소설《내일은 없다》의 관능적인 연애 이야기를 추적하는 소설이기도 하다. 에로티시즘으로 가득 찬 작품의 저자에겐 명예가 부여되기 힘들던 시절,《내일은 없다》는 오랫동안 창작자가 알려지지 않은 채 떠돌았다. 익명 뒤에 숨어 있던 저자는, 세계적 약탈을 통해 파리의 루브르 박물관을 가득 채운 공로로 초대 관장을 지낸 화가 도미니크 비방 드농Dominique Vivant Denon이다. 루브르에 가면 사람들은 꼭 〈모나리자〉 앞에 서는데, 이 유명한 그림이 걸려 있는 장소가 바로《내일은 없다》의 저자를 기념하는 드농관이다.

《내일은 없다》의 주인공인 기사는 그야말로 내일은 없는 에로틱한 하룻밤을 T 부인과 보내고 아침에 성을 나선다. 쿤데라의 눈길이 그를 쫓는다. "그가 앞으로 나아갈수록 그의 걸음걸이들은 느려진다. 저 느림 안에 행복의 어떤 징표가 있는 것 같다."[6] 그는 행복의 흔적인 지난밤의 기억에 최대한 오래 머무르려 한다. 그곳에 최대한 오래 머무르는 길은, 그 기억을 '느리게' 음미하는 것이다.

단지 기사의 쾌락만 그럴까? 즐거움은 느림의 문제이다. 우리는 음식을 즐길 때 천천히 음미하면서 먹는다고 말한다. 반면 회사의 점심시간, 연료가 다 떨어진 우리 몸에 새로운 노동을 위한 기름을 주입할 때는 맛도 모른 채 허겁지겁 먹는다. 콘솔 게임 유저들이 말하는 좋은 게임의 기준을 보라. 얼마나 오랜 시간(느리게) 게임을 즐길 수 있는지 보여주는 '플레잉 타임'은 게임을 평가하는 중요한 기준 가운데 하나이다. 〈야생의 숨결〉이나 〈왕국의 눈물〉 같은 게임의 유저들은 신기록을 위해서가 아니라면 엔딩으로 가는 길을 바쁘게 찾지 않는다. 오히려 오랫동안 느릿느릿 게임에 머물기를 즐긴다. 느린 속도가 행복을 만들어내는 것이다. 감동적인 향기를 얻기 위해선 술이 공기로부터 기적을 훔쳐내는 에어링의 시간이 있어야 한다. 술이 자신에게 집중하기 위해 혼자 노력하는 느린 시간을 기다려주지 않으면 안 된다.

그렇다면 느리게 실존하는 일은 가장 중요한 정치적 문제 아닐까? 철학자 랑시에르Jacques Rancière가 플라톤을 인용하며 자주 이야기하듯, 노동자들은 생업 때문에 바빠서 정치에 참여할 시간이 없다. 정치에 참여할 수 없도록 시간표가 그들을 가두어두는 까닭이다. 똑같은 이유에서 그들은 즐거울 틈이 없다. 귀중한 것들을 느리게 음미해볼 틈이 없도록 시간이 배치되어 있기 때문이다.

국가의 목적이 구성원들의 영혼을 돌보는 것 같은 주제넘는 일에 있는 게 아니라면, 그것은 그들의 세속적 행복 외에 무엇이겠는가? 결국 정치적 싸움이란 느려질 권리를 얻는 문제이다. 시간이 느려지지 않는다면, 삶은 그저 노동을 거쳐 사망으로 가는 쾌속 열차일 것이다.

환생(윤회)의 이야기는 매혹적이다. 누군가는 진시황릉 병마
용갱의 병사와 똑같은 얼굴로 현대 홍콩에 환생해서 고대의
사랑을 반복한다(주윤발과 임청하가 주연한 영화 〈몽중인〉). 오래
된 문명들은 그 문명 속에서 죽고 태어난 이들을 연결 짓는
기록으로 환생 이야기를 품고 있다. 불교가 깊이 뿌리내린 동
양에서뿐 아니라 서양에서도 그렇다.

　동양에서 신비로운 환생의 내력을 지닌 유명한 인물로 시
인 소동파蘇東坡,蘇軾를 꼽을 수 있다. 천하제일기서天下第一奇書라
일컬어지는 《금병매》는 환생을 키워드 삼아 읽어도 될 만큼
다양한 환생 이야기를 담고 있다. 주인공 서문경은 천하의 악
인이지만 그의 아내 오월랑은 선하며 불심이 깊다. 오월랑은
자주 불법 강연을 듣는데, 어느 날 소동파의 환생 이야기를

들게 된다.

《금병매》73회에 등장하는 이 이야기는 《금병매》와 비슷한 시기에 출간된 풍몽룡馮夢龍의 단편집 《유세명언》에도 매우 유사한 형태로 (그러나 좀 더 자세하게) 수록되어 있다.[1] 이런 사실은 흥미로운데, 풍몽룡은 《금병매》의 실제 작가로 추측되는 인물 가운데 하나이기 때문이다. 《금병매》는 봉건사회의 어두운 핵심을 꿰뚫어본 귀신 같은 천재의 작품이지만, 이 천재는 중세 신학자 위디오니시우스Pseudo-Dionysius Areopagita만큼 자신의 정체를 꼭꼭 숨기고 있다.

《유세명언》속 이야기의 배경은 송나라 영종 황제 시절이다. 사형사제 관계인 오계五戒선사와 명오明悟선사는 매우 가깝게 지내며 함께 수행했다. 오계는 주지스님이었으나, 설법할 때도 가르침을 펼 때도 명오와 함께했다. 어느 날 같은 절의 청일 스님은 누군가 산문 앞에 버린 갓난아이를 발견해 거두게 된다. 절 안 깊은 곳에 꼭꼭 숨겨서 기르던 이 여자아이는 어느덧 열여섯이 되고, 숨기려 해도 여성의 아름다움을 숨길 수 없게 된다. 이 아이가 홍련紅蓮이다. 어느 날 성장한 홍련을 보게 된 오계는 음심을 못 이기고 범하고 만다. 얼마 후 이를 눈치챈 명오가 시를 지어 넌지시 나무란다. "빨간 연꽃이 어찌 하얀 연꽃만큼 향기로울까?"[2] '빨간 연꽃'은 물론 오계가 탐낸 '홍련'을 가리킨다.

모든 수행이 무너진 것을 부끄럽게 여긴 오계는 그날로 목욕재계하고 열반에 든다. 깜짝 놀란 명오도 오계를 뒤쫓아 내세로 가기 위해 바로 열반에 든다. 색계色戒를 어기고 죽은 오계가 내세에 고통의 바다에 빠져들어 불법에 귀의하지 못할까 염려한 것이다. 이 오계의 환생이 바로 소동파이다. 그리고 평생 소동파와 교류하며, 그가 지옥에 빠지는 것을 막고 불법으로 이끈 친구가 명오의 환생인 불인佛印선사이다. 환생해서도 계속되는, 지독한 사랑이 아니라 '지독한 우정'인 셈이다.

《유세명언》과《금병매》에 실린 이 매혹적인 이야기는《금병매》의 결말을 염두에 둔다면 매우 의미심장한 복선으로까지 읽힌다.《금병매》에서는 주인공 서문경이 죽은 날에 아들 효가가 태어난다. 금나라의 침입으로 오월랑이 아들 효가를 데리고 피난길을 헤매는 와중에 보정선사라는 승려가 효가의 출가를 권한다. 오월랑이 하나뿐인 아들이 스님이 되어 속세를 버리는 것을 슬퍼하자, 보정 스님은 잠자고 있던 효가의 머리를 지팡이로 짚어 비밀을 보여준다. 갑자기 효가의 또 다른 모습이 나타났는데, 그는 바로 아버지 서문경의 환생이었던 것이다. "효가가 갑자기 서문경으로 변했는데, 목에는 무거운 칼을 차고 허리에는 쇠사슬이 감겨 있었다."[3] 효가는 악인 서문경의 환생이기에 구제받기 위해선 불가에 귀의해야 했던 것이다.

효가의 법명은 공교롭게도 환생해 소동파를 구제한 승려와 같은 이름, 바로 '명오'로 지어진다. 오계의 환생인 소농파를 명오가 구제했듯, 이번엔 서문경을 서문경의 환생인 효가가 명오가 되어 구제하는 것이다. 이 고유명사들의 숨바꼭질은 너무도 아름답다.

서양에서 환생에 관한 본격적인 이야기는 피타고라스로부터 시작한다. 그는 수학의 '피타고라스 정리'로 잘 알려져 있지만, 비밀스러운 종교적 공동체를 이끈 인물로도 유명하다. 아리스토텔레스의 제자 헤라클레이데스Ἡρακλείδης에 따르면 피타고라스는 헤르메스 신의 아들이다. 헤르메스는 피타고라스에게 불사不死 이외에 어떤 부탁이건 들어주겠다고 약속했는데, 피타고라스는 살아 있을 때와 죽은 뒤에 모든 것을 기억할 수 있게 해달라고 말한다(살아 있을 때의 기억도 잊고 싶은데, 왜 이런 고역을 스스로 원했을까?).

그리하여 피타고라스는 자신이 거치는 수많은 생들을 기억하게 된다. 어느 생에서는 트로이 장수 에우포르보스로 태어나, 미녀 헬레네의 남편이자 아가멤논의 동생인 그리스 영웅 메넬라오스에게 죽는다(《일리아스》 17권의 이야기). 에우포르보스의 창이 메넬라오스의 방패를 뚫지 못한 까닭인데, 메넬라오스는 전쟁이 끝난 후 그 방패를 아폴론 신전에 바친다. 다음 생에서 그는 아폴론 신전으로 가서 자신의 목숨을 잃게 한 메넬라오스의 방패, 세월에 부식되어 상아 장식 부분만 겨우 보존된 방패를 바라본다.

그는 사람뿐 아니라 동물과 식물로도 환생했으며, 하데스

(저승)에 머물며 고난을 겪기도 했다(식물과 인간을 오가는 환생은 이제 보겠지만, 현대에 이르기까지 계속 반복되는 주제이다. 《홍루몽》의 여주인공 임대옥 역시 강주초絳珠草라는 식물의 환생이다. 많은 꽃말들이 유래한 설화들도 환생의 이야기다). 환생의 과정은 마침내 델로스섬 어느 어부의 생을 거쳐 피타고라스의 삶에 이른다. 이렇게 그는 자신의 전생들을 알고 있었을 뿐 아니라, 길에서 얻어맞는 개의 울부짖음을 듣고서 그 개가 죽은 친구의 환생임을 알아보기도 한다.[4] 이런 환생의 이야기는 단적으로 영혼 불멸이라는 종교적 열망의 표현인 것이다.

현대에 와서, 즉 세속화된 세계에 이르러 서구의 환생은 종교가 아니라 문학의 영역으로 들어와 빛나게 된다. 조이스 James Joyce나 프루스트 같은 작가들의 작품에서 우리는 매혹적인 환생의 이야기를 읽을 수 있다. 잘 알려져 있다시피 조이스의 《율리시스》는 더블린에서 일상적인 삶을 살아가는 주인공들의 단 하루 동안 의식을 쫓는 작품이다. 몇 가지 주제가 주인공들의 의식에 반복적으로 출현하는데, 바로 '환생'도 그렇다. 주인공 블룸에게 아내가 아침부터 묻는다. "머템시코시스 Metempsychosis가 무슨 뜻인가요?" 이 단어는 고대 그리스인들에게 '윤회輪廻'를 의미한다. "고대 그리스인들이 그렇게 불렀던 거요. 그들은 예를 들어, 사람들이 동물이나 나무로 변할 수 있는 거라고 믿곤 했었지."[5]

이러한 환생에 대한 사념은 이후에도 계속 이어지는데, 가령 날아가는 새들은 블룸에게 사람이 나무로 변하는 환생의 이야기를 떠올리게 만든다. "나를 나무로 생각하는 거 아니야, 잘 보지 못하니. 새들은 냄새를 맡지 못하나? 윤회. 사람들은 슬픔 때문에 누구나 나무로 바뀔 수 있을 거라고 믿고 있지."[6] 이런 생각의 바탕에는 그리스 신화의 다프네 이야기가 자리 잡고 있다. 아폴론에게 쫓기다가 붙잡힐 지경에 이르자 월계수로 변한 다프네 말이다.

프루스트 역시 《잃어버린 시간을 찾아서》에서, 갑자기 되살아나는 기억을 설명하기 위해 죽은 이가 동물이나 식물로 환생하는 켈트인의 신앙에 관해 이야기한다. 가령 사별한 이들의 영혼은 나무 안에 사로잡혀 있다가, 우리가 우연히 그 나무 곁을 지날 때 우리와 더불어 살기 위해 우리를 부른다. 이렇게 종교와 문학 사이의 구별 불가능한 영역에서 신비한 환생의 이야기는 자라나왔다.

환생은 이야기일 뿐일까, 아니면 정말 우리 삶을 지배하는가? 정말 우리의 영혼을 지배하는 환생이 있다. 바로 '기억'이다. 우리는 눈으로 보고 귀로 듣는 것만으로 세상에 대한 앎을 얻지는 않는다. 외부의 것들을 보고 듣는 감각적 지각은 늘 내부 기억의 감시를 받으며 이루어진다. 헤어진 연인을 십 년 만에 보게 된다면, 연인에 대한 우리의 지각은 십 년 전 기억의 감시 속에서 이루어질 것이다. 기억의 감시 속에 현재의 감정은 애틋할 수도, 원망스러울 수도, 미안할 수도 있다. 경

4. 예술과 세월과 그 그림자

험은 새롭지 않고, 늘 기억의 환생과 함께 이루어진다. 우리의 무의식 속에 깊이 새겨진 기억들도 있다. 예컨대 우리가 습득한 언어가 그렇다. 타인의 말을 이해한다는 것은, 내 안에 있던 언어라는 기억의 환생과 더불어 타인의 목소리를 이해하는 일이다.

물론 환생이란 한 개인의 삶을 뛰어넘는 것이다. 기억도 그러한가? 물론 그렇다. 우리 개개인은 죽지만, 기억은 개인을 넘어 환생한다. 잠깐 사는 우리는 장구한 과거의 기억을 현세에 비추기 위한 환등기와도 같다. 들뢰즈는《차이와 반복》에서 환생에 대해 이렇게 말한다.

> 우리가 하나의 삶에 대해 말할 수 있는 것은 복수의 삶에 대해서도 타당하다. (…) 하나의 삶은 다른 삶을 다른 수준에서 다시 취할 수 있다. 이는 마치 철학자와 돼지, 범죄자와 성인이 거대한 원뿔의 서로 다른 수준에서 똑같은 과거를 연출하는 것과 같다. 이것이 바로 윤회라 불리는 것이다.[7]

그야말로 우리는 '윤회하는 과거를 연출하는 자'인 것이다 (워쇼스키 자매의 영화 〈클라우드 아틀라스〉도 그것을 보여주려 했다). 예를 만들자면, 기나긴 분쟁의 역사 가운데 싸움터에서 마주친 아일랜드인과 영국인이 서로를 바라보는 고유의 방식이 있을 것이다.

이 방식은 어디서 오는가? 바로 한 개인을 뛰어넘어 오랜 시간 무의식 속에 누적된 그들의 기억에서 온다. 나치의 유대인 수용소나 폭격당한 게르니카 등을 다룬 알랭 레네Alain Resnais 감독의 영화가 보여주듯 개인의 것이 아닌 "둘이 공유하는 기억, 여럿이 공유하는 기억, 세계-기억"[8]이 있다. 한 개인의 것이 아닌 그런 과거가 오늘을 사는 이 사람 저 사람을 통해 환생한다. "모든 것은 마치 우주가 엄청난 '기억'인 것처럼 일어난다."[9] 그런 과거가 생을 결정짓는다면, 우리에겐 3월 1일이나 5월 18일 같은 과거가 현재를 사는 한 사람의 운명을 결정짓는, 환생하는 과거일 것이다. 오계선사의 이야기가 그 환생인 소동파의 삶에서 좌표가 되었듯이 말이다.

왜 인간은 환생 이야기에 몰입해온 것일까? 환생 이야기에는 인간 마음의 생김새가 반영되어 있다. 영혼 불멸에의 열망, 세상을 원인과 결과에 따라 이해하려는 이론적 관심, 그리고 무엇보다 업보에 대한 책임이라는 도덕적 관심이 그것이다.

《금병매》의 마지막에서 죽은 자들의 혼령은 마치 상급반 배정표를 받은 학생들처럼 아무개네 집 아무개로 태어나게 되었다고 말하며 뿔뿔이 흩어져 환생하는데,《국가》의 마지막에서도 비슷한 장면을 볼 수 있다.《국가》의 마지막에서 고대인들의 혼이 이승에서의 죗값을 치르는 저승 풍경은 얼마간 단테의 《신곡》을 연상시킬 정도다. 죗값을 치른 혼들은 제비를 뽑아 순서대로 자신의 삶을 선택해 유성처럼 뿔뿔이 흩어지며 환생한다. 오르페우스의 혼은 백조가 되고, 오뒷세우스의 혼은 명예욕에서 해방되어 남들은 거들떠보지도 않는 평범한 삶을 선택하며 기뻐한다. 그중에는 파멸을 예상치 못하고 욕심껏 참주僭主의 삶을 선택하고선 뒤늦게 통탄하는 자도 있다. 이것이 단지 저승에서만 일어나는 일일까? 무엇보다 현세에 살아 있는 영혼이 좋은 삶을 선택할 수 있도록 돕는 공부가 필요하다.

쓰레기의 철학

쓰레기장은 해답을 찾기 어려운 절망적인 곳이다. 코로나 시대를 거치면서 절망이 더욱 깊어졌다. 코로나는 한편으로 인간을 땅에 묻고, 다른 한편으로 일회용품 쓰레기의 무덤을 무섭게 쌓아올렸다. 죽은 인간과 죽지 못하고 쌓여 있는 쓰레기가 이 질병의 전리품이다.

쓰레기 수거장으로 나가본다. 오늘은 캔을 수거하는 곳에 누가 우산을 버렸다. 우산살이 쇠니까 음료 캔과 함께 있어야 한다는 유사성의 상상력과 안일함이 작용한 까닭이다. 페트병의 비닐은 제거하고, 스티로폼 용기는 씻어서 버려야 하지만 너무 어려워서인지 처음 그대로이다. 비닐류에도 종이 스티커 등이 붙어 있고, 종이박스에도 테이프가 그대로 붙어 있다. 과일 포장지는 정체가 너무 모호한데, 고민해봤자 그냥 재

261

활용이 안 되는 운명이다.

어느 날, 이 모든 난관을 뚫고 재활용 쓰레기를 제대로 분리한다고 해도 실제 재활용 업체에서 부활의 기쁨을 나누어 줄 수 없는 쓰레기가 부지기수임을 알게 되었다. 나는 매일 뭔가를 사고, 구매한 상품이 무엇이든 적어도 그 반은 쓰레기인데, 도대체 쓰레기는 어디에 숨겨지는 것일까? 한마디로 쓰레기는 버리는 사람도 치우는 사람도 어떻게 다루어야 하는지 잘 알지 못하는 '낯선 존재'이다.

오래도록 철학도 쓰레기에 대해 무지했다. 쓰레기는 '존재'이지만, 인간의 가장 오래된 지혜 가운데 하나인 '존재론'은 쓰레기를 사유할 수 없었다. 쓰레기의 존재론은 불가능했다. 가령 쓰레기에 대한 생각을 담은 플라톤의 《파르메니데스》의 한 장면을 보자. 파르메니데스가 소크라테스에게 묻는다.

> 소크라테스, 다음과 같은 것들은 어떻소? 머리털이나 진흙이나 먼지나 그 밖에 더없이 무가치하고 하찮은 것처럼 가소로워 보이는 것들 말이오. 그대는 그런 것들 하나하나에도 우리가 손으로 만질 수 있는 것과 다른 별도의 형상이 존재한다고 말해야 할지 말아야 할지 난처한가요?[1]

여기서 "먼지나 그 밖에 더없이 무가치하고 하찮은 것처럼 가소로워 보이는 것들"이 다름 아닌 오물, 쓰레기이다. 저 물음에 대한 소크라테스의 대답은 "아니오"이다. 그는 말한다. "그런 것들은 우리가 보는 그대로이며, 그것들의 형상이 있다고 생각하는 것은 매우 불합리하겠지요."[2] 플라톤에게 모든 사물들은 형상, 즉 '이데아'라는 모범적인 원형을 분유分有받고서야 존재한다. 그런데 어떤 이데아도 모범으로 삼지 못한 것, 정상적인 존재함에서 벗어난 것이 있으니 바로 쓰레기이다.

플라톤의 제자 아리스토텔레스의 경우에서도 마찬가지다. 아리스토텔레스 이래 존재자는 형상, 질료, 목적, 작용이라는 네 가지 원인을 통해 설명되어왔다. 제작된 사물, 예를 들면 항아리의 경우 이를 만드는 장인(작용)은 특정한 용도에 맞추어 질료를 선택하고 필요한 형태로 제작한다. 즉 물을 담기 위한 용도로 흙(질료)을 빚어 항아리를 만든다고 했을 때 '물을 담는 용도'가 항아리의 '목적'이 되고, 또 항아리에 물 담기 알맞은 형태를 부여하는 '형상'이 된다. 요컨대 사물의 기능, 즉 용도가 한 사물을 사물이게끔 하는 목적이자 형상이다. 쓰레기는 저 용도성, 즉 한 사물을 사물로 만들어주는 목적과 형상이 파괴된 것, 다시 말해 사물성이 사라진 것이다. 그리하여 쓰레기가 '존재'한다면, 존재론 바깥을 떠도는 유령으로서 일 것이다.

사물의 변화 과정에서도 쓰레기는 소외된 채 사유되지 못했다. 자연물들은 어떤 목적을 향해 성장하는가? 사과 씨에 잠재된 형상은 사과나무다. 사과 씨로부터 사과나무로의 성장은 저 잠재된 사과나무의 형상을 완전하게 현실화하는 과정이다. 완전해진 사과나무의 이후 행보는? 존재론은 저 사과나무가 죽고 쓰레기가 되는 과정은 사유하지 않는다. 썩거나 시든 과일, 즉 쓰레기는 무엇에 도움이 될까 하고 《운명론》을 통해 호기심을 보인 고대 철학자 아프로디시아스의 알렉산드로스 Ἀλέξανδρος ὁ Ἀφροδισιεύς 정도만이 존재론 너머에 있는 쓰레기의 세계를 어렴풋이 파악했을 것이다.

존재론이 사유하지 못하지만 쓰레기는 엄연히 '존재'한다. 이는 레비나스가 《전체성과 무한》에서 다음과 같이 말하듯 산업사회가 돌아보지 않는 추하고 슬픈 것이다.

> 사물들은 어떤 면에서 산업 도시들처럼 존재한다. 여기서 모든 것은 생산이라는 목적에 맞추어져 있지만, 또한 가득한 매연과 쓰레기와 슬픔 자체가 존재한다. 그 사물의 헐벗음은 그것의 무용성이며 그 사물은 언제나 탁하고 적대적이며 추하다.[3]

이런 용도성 잃은 쓰레기와 함께 산다는 게 바로 현대적 삶의 고유한 특질임이 비로소 가시화된 것, 즉 쓰레기가 진지한 사유의 대상이 된 것은 보들레르의 시대를 통해서였다. 보들레르는 시 〈넝마주이들의 술〉에서 말한다.

그렇다, 고달픈 살림에 들볶인 이 사람들,

(…)

산더미 같은 쓰레기 아래 깔려 녹초가 되고 꼬부라져,

술통 냄새 풍기며 집으로 돌아간다.[4]

　19세기 인간은 생활 쓰레기가 자신의 '운명'에 개입해 있는 환경임을 인지하기 시작했다. 쓰레기가 우리의 환경이라는 인식은 자연스럽게 자리 잡았는데, 20세기 초 T. S. 엘리엇은 장시《황무지》에서 이렇게 템스강을 묘사한다.

고이 흐르라, 템스강이여, 내 노래 끝날 때까지.

강물 위엔 빈 병도, 샌드위치 쌌던 종이도

명주 손수건도, 마분지 상자도 담배꽁초도

그 밖의 다른 여름밤의 증거품 아무것도 없다.

님프들은 떠나갔다. 그리고

그네들의 친구들, 빈둥거리는 중역 자제들도

떠나갔다, 주소를 남기지 않고.[5]

　이 구절은 템스강변에서의 여름밤을 강변의 쓰레기를 통해 추억하고 있다. 님프들(여자들)의 부재는 그들이 템스강변에서 중역 자제들과 즐기며 내버린 빈 병이나 담배꽁초 같은 쓰레기의 부재를 통해 표현된다. 다시 말해 쓰레기는 인간의 삶이 인지되는 방식 자체인 것이다. 셰익스피어의 햄릿은 버려진 해골을 들고 사색에 빠졌지만, 이제 쓰레기를 떠올리며 생각하는 현대 시의 시대가 도래한 것이다.

현대에는 쓰레기와 더불어 생각하는 쓰레기의 사상도 등장했다. 예컨대 벤야민은 《파사주》에서 이렇게 말한다. "현대적 영웅의 제스처. 넝마주이에 예시되어 있다. (…) 대도시의 쓰레기와 폐기물에 대한 관심."[6] 현대적 영웅은 쓰레기, 즉 "더 이상 존재하기를 그친 것, 본질에서는 이미 죽은 상태에 있는 것에 대한 열렬한 관심"[7]이 있다. 발전, 낙관 등 거짓 개념들로 이론화된 역사의 흐름이 우리의 삶을 가리고 있기 때문이다. 이런 가짜 역사의 배후에서 진짜 삶의 흐름을 찾자면 현대의 진실인 쓰레기와 대면해야 한다.

본질 잃은 존재인 쓰레기에 대한 저 벤야민의 사유는, 아주 오래전에 인간을 쓰레기로 규정한 사도 바울의 사상과도 닮았다. 바울은 말한다. "우리는 지금도 이 세상의 쓰레기처럼 인간의 찌꺼기처럼 살고 있습니다"(《I 고린토》, 4: 13, 공동번역). 인간을 쓰레기로 규정하는 이 발상은 존재론을 발명한 그리스인들에게서는 찾아볼 수 없었던, 바울의 독창적인 면모이다. 메시아의 새 세상을 앞에 둔 우리는 기실 종말을 향해 몰락해가는 세상 속에서 사는 자들이기에 쓰레기인 것이다. 종말을 앞둔 쓰레기의 시간으로 현재를 이해한다는 것은, 이 종말 뒤에 구원을 가져올 메시아를 사유하는 것이기도 하다.

미학에서도 쓰레기가 관심사가 되는데, 랑시에르는 현대문학 작품들의 개성이란 쓰레기를 통해 진실을 보여주는 것임을 발견한다. 그는 《문학의 정치》에서 이렇게 쓰고 있다. "현대는 (…) 모든 쓰레기가 문명의 어떤 시기의 화석이 되는, 모든 폐허가 사회의 기념비가 되는 곳이다."[8] 《레미제라블》에서 "위고에 의하면 가면이 벗겨지며 일상생활의 쓰레기에 떠밀려 사회적 신분이 소멸되는 하수구는 '진리의 덩어리'이다."[9] 선사 시대의 화석이나 고대의 잔해들이 말없이 그 시대의 진실을 보여주는 것처럼, 현대의 쓰레기는 우리 시대의 진실을 드러낸다. 일단 쓰레기가 되면, 고귀한 것도 비천한 것과 동등해지는 평등을 누린다. 사물들의 허세가 사라지고, 오로지 사회를 비추는 진실의 거울만이 쓰레기더미 속에서 노려보고 있다. 요컨대 쓰레기는 예술의 한 이상理想인 사실주의가 구현되는 사물이다.

그러나 쓰레기에 대한 이러한 명상들만큼 우리에게 중요한 것은 우리 시대의 철학으로서 '쓰레기의 존재론'을 수립하는 일이다. 사물이 태어나 최종 목적지에 이르도록 변화하는 과정에서 도태된 것으로서 쓰레기가 내쳐졌을 때 쓰레기는 저 도태가 만드는 불가피한 '악'으로서 우리의 합리적 사상과 사회를 계속 위협할 것이다.

투르니에의 소설 《메테오르》에서 우리는 쓰레기의 존재론이 어떻게 가능할지 실마리를 얻을 수 있다. 이 소설은 19세기 말부터 도시 쓰레기 처리회사를 운영하는 가문을 다루는 데, 이 시대는 보들레르가 〈넝마주이들의 술〉을 통해 '쓰레기라는 인간의 환경'을 발견하던 시기에 근접한다. 그러니 투르니에의 이야기는 보들레르가 시로 다룬 거리청소부들에 대한 사실적 기록이기도 하다.

한 사물의 목적인 용도를 실현하느냐의 관점에서 보았을 때 파손된 사물이 구원받는 길은 '수선'밖에 없다. 《메테오르》의 한 구절이다. "옛날에 모든 물건은 영구적으로 반듯하게 견딜 수 있도록 장인에 의해 직접 만들어진 진품이었다. (…) 그 진품은 유산의 일부분이었고 끝없이 수선을 받을 권리가 있었다."[19] 이게 사물을 대하는 옛날 방식이다. 더 이상 수선할 수 없는 사물은 쓰레기가 되어 우리 곁에 쌓이도록 방치할 수밖에 없다.

이와 다른, '쓰레기 자체'를 취급하는 방식이 있다. "빈 병, 납작한 튜브, 오렌지 껍질, 닭의 뼈 등이 남는다. (…) 그 물건들의 무한한 잠재력 앞에서 나는 열광하지 않을 수 없다."[11] 여기서 핵심어는 '무한한 잠재력'이다. 그리스인들의 옛 존재론에서 잠재적인 것은 사과 씨에 들어 있는 사과나무의 형상 같은 것이고, 이 잠재적인 것의 이야기는 완전한 사과나무로 실현되는 데서 끝난다. 그리고 죽은 사과나무와 썩은 열매가, 즉 쓰레기가 존재론 바깥으로 굴러떨어진다. 그런데 저 구절은 쓰레기 자체가 '잠재력'이라고 말한다. 이는 사물이 종말 뒤에 쓰레기로서 잠재력을 지니며, 잠재적인 것의 현실화(즉 재활용)라는 새로운 이야기를 다시 시작한다는 뜻이다.

결국 쓰레기의 존재론은, 한 사물의 탄생을 가능케 한 형상과 목적 자체가 '쓰레기라는 완성 지점'을 향한다는 것을 사유하는 일을 과제로 삼는다. 사과 씨에 잠재된 것의 '궁극적인' 완성은 사과나무가 아니라 쓰레기다. 목재는 책상으로 현실화하는 것이 아니라, 최종적으로 쓰레기로 현실화한다.

이런 쓰레기의 존재론에서 제작자는 상품을 형상(용도성)이 아니라 그것의 '죽을 운명'에 맞추어 만든다. 예컨대 최근 페트병 중 일부는 접착성 상표 띠를 없앴다. 병마개에도 비접착성 상표 띠를 부착해, 개봉하면 자동으로 분리배출이 되게끔 만든다. 물을 담는 용도성을 현실화하기 위해 제작된 물병이 아니라, 쓰레기로 완성되기 위해 제작된 물병이다. 쓰레기의 존재론에서 사물은 쓰레기로서 자신의 완성을 이루는 까닭이다. 이 쓰레기의 존재론을 가질 수 없다면, 우리는 손에 들고 있는 쓰레기를 지구의 어디에 감춰야 할지 난처한 표정으로 두리번거리는 운명을 벗어날 수 없다.

디자인,
예술로서의 장식품

순수 예술에 대해선 이미 너무 많은 이야기를 들었다. 지금은
장식품의 시대이다. 스마트폰이나 핸드백을 고를 땐 단지 이
도구들의 기능만 보진 않는다. 얼마나 세련되고 예쁜지 그 디
자인을 살핀다. 미술관의 그림들은 순수 예술에 속할지 모르
겠지만, 미술관의 굿즈숍에서는 그 그림들을 디자인으로 활
용한 굿즈가 그림 이상의 인기를 끌며 팔린다. 굿즈를 위해
동원된 그림들은 이제 순수 예술을 고집하지 않고 장식 예술
이 된다.

장식이 들어가지 않은 생산품은 없다고 해도 지나친 말이
아니다. 우리는 어디서나 장식품을 만나며, 장식은 생산물이
누리는 인기의 성패를 가름한다. 생산품에 밀착한 이 장식 예
술을 '디자인'이라는 말로 불러도 좋을 것이다. 경쟁적으로

270

성장해온 여러 스마트폰과 태블릿 피시의 독특한 디자인들은 장식 예술의 승리를 증언한다. 우리는 사실 매력적인 생김새로 인기를 끌어온 스마트폰과 그 디자인을 구분할 수 없다. 가구 역시 실용적 기능과 예술이 서로 뗄 수 없이 결합한 장식 예술이다. 순수 예술처럼 보이는 음악도 이런 '가구'가 될 수 있다. 작곡가 에릭 사티Erik Satie는 자신의 음악을 '가구 음악'이라 부르며, 가구처럼 실용적이기도 하고 장식적이기도 한 음악, 가구처럼 있는 듯 없는 듯 공간을 채우는 음악을 추구했다.

장식 예술은 순수 예술보다 열등한 것일까? 장식을 다른 말로 하면 '치장'이다. '장식한다' 또는 '치장한다'는 말은 본질적인 것이 이미 있고 부수적인 것을 덧붙인다는 뜻으로 사용된다. 케이크를 장식한다는 것은 케이크 자체가 있고 거기에 부수적으로 장식이 덧붙여진다는 뜻이다. 머리치장을 한다는 것은, 얼굴과 모발이 이미 있고 장식이 덧붙여진다는 뜻이다. 있으면 좋지만 없어도 그만인 장식의 이 부수성 때문에 장식 예술은 이른바 순수 예술에 비해 평가절하 되어왔다.

그 대표적인 사례를 미美의 문제를 다루는 칸트의《판단력 비판》에서 찾을 수 있다.[1] 칸트는 그리스어 개념 '파레르가 parerga'(장식물을 뜻하는 '파레르곤parergon'의 복수형)에 대해 말한다. 장식물의 예로 칸트는 회화의 액자, 조각상에 입히는 옷, 건축물을 둘러싼 주랑柱廊을 든다. 황금 액자는 그림에 속하지는 않으면서, 그 액자에 끼워진 그림이 박수를 받도록 만든다. 다시 말해 그림 자체가 아니라 황금 액자의 화려함 때문에 사람들은 경탄한다. 칸트는 이런 경우 장식품, 즉 황금 액자가 진정한 미를 해친다고 말한다. 과연 그럴까? 칸트가 예로 든 장식품들 중에는 예술품에 대한 부수적 장식인지, 아니면 예술품 자체에 속하는지 알기 어려운 것들이 있다. 예를 들어 건축물을 둘러싼 주랑을 그 건축물 자체에 속하지 않는 장식품으로 보기는 어려울 것이다.

사실 장식적인 것을 예술작품과 칼로 잘라내듯 구별할 수는 없다. 칸트는 황금 액자를 진정한 예술의 아름다움을 해치는 부가적인 것으로 보았지만, 우리는 이와 반대되는 관점을 고흐Vincent van Gogh가 동생 테오에게 보낸 편지에서 발견할 수 있다. 테오는 형 고흐의 후원자이자 미술상이었다. 고흐가 보낸 편지 가운데 그의 작품 〈감자 먹는 사람들〉에 관한 글이 있는데, 이 그림은 하루의 고된 노동을 끝내고 어두운 불빛 아래서 노동의 정직한 대가인 감자를 먹고 있는 사람들을 담았다. 고흐는 편지 전체에 걸쳐서 이 그림과 관련해 그림 외적인 것, 장식품이라 불릴만한 것, 바로 그림이 들어갈 액자 또는 그림이 걸릴 벽의 색깔에 대해 세심히 신경을 쓴다.

그는 이 그림이 금빛 액자에 끼워지거나, 잘 익은 밀밭 같은 색의 벽지를 배경으로 해야 적당하다고 누누이 말한다. 아울러 어떤 배경색에 놓이면 안 되는지도 세심히 설명한다. 이

○●○ 고흐는 1885년에 〈감자 먹는 사람들〉을 완성했는데, 이 작품을 위한 액자와 작품이 걸릴 벽 색깔에 대해 세세히 지시했다. 실제로 이 그림은 고흐의 강력한 요구를 존중한 듯이 금빛 액자에 끼워져 있다.

러한 당부는 장식품, 즉 그림이 끼워질 액자가 단지 부수적인 것이 아니라 그림의 본질에 속하는 것임을 알려준다. 실제로 이 그림은 고흐의 강력한 요구를 존중한 듯 금빛 액자에 끼워진 채 암스테르담의 반 고흐 미술관에 걸려 있다.

에르곤ergon(작품)과 파레르곤par-ergon(장식품)은 엄밀하게 구별되지 않는다. 〈감자 먹는 사람들〉이라는 그림이 금빛 액자라는 장식품을 반드시 필요로 하는 것처럼 말이다. 데리다는 그의 미술론을 담은 저작《회화에서의 진리》에서 에르곤과 파레르곤이 서로 식별되지 않는다고 말한다. "늘 파레르곤과

에르곤을 구별하기는 어렵다. (…) 파레르가를 이루는 것은 단순히 잉여로서 외재적인 것이 아니다. 에르곤의 내적 결핍을 메워주는 구조적 연관이 파레르가를 구성한다."[2] 에르곤은 파레르곤으로부터 독립해 있는 것이 아니라, 파레르곤의 개입을 통해서만 에르곤으로 설 수 있다는 것이다. 이미 가다머도 이런 생각을 《진리와 방법》에서 보여준 바 있다. "장식품은 장식품을 부착하고 있는 것의 자기표현에 속한다."[3] 즉 장식품은 그 장식이 달려 있는 것에 부가된 것이 아니며, 그 자체에 귀속하는 본질적 표현이다.

'파레르곤par-ergon'의 그리스어 문자 그대로의 뜻은 '에르곤(작품) 옆에par' 있는 것이다. 이런 식의 그리스어 단어 조합은, 예를 들면 '파루시아par-ousia'에서도 볼 수 있다. 그리스도의 '재림'으로 번역되기도 하는 이 말의 뜻은 문자 그대로 '옆에par 존재함ousia'이다. 그래서 파루시아(재림)는 그리스도가 너와 함께(옆에) 존재한다는 뜻이 된다. 파레르곤은 에르곤 곁에, 에르곤과 함께 있는 것이다. 말 그대로 옆에 함께 있는 것이지, 따로 떨어져 있을 수 있는 것이 아니다. 파레르곤은 에르곤에 속하면서 그 에르곤의 경계를 이룬다. 가령 원과 같은 어떤 도형의 경계가 원과 분리될 수 없는 것처럼 말이다.

그렇다면 예술작품의 본질에 대한 탐색은 '장식', 즉 파레르곤을 제쳐두고는 가능하지 않다. '장식은 진정한 예술인 것이다.' 무엇이 가장 대표적인 장식 예술일까? 바로 건축이다.

실용적인 기능을 지니지 않는 건축이란 없다. 건축에선 실용적 기능과 그 기능을 치장하는 장식적 아름다움이 서로에게 기생한다. 이런 맥락에서 가다머는 《진리와 방법》에서 건축에 대해 이렇게 말한다.

> 건축물 자체가 본질상 장식적이다. (…) 건축물은 확실히 예술적 과제의 해결이어야 하고, 이 점에서 관찰자의 경탄을 자신에게로 끌어들여야 한다. 그럼에도 불구하고 건축물은 삶의 연관에 적합해야 하며, 스스로 자기 목적이 되고자 하지 않는다.[4]

석양 속에서 빛과 놀이하는 대리석 주랑을 가진 아테네의 신전, 그리고 쾰른, 파리, 안트베르펜, 바르셀로나의 대성당들이 알려주듯 건축은 경탄을 자아내는 예술이다. 파르테논 신전 앞에서 수많은 지적인 사람들과 예술가들이 자신이 바라보고 있는 것이 도대체 무엇인지 결국 모른 채 놀라움 속에서 죽었고, 앞으로도 그럴 것이다.

다른 한편 건축은 분명 실용적인 도구이다. 건축은 순수 예술처럼 그 자신을 목적으로 하지 않으며, 실용적 기능을 목적으로 한다. 아무리 대단한 예술가가 구상했을지라도 실용적 기능이 없다면 건축물은 건설될 수 없다. 어떤 도시도 비실용적인 건축물이 들어서는 것을 결코 허용하지 않으며, 존재하더라도 실용성이 없다면 그것은 건축이라기보다 그냥 수수께끼의 흉물이 되리라. 보르헤스Jorge Luis Borges의 단편 〈죽지 않는 사람들〉에서는 죽지 않는 사람들만 이런 기괴한 건축물을 짓는데, 무한한 삶을 지닌 인간은 인생을 아까워하며 알뜰하게 실용적으로 기획할 필요가 없기 때문이다.

따라서 건축에서는 순수하게 그 자신의 아름다움에만 머무는 예술작품은 가능하지 않다. 건축물은 먼저 예술이 아닌 실용성과 연결됨으로써만 세워질 수 있다. 건축물은 사무실이든 학교든 박물관이든 실용적 기능이 있어야 한다. 또한 건축물은 그것이 세워지는 공간(도시) 내 다른 시설들과의 조화를 고려해야만 한다. 건축에 최소한으로 요구되는 이 두 가지, 다시 말해 실용성과 조화는 모두 순수 예술 외적인 것이다. 즉 건축의 예술성은 예술 아닌 것들을 통해서만 성립한다. 그러니까 건축의 아름다움은 실용적인 도구에 붙은 디자인의 아름다움이고, 도시에 부착된 장식의 아름다움이다.

이런 점은 결코 건축을 순수 예술보다 열등한 것으로 강등시키지 않는다. 오히려 건축은 자신을 낳아준 도시 자체가 되어버리는 영예를 누린다. 에펠탑은 파리가 존재하는 방식이고, 자금성은 베이징이 존재하는 방식이다. 마천루 없이는 뉴욕의 이미지도, 본질도 생각할 수 없다. 이런 식으로 도시가 건축을 소유하는 것이 아니라 건축이 도시를 소유한다. 이렇게 예술은 실용성과 뒤섞여 존립한다. 사람들은 운동화 하나

○●○ 〈제질문고〉는 당나라 서예가 안진경이 안사의 난 때 살해당한 조카의 제문을 위해 쓴 초고이다. 비탄으로 가득 찬 이 작품은 아름다움 이상으로 숭고하다.

를 고를 때도 균형 잡힌 외관과 색깔의 조화를 고려한다. 옷을 고를 때도 더위나 추위를 막아줄 실용성만이 아니라 얼마나 아름다운지를 살펴본다. 이 장식적인 아름다움 또는 디자인은 어떤 순수한 예술작품의 아름다움과 비교해도 전혀 저급하지 않다.

이는 서예 예술이 잘 보여준다. 당나라 서예가 안진경顏眞卿의 〈제질문고〉는 '천하제이행서天下第二行書'로 꼽히는 작품이다. '천하제일행서'로 불리는 작품은 현재 원본이 없는 왕희지王羲之의 〈난정서〉이다. 〈제질문고〉는 안사의 난 중에 살해당한 조카를 위해 안진경이 쓴 제문이다. 아니, 제문을 만들기 위해 쓴 초고이다. 글을 만들기 위한 초고이니 누구에게 보이기 위한 것도, 글씨의 아름다움을 위해 쓴 것도 아니다. 아름다움이 아니라 오로지 제문으로서의 기능과 제문을 쓰는 자의 의무가 앞서 있다.

그러나 뭐라 말을 붙일 수 없을 정도로 처연히 아름답고,

아름다움 이상으로 숭고하다. 아름다움 자체만을 목적으로
한 어떤 작품도 비탄으로 가득 찬 이 작품의 세계와 감히 겨
루지 못할 것이다. 이 아름다움은 실용적인(즉 인간의 불가결한
활동과 관련된) 제문의 장식에서 나온 것이지만, 이 장식은 위
대한 정신의 표현 그 자체이다. 진정한 예술이다.

경직된 세계와
예술이 알려준 자유

화가는 도시를 지배한다. 파리는 르누아르Auguste Renoir의 그림처럼 보이며, 서울의 진면목은 겸재謙齋의 시선이 길을 열어주지 않으면 보이지 않는다. 화가들은 우리가 무엇을 봐야 하는지 우리의 시선을 가르치는 교육자들이다. 그러나 그 교육이란, 태양이 신성神性을 가르치는 것과 같은 말 없는 이끎이다. 그렇게 예술은 자연과 경쟁하며 인간을 양육할 수 있다.

그렇다고 토박이 예술가만 한 고장을 지배하는 주인이 되는 것은 아니다. 태양과 야자수, 수영장과 자유, 끝없는 고속도로와 사막의 이미지를 지닌 캘리포니아는 누구의 눈을 통해 자기 이미지를 얻는가? 화가 데이비드 호크니David Hockney일 것이다. 뉴욕에서 서부로 이주해온 토마스 핀천의 몇몇 소설들이 케네디John F. Kennedy 시대인 1960년대 캘리포니아의 기록문서라면, 영국에서 이주해온 호크니의 그림들은 1960년대 캘리포니아의 기록화라 해도 좋을 것 같다. 서로 무관하게 소설과 미술에 몰두한 두 작가의 캘리포니아란 공통적으로 '자유'를 뜻한다. 오늘날 그 자유와 개방성은 트럼프 시대를 거치면서 만들어진 경직성과 긴장감으로 인해 더욱 돋보인다.

호크니는 최근 수년간 사람들의 눈길을 사로잡은 예술가 중 한 명이다. 1990년대엔 프랜시스 베이컨의 전 생애를 돌아보는 최대 규모의 전시회가 런던의 테이트 갤러리에서 있었는데, 근래 테이트를 비롯한 여러 전시회장은 호크니의 것이었다. 1960년대 이후 현대철학이 프랑스 사상가들을 통해 표현되었다면, 동시대 현대 회화는 런던의 화가들을 통해 표현되어온 것 같다. 테이트뿐 아니라 캘리포니아의 게티 센터에서도 캘리포니아를 사랑한 이 화가의 특별전을 열어 〈피어블로섬 하이웨이〉 같은 유명한 사진 작품들을 보여준 적이 있다. 이 작품들은 공간의 부분 부분을 찍어 서로 연결하거나 중첩시키거나 어긋나게 배치한 콜라주들이다.

왜 이런 사진 콜라주가 출현했을까? 호크니가 좋아했던 그랜드캐니언 여행에서 그 실마리를 찾아볼 수 있다. 한 인터뷰에서 그는 그랜드캐니언은 "초점이 없다no focus"고 말한다. 풍경을 한눈에 들어오게 하는 원근법의 중심이 없다는 말이다. 눈과 얼굴을 움직여가며, 발걸음을 옮겨가며 이쪽저쪽으로 시선을 던지면서 부분 부분을 봐야만 한다. 그래서 그랜드캐니언은 사진 전체가 아닌 부분 부분의 사진이 병치된 콜라주로 화폭에 담긴다.

원근법은 하나의 질서인데, 중심이 없는 풍경은 이 질서에 복종하지 않고 이 질서를 벗어나버린다. 관찰자란 하나의 법칙 안에 옭아맬 수 없는 세계의 다양성을 겸손히 공부할 수 있을 뿐이다. 이는 그림이 원근법이라는 하나의 수학적 질서 아래 세상의 생김새가 지닌 비밀을 모두 파악할 수 있다고 믿었던 근대적 사고방식과 얼마나 다른가? 콜라주 식으로 부분부분이 오려 붙여진 그의 사진은, 결국 세상을 지배하는 단하나의 법칙은 없다는 깨달음의 표현이다.

동양의 회화 또한 매우 오래전에 이런 깨달음에 도달했다. 장택단張擇端의 〈청명상하도〉는 청명절을 맞아 북적거리는 북송의 도시 카이펑開封의 하루를 하나의 화폭에 생동감 있게 담아낸 걸작이다. 이 그림 한 폭과 더불어 우리는 구백여 년 전 사라진 송나라의 우주 전체를 고스란히 되찾게 된다. 그림은 수 미터에 달하는 두루마리에 그려져 있는데, 그렇다면 이 두루마리 전체를 바라보는 하나의 초점, 하나의 시선, 하나의 중심이 있는 것일까?

결코 그렇지 않다. 〈청명상하도〉는 두루마리 전체의 자연스러운 외면적 연결에도 불구하고, 하나의 원근법이 아니라 구간마다 계속 변화하는 초점이 있을 뿐이다. 그림을 보는 이는 하나의 중심에 설 수 없고, 두루마리를 조금씩 따라가며

○ ● ○ 구백여 년 전 그려진 장택단의 〈청명상하도〉 일부. 전체를 보려면 두루마리를 조금씩 따라가며 계속 시선을 옮겨야 한다.

계속 시선을 옮겨야지만 그림 전체를 볼 수 있다. 메를로퐁티 Maurice Merleau-Ponty가 생각하듯, 우리는 원근법적 중심에 서서가 아니라 눈과 몸을 움직여서만 우리가 사는 세계의 비전을 조금씩 파악하게 되는 것이다. 같은 뜻에서 호크니 역시 그랜드 캐니언을 하나의 초점 아래 볼 수 없었고, 계속 이곳저곳으로 눈을 움직여야만 볼 수 있었다.

결국 그림은 세상이 하나의 질서와 중심을 가지지 않으며, 서로 이어지기도 하고 끊어지기도 하는 다양성만을 지닌다는 진실을 우리에게 알려준다. 그 다양성의 인정이란 바로 세상의 '자유'에 대한 승인 아닌가? 세계가 경직될수록 우리는 그림이 도달한 그 자유를 더욱더 소중히 바라보게 된다.

인생의 빛나는 한순간

농구 만화《슬램덩크》의 최대 하이라이트는 마지막 권에 있다. 북산과 산왕의 경기에서 빨간 머리 강백호는 부상 때문에 출전이 위험한 지경이다. 그를 말리는 감독에게 강백호는 이렇게 말하며 경기에 나가고 또 이긴다. "영감님의 영광의 시대는 언제였죠? 국가대표였을 때였나요? 난 지금입니다!!"

그는 인생의 빛나는 한순간을 바로 '지금'에서 찾는 것이다. 영감님의 과거 영광의 순간을 제자 강백호는 바로 자신의 '지금' 속에서 독창적으로 계승한다. 이 에피소드만큼 하버마스가《현대성의 철학적 담론》에서 지금, 곧 현재에 대해 이야기한 바와 꼭 맞는 경우도 없을 것이다. "진정한 현재는 전통의 계승과 혁신의 장소로 실증된다."[1]

도대체 한 인간의 삶에서 빛나는 한순간이란 무엇인가? 누구에게나 인생의 중요한 순간이 있다. 그러나 그 순간이 언제인지 사람들은 모를 때가 많다. 그래서 중요한 줄도 모른 채 지나쳐버린다. 움베르토 에코는 소설 《푸코의 추》에서 이런 순간에 대해 말한다. "사람들은 어떤 결정적인 순간, 생사를 정당화하는 그 순간이 이미 지나간 줄 모른 채 평생을 '결정적인 기회'가 오기만을 기다리며 살 수도 있다."[2]

말년의 루소는 자전적 이야기를 담은 《고독한 산책자의 몽상》에서 50년 전의 중요한 한순간을 회상한다. 열일곱 살 루소는 스물여덟 살의 바랑 부인을 만나 연인이 된다.

> 그 첫 순간이 내 일생을 결정짓고, 내가 피할 수 없도록 사슬로 묶어 내 남은 삶의 운명을 주조한 것은 범상치 않은 일이었다. (…) 우리는 참으로 평온하고 달콤한 날들을 함께 보낼 수 있었을 텐데! 그런 날들을 보내기도 했지만 그날들은 너무나 짧게 순식간에 지나가버렸고, 그 뒤로 어떤 운명이 이어졌던가! 내 생애 동안 무엇과도 섞이지 않고 아무런 장애도 없이 내가 온전히 나였던, 진정으로 내가 삶을 살았노라고 말할 수 있는 저 유일하고 짧은 시절을 기쁨과 감동에 젖어 회상하지 않는 날이 하루도 없다.[3]

짧고 아름다운 한순간이 있고, 남은 삶은 그 한순간의 조명

照明을 받고서만 모습을 나타낸다. 루소는 말한다. "가장 뛰어난 여인에게 받은 도움을 언젠가는 갚는 데 나의 여가를 이용하기로 결심했다."[4] 그렇게 저술가로서 루소가 탄생한다. 연인과의 완벽한 순간을 반추하고 그 반추를 위해 사용되는 것이 저술가로서 루소가 보내는 '현재'의 삶이다.

《푸코의 추》에서도 과거의 중요한 한순간에 대한 성찰을 찾아볼 수 있다. 이탈리아를 배경으로 한 이 소설은 마지막에 주인공의 평생을 지배한, 제2차 세계대전을 겪는 어린 시절의 한순간을 묘사한다. 1945년 4월, 이탈리아에서 독일군은 철수했고, 파시스트들은 패주했으며, 전쟁은 이제 한 달 안에 끝날 것 같았다. 파시스트들에 맞섰던 민병대의 전사자 장례식에서 주인공은 우연히 추모의 트럼펫을 연주하게 된다. 위대한 장례식을 위한 트럼펫 연주는 그의 삶에서 최고의 순간이었다. 소설은 이 순간에 대해 이렇게 쓰고 있다.

4. 예술과
세월과
그 그림자

> 진실은 순식간이다(그 후에는 모든 게 그에 대한 주석에 불과하다). (…) 그 순간은 그저 그 자체였다. 그것은 다른 무엇을 나타내지 않았다. 그 순간에는 모든 게 충족되었으며, 모든 걸 보상받았다.[5]

최고의 순간은 그 자체로 충족적이다. 그 이후에 흘러가는 시간은 바로 이 순간의 의미를 지키고 또 반복하는 것으로서 존재할 것이다. 그러니까 이후의 시간, 계속 스쳐 지나가는 '현재'는 그 자체로 충족적인 저 최고의 순간을 어떤 식으로든 지시해 보이는 '기호'일 것이다.

과거의 한순간은 '현재'를 빛나게 하고 현재의 의미를 만들어낸다. 마르셀 프루스트의 소설《잃어버린 시간을 찾아서》가 이런 순간의 체험을 기록하고 있다. 바로 마들렌 체험 말이다. 어느 겨울날 주인공은 마들렌 과자와 차 한 모금을 마신다. 마들렌은 그냥 쉽게 지나쳐버릴 수도 있는 평범한 간식이다. 그러나 과거에 주인공이 머물던 콩브레에서 있었던 마들렌 체험의 기억과 함께, 마들렌을 먹는 현재의 한순간은 더할 나위 없이 특별한 것이 된다. 그것은 과거 전체의 의미를 깨닫게 해주는 현재의 한순간이다. "온 콩브레와 근방이, 마을과 정원이, 이 모든 것이 형태와 견고함을 갖추며 내 찻잔에서 솟아나왔다."[6]

현재 순간에 대한 존중은 바로 '현대'의 특성이기도 하다. 푸코는 〈계몽이란 무엇인가〉에서 현대성에 대해 숙고했던 시인 보들레르를 다루면서, 현대성은 현재를 '영웅화'하려는 의지라고 말한다. 현재에 대한 존중을 보들레르는 이렇게 표현한 바 있다. "당신에게는 현재를 경멸할 권리가 없다." 현재 순간을 존중한다는 것 또는 현재를 영웅화한다는 것은 뭘까?

보들레르는 동시대인 19세기의 화가들을 조롱했는데, 그들이 19세기 복장을 추하게 여긴 나머지 고대의 '토가'만을 그리려 했기 때문이다. 마치 고대의 유산만이 영원한 이상인 듯이. 이와 달리 보들레르는 당대에 입던 프록코트를 "우리 시대의 필연적인 복장"이라고 높이 추켜올린다. 현재의 것 자체를 본질적인 것으로 발견하는 것이다. 의상의 본질적 원형으로서 고대의 옷이 있는 것이 아니다. 현재의 의상이 동시대의 본질을 표현한다.

모차르트Wolfgang Amadeus Mozart의 삶을 다룬 피터 섀퍼Peter Shaffer 원작의 영화 〈아마데우스〉에도 비슷한 장면이 나온다. 모차르트의 최고 걸작들 가운데 하나인 오페라 〈피가로의 결혼〉의 탄생과 관련된 이야기다. 영화 속에서 보마르셰Pierre-Augustin Caron de Beaumarchais 원작의 희곡 〈피가로의 결혼〉은 전통적 계급 질서에 대한 조롱 때문에 당시 상연이 금지된 작품이었다. 왕의 신하들은 모차르트에게 왜 고대의 신화와 같은 영원한 것들을 다루지 않고 그런 저속한 작품을 오페라의 대본으로 선택했느냐고 나무란다. 그러나 모차르트는 어느 누가 자신의 이발사(피가로)보다 헤라클레스에게 더 귀를 기울이겠냐며 과거의 영원한 가치들을 반박한다. 현재를 보지 않고 고대의 신화들에만 몰두해 있는 자들은 그저 대리석 똥을 싸는 자들이라는 것이다! 오로지 현재가 중요한 순간이다. 모차르트는 〈피가로의 결혼〉이 '새로운 코미디'라는 데 가치를 두는데, 여기서 방점은 '새로운'에 있다. 현대성이란 바로 새로운 순간인 '현재'에 대한 존중이다.

○ ● ○ 영화 〈아마데우스〉에서 모차르트는 고대의 신화들에만 몰두한 자들을 비판하며 자신의 오페라 〈피가로의 결혼〉이 '현재의 코미디'임을 강조한다.

그렇다면 과거의 순간은 그저 사라져버린 것, 이제는 아무 의미도 기능도 없는 것일까? 현재의 순간은 과거와 완벽히 결별한 채 본질적인 것이 되었을까? 그렇지 않다. 다시 보들레르로 돌아가보자. 보들레르는 바로 현재적 삶을 통해서만 과거의 순간이 본질적인 것으로 회귀할 수 있음을 이야기하려는 것이다. 그런 회귀 속에서만 현재는 본질적인 것으로 존중받는다.

벤야민이 보들레르에 관한 글에서 말하듯, 예를 들면 보들레르 시대 삶의 방식을 특징짓는 도박꾼은 보들레르에겐 고대 검투사의 현신이다. "도박꾼의 이미지는 보들레르에게서 사실 고대 검투사 이미지의 현대적 보완물이다."[7] 또 19세기 유럽의 수도라 할 만한 파리에서 삶의 방식을 대표하는 댄디는 고대의 영웅, 헤라클레스의 현신이다. "영웅은 (…) 댄디의 모습으로 출현한다. (…) 댄디는 보들레르가 보기에 위대한 조상들의 후손이다."[8]

현재라는 순간을 영위하는 것들은 과거의 것들이 변장한 모습이다. 그렇기에 우리는 하버마스가 《현대성의 철학적 담론》에서 보들레르를 읽어나가며 말하듯 이렇게 정리할 수 있다. "현실성은 오로지 [현재 흘러가고 있는] 시간과 영원의 교차점으로서만 구성된다."[9] 지금 생기롭게 흘러가고 있는 시간과, 조각상처럼 서 있는 영원한 과거가 교차하는 지점에서 현재라는 순간이 태어나는 것이다. 이러한 '과거와 지금의 교차로서 현재의 순간'은 인간이 역사를 인식하는 방식이기도 하다. 벤야민은 〈역사의 개념에 대하여〉에서 말한다.

> 과거의 이미지는 획 지나간다. 과거는 인식 가능한 순간에 인식되지 않으면 영영 다시 볼 수 없게 사라지는 섬광 같은 이미지로서만 붙잡을 수 있다. (…) 과거를 역사적으로 표현한다는 것은 그것이 '원래 어떠했는가'를 인식하는 일을 뜻하는 것이 아니다. 그것은 위험의 순간에 섬광처럼 스치는 어떤 기억을 붙잡는다는 것을 뜻한다.[10]

과거는 박제나 골동품처럼 그 자체로 존재할 수 없다. 그리고 현재는 과거와 단절한 채 완벽한 새로움 속에 등장하지도 않는다. 과거의 지도를 받으면서만 우리는 현재의 사건들을 인지할 수 있다.

만일 과거의 빛나는 한순간이 지금 순간에 개입해서 더할 나위 없이 의미 있고 소중한 현재를 만들어낸다면, 우리는 벤야민의 말을 빌려 현재의 모든 순간은 메시아가 들어오는 작은 문이라고 해야 할 것이다. 프루스트가 마들렌과 함께 차 한잔을 마시는 현재의 순간 속으로 과거의 콩브레가 들어와 더할 나위 없는 행복을 만들 듯이 말이다. 그러나 과거의 순간은 그 자체로 나타나는 것이 아니라 오로지 현재의 사건으로 변화한 채 다가오기에 우리에게 현재는 늘 새롭고 유일무이하다.

나이 드는
인간을 위한 철학

우리는 나이가 든다. 세월이 삶을 실컷 갈아먹은 뒤 긴 숨바 꼭질 놀이를 끝내듯 마주친 너는, 어느 처연한 겨울 앞자락에 선 듯 한두 점 하얀 깃털을 머리카락에 얹은 채 축제일의 밤 처럼 환했던 지난 시절의 거리들을 쓸쓸하게 만든다. 거기서 우리는 웃고, 즐거웠지. 약속들로 가득 차 있던 시절은 다 어 디로 갔는가? 무엇인가 아까운 것을 잃어버린 것 같았으나, 지난 세월은 번잡한 거리에 쏟아진 금화들처럼 흩어져 이제 무엇을 잃어버렸는지조차 제대로 알기 어렵다. 삶은 쇠락한 다. 그러나 철학은 영원한 진리에만 하도 몰두해서 그런지 나 이 드는 것에 대해 생각하는 일을 즐기지 않는다.

　인생은 아슬아슬하게 개울을 건너는 종이비행기처럼 유년 에서 청년으로, 장년에서 노년으로 어떤 기적이 보호하듯 이어진다. 나이의 강이 흘러가며 하얗게 그려놓은 이 모든 시기의 모래톱들은 각기 독자성을 지닌다. 그러나 모든 시기의 독자성을 철학이 다 존중하는 것은 아니다. 간혹 키케로Marcus Tullius Cicero 같은 이가 노년의 처세를 명상할지라도, 근본적으로 철학에는 젊은이의 철학과 나이 든 이의 철학이 따로 없다. 철학은 젊은이가 인식하는 것과 나이 든 이가 인식하는 것의 차이를 존중하지 않는다. 진리는 하나이고, 하나인 진리에 대한 모범적인 인간 의식 역시 하나인 까닭이다. 요컨대 철학이 다루는 인간 의식에는 나이가 없다. 두시杜詩는 애절하게, 나이 든다는 것이 인간이 떠맡는 매우 어려운 과제임을 토로하지만 말이다. 시인은 〈등고登高〉에서 이렇게 쓰고 있다.

온갖 고생에 서리 같은 귀밑머리가 많아짐을 슬퍼하니,

늙고 초췌해져 이젠 흐린 술잔마저 멈추었네.

나이가 든다는 것은 나 자신이 '현재'와 일치하지 못한다는 뜻이다. 현재는 점점 나로부터 빠져나가는 것이 되어버린다. 그때가 가장 좋은 시절이었어라고 그리움에 잠기는 것, 그때 그렇게 해서는 안 되었어라고 후회에 빠져드는 것 모두 '잃어버린 현재'에 대한 느낌들이다. 나이 든 자에게 현재는 '지나간 현재'이다.

그러나 철학은 '지금의 현재' 속에서 '나 자신'과 '참된 것'

의 '일치'를 추구해왔다. 가령 무언가를 인식한다는 것은 무엇인가? 여기 집 한 채가 있을 때 '집 한 채가 있다'라고 생각하고 말하는 것이 참된 인식이다. 이 인식에서 한 채의 집은 '언제 어디에' 있는가? 바로 '지금 여기'에 있다. '집 한 채가 있다'라는 말은 과거에 있던 집이나 어딘가 먼 우주에 있을 집에 대한 것이 아니라, '지금 여기' 있는 집에 대한 진술일 때 참이다. 즉 '참'이란 현재 속에서 우리 의식과 대상이 일치할 때 달성된다. 여기서 인간 의식은 지나간 늙은 의식이 아니라, 나이를 모른 채 현재에 생생히 살아 있는 의식이다.

플라톤에게서도 그렇다. 이데아를 인식하는 영혼은 늙지도 죽지도 않는다. 이데아란 세상 모든 사물들의 모범이고 원형이며 원인이다. 또한 이데아의 중요한 성격은 바로 '단순성'이다. 예컨대 아빠의 이데아가 있다고 해보자. '아빠'는 아들이나 딸과의 관계 속에서 아빠이며, 남성이라는 다른 개념과도 관계를 맺는다. 즉 '아빠'라는 개념은 홀로 성립할 수 없고 다른 항들과의 복합적 관계들 속에서 형성된다. 그러나 '이데아로서 아빠'는 딸이나 아들과의 관계없이 그 자체로 이데아이다. 남성이나 가족 같은 개념들과 복합적으로 연결되어 성립하지 않는다는 점에서 아빠의 이데아는 가장 '단순한 것'이다.

이데아가 늙지도 죽지도 않는 까닭, 영원불변하는 까닭은 바로 이런 식으로 단순하기 때문이다. 죽는다는 것은 복합물이 분해되는 일이지만, 단순한 것은 분해될 수 없기에 이데아는 변하지도 않고 죽지도 않는다. 요컨대 영생을 누린다.

플라톤은 이런 이데아를 인식하는 우리 영혼도 영원불변하다고 믿었다. 영혼이 이데아를 인식할 수 있는 까닭은 영혼이 이데아와 같은 종류의 것, 즉 이데아처럼 '단순한 것'이기 때문이며, 따라서 이데아와 똑같이 영원불멸한다는 것이다. 영혼이란 지나가지 않는 '영원한 현재' 안에서 이데아를 응시하고 있는 의식이다. 그 의식은 이데아를 닮아서 나이 먹을 줄 모른다.

철학에서 '현재'는 늘 이렇게 특권적이었다. 철학을 통해 자신의 욕구를 표현하는 인간들은 이런 이상적인 현재의 영원성, 늙지 않음을 탐내왔다. 괴테의 《파우스트》에서 진리에 목마른 파우스트가 탐내는 것 역시 이상적인 순간의 영원한 지속, 영원한 현재이다. 파우스트는 이상적인 순간을 영원한 현재로 만들기 위해 이렇게 말한다. "순간을 향해 이렇게 말해도 좋으리라. '멈추어라, 너 정말 아름답구나!'"[1] 악마 메피스토펠레스가 시간을 잃어버린 인간(늙은 파우스트)을 유혹할 때 제안하는 것도 바로 '생생하고 충만한 현재'를 선물하겠다는 것이다. "당신은 이 한 시간 내에 따분했던 한 해보다 더 많은 관능적 쾌락을 얻게 될 것입니다."[2] 관능으로 꽉 찬 한 시간의 충만한 현재 말이다.

그러나 인간은 속절없이 나이를 먹는다. 저 빛나는 이데아처럼 영원한 현재 안에 머무를 수도 없고, 아름다운 한순간이 지나가지 않도록 멈출 수도 없다. 오뒷세우스가 여신에게 말하듯 여신은 영원한 현재 속에서 젊지만 인간은, 오뒷세우스의 아내 페넬로페는 나이가 든다. "사려 깊은 페넬로페가 생김새와 키에서 마주보기에 그대만 못하다는 것은 나도 잘 알고 있소. 그녀는 필멸하는데 그대는 늙지도 죽지도 않으시니까요."[3]

나이 드는 자는 결코 영원한 현재 속에서 불멸하는 이데아를 바라보고 있는 것이 아니다. 나이 들면서 우리는 놀라고 지친 여름이, 사그라든 9월의 정원을 바라보듯 점점 그렇게 세상을 바라보게 된다. 나이 든 자를 위한 위안이라 할 수 있는 슈트라우스Richard Strauss의 〈네 개의 마지막 노래〉의 한 소절에서처럼 말이다.

들뢰즈처럼 말하자면, 나이 드는 자는 소진된 자이다. 무엇이 소진되는가? 바로 그의 '가능성들'이 소진된다. 나이가 든다는 것은 가능성이 하나둘 사라진다는 뜻이다. 말하자면, 못하게 되는 일이 점점 많아지는 것이다. 이는 나쁜 게 아니라 당연하며 필연적이다(가령 결혼할 수 있게 되면 결혼하지 않을 수 있는 가능성은 사라지듯). 그러면 잃어버린 나이의 시간을 되찾을 수는 없을까? 되찾을 수도 있을 것이다. 가령 헤겔은 철학 자체를, 사색을 통해 지난 시간을 되찾는 일로 이해한다.《법철학》의 한 구절이다.

이제 세계가 어떠해야만 하는지를 가르치는 데 대하여 한마디 덧붙여둔다면, 어쨌거나 철학은 이를 위해서는 항상 너무 늦게 다가온다는 것이다. 세계의 사상으로서의 철학은 현실이 그 형성과정을 종료하여 확고한 모습을 갖추고 난 다음에야 비로소 시간 속에 나타난다.[4]

나이 들어서야 날개를 펼치는 미네르바의 올빼미의 눈으로, 지나간 현재의 진상을 이렇듯 뒤늦게 바라볼 수도 있을 것이다. 헤겔이 말하듯 나이 든 이 철학적 올빼미의 눈을 통해서는 "생명의 형태는 젊음을 되찾지 못하고 다만 그 진상이 인식되는 데 그칠 뿐"[5]이더라도 말이다.

더 나아가서 지나간 시절이 지녔던 젊음, 진정한 생명력과 행복을 회상 속에서만 얻을 수 있다고 믿는 작가도 있다. 《잃어버린 시간을 찾아서》를 쓴 프루스트는 헤겔과 달리 지성이 아니라 감각 속에서 과거를 되찾는다. 우리는 우연히 접하는 향기나 맛 또는 어떤 분위기 속에서 플래시의 빛처럼 갑자기 비춰드는 과거를 행복 속에 체험한다. 전혀 몰랐던 과거의 의미를 새롭게 알게 되는 기쁨이 찾아온다. 이런 비자발적 기억을 겪은 후 프루스트는 이렇게 기록한다. "나는 더 이상 나 자신이 초라하고 우연적이고 죽어야만 하는 존재라고 느끼지 않게 되었다."[6]

그래도 결국 우리는 나이 들고 죽는다면? 헤겔이나 프루스트가 공통적으로 이야기한 바는 배운다는 것, 참답게 인식한다는 것은 회상하는 것이다. 헤겔에서처럼 지성이 파악하든 프루스트에서처럼 감성이 야기하는 비자발적 기억을 통해서 파악하든 말이다. 우리는 어떤 방식으로든 인생을 반추하며 그 과정에서 자신이 누구였는지, 자신이 한 일이 무엇이었는지 깨닫는다. 인간은 어리석은 자라서 늘 뒤늦게 세월의 마지막 옷자락을 가까스로 부여잡듯이 배운다.

그러나 회고가 삶을 바꾸지 못한다면? 회고와 깨달음이 삶을 정리해주지 못한다면? 회고 또한 계속된 방황에 불과하다면? 회상의 끝에서 인생의 깨달음보다는 쇠락과, 손에서 빠져나간 모든 것이 불러일으키는 애수만을 기록한 모디아노Patrick Modiano의 소설들에서처럼 말이다. 제발트 역시 회고 속에서는 인생의 마지막 비밀을 발견할 기회를 얻는 것이 아니라, 방황이 계속된다는 진실과 마주하는 작가이다. 제발트의《토성의 고리》속 몇 문장이다.

'햇빛과 그것이 저물던 모습' (…) 마음속에서 어떤 변화가 일어날 때 이런 기억의 파편이 떠오르고, 그럴 때마다 우리는 기억을 되살려낼 수 있다고 생각한다. 하지만 물론 실제로 기억할 수 있는 것은 아니다. 너무 많은 건물이 무너졌고, 너무 많은 잔해가 그 위에 쌓였으며, 퇴적물과 빙퇴석 또한 극복할 수 없다.[7]

우리가 과거를 회고하며 참된 것에 대해 깨닫건 그러지 못하건, 인생을 완성하건 완성하지 못하건, 어쨌거나 우리는 나이가 든다. 나이 들며 가능성들을 하나둘 잃어버린다. 그러나 가능성을 지니는 자는 나 자신만이 아니다. 타인들, 단지 젊고 인생을 이제 시작하는 이들뿐 아니라 모든 타인은 저마다의 사연만큼이나 많은 가능성과 그것을 실현하려는 욕구가 있다. 나이가 든다는 것은 이제 타인의 가능성을 눈여겨보게 된다는 뜻이 아닐까?

이제 가능성은 타인의 가능성이다. 나이 든다는 것은 나의 시간이 아니라 다른 사람이 보낼 시간에 대해 더 많은 관심을 가질 기회를 얻었다는 뜻일지 모른다. 나이가 든다는 것, 그것은 친지들에게, 젊은이들에게, 학생들에게, 그야말로 가능성 자체로서 자신의 현재를 시험해보는 이들에게 더 큰 관심을 보여줄 기회가 생겼다는 뜻이다. 이제 자신의 가능성이 아닌 타인의 가능성을 돌볼 시간이 오는 것이다.

어떤 의미에서 이는 시간을 되찾는 길이 아닌가? 투르니에의《방드르디, 태평양의 끝》에서 나이 든 주인공은 어린 고아 소년을 떠맡게 된다. 아이의 미래를 돌보게 되었을 때 놀랍게도 그는 다시 젊음을 체험하고 청춘의 갑옷을 되찾는다. 삶이란 한 개인 안에서 소멸하는 것이 아니라, 그가 사랑하는 타인의 미래 속에서 새로운 생명력을 얻기 때문이다.

인간은 수전노처럼 자신만의 시간을 마지막 동전처럼 움켜 잡고 홀로 죽지 않는다. 타인이 누릴 미래를 자기의 미래처럼 돌보기에 인간에게 시간은 무한한 것이다. 이웃에서 이웃으로, 세대에서 세대로, 미래는 불멸의 고리를 만들며 전진한다.

레트로마니아
또는 수집가

그는 외모에 전혀 신경 쓰지 않은 채 회색 점퍼, 흰 운동화 차림으로 뭔가 가득 찬 백팩 하나만을 메고서 중고 완구점 구석을 기웃거린다. 흔히 '오타쿠'라 불리는 자, 그는 '레어(희귀) 아이템'을 쫓고 있는 수집가다. 오타쿠의 역사는 깊다. 수집광이기도 했던 발자크Honoré de Balzac는 말년의 걸작 《사촌 퐁스》에서 수집가 또는 당대의 오타쿠를 이렇게 묘사한다.

> 초라한 작은 외투, 몇십 년이 된 비단 조끼 (…) 이곳에서는 허름한 차림을 하고 (…) 넋이 빠진 채, 아무 관심도, 느낌도, 뇌조차 없어 보이며 여자들, 가게들에 눈길하나 주지 않으면서 주머니는 빈 상태로 목적 없이 걷는 퐁스, 엘리 미귀스 같은 이들을 흔히 볼 수 있다.[1]

그들은 수집이라는 꿈속의 길만을 걸어간다. 세상의 어떤 사물에 몰두하지만, 동시에 세상 바깥에서 기존의 세상이 바라보는 방향과 정반대 편에 있는 새로운 이야기를 쓰는 사람들 같다.

나는 수집을 싫어한다. 책 읽는 데 많은 시간을 보내고 책을 가지고 대부분의 작업을 하지만, 책을 소유하려는 욕심도 없다. 유학 시절의 진저리 나는 이삿짐이 책에 대한 욕심을 깨끗이 정리할 수 있게 해주었다. 책보다 책장이 낫다. 새 가구같이 텅 빈 책장은 세상의 모든 책이 몰살된 뒤 살아남은 듯한 깨끗함을 지니고 있는데, 모든 현학자를 도살한 것 같은 빈 책장의 이 냉혹함이 좋다.

그런데 돌아보면, 나야말로 묘하게 수집 주위를 맴돌고 있었다. 늙은 강아지가 좋아하던 공을 물고 있다 지쳐서 놓듯 이제 게임기를 가지고 놀지는 않지만, 아직도 서랍 속에는 초등학교 때 보관한 그대로 '게임 앤 워치' 시리즈 몇 개가 들어 있다. 언젠가 헌책방에서 만난 《사상계》 창간호와 폐간호 같은 것도 서랍 속에 있다(이걸 왜 샀지?). 고등학교 때 구한 오윤의 호랑이 판화 연하장은 호랑이해마다 쓸까 말까 하다가, 세 번의 호랑이해를 무사히 넘기고 서랍 속에서 네 번째 호랑이해를 기다리고 있다. 대학에 들어가 김승희 시인을 처음 만났을 때 대뜸 여쭈어본 것도, 학문이나 문학에 관한 것이 아니라 《화사집》 희귀본의 행방이었다. 김승희 시인이 문예지에

도 연재했던 《33세의 팡세》를 읽은 적이 있는데, 거기서 시인
은 표지 제목을 일일이 손으로 수놓은 초희귀본 《화사집》을
소장하고 있다고 했던 것이다.

무엇이 우리를 저런 오래된 물건들에 몰두하게 만드는가?
미술품부터 레트로 게임기까지, 무엇 때문에 우리는 수집을
하는가? 이 속절없는 물욕은 어디서 나오는가? 많은 경우 사
람들은 재테크의 일종으로서 수집을 떠올릴 것이다. 미국의
인기 리얼리티 프로그램 〈전당포 사나이들〉은 한편으로 진귀
한 물건들을 보여주고, 다른 한편으로 그 물건들로 큰돈을 버
는 사람들의 행운을 보여준다. 수집품의 최종 가치는 '가격'
으로 표현된다. 이 가격이라는 요소가 사람들의 욕망을 부채
질하지 않았다면 이 프로는 맥빠진 골동품 소개에 그치고 말
았을 것이다.

발자크 역시 수집을 통해 한몫 쥐어보려는 꿈을 품었던 인
물이다. 그러나 재능이 없었다. 소설을 쓸 때는 한스 홀바인
Hans Holbein의 진품도 손에 넣는 수집의 달인 '퐁스' 같은 인물
도 창조했지만, 그 자신은 수집품의 진가를 판별하지 못했다.
"가장 형편없는 상인도 그보다는 나았다. 그러나 그는 취한
듯이 사들였다."[2] 《발자크 평전》을 쓴 츠바이크의 평가다. 발
자크는 어느 날 메디치가 출신의 프랑스 왕비 마리아 데 메디
치의 옷장을 손에 넣는데(물론 가짜다), 이것을 팔아 엄청난 이
익을 남길 꿈에 부푼다. 유럽의 유명한 부자들인 로스차일드

나 데본셔 공작이 이 옷장에 관심 있다고 떠벌리지만 다 실속 없는 이야기다. 팔리지 않던 이 옷장은 발자크가 죽은 뒤에야 처분되는데, 그 초라한 장면을 츠바이크는 이렇게 기록한다. "오로지 죽음만이 그가 이것들이 드루오 호텔 경매에서 얼마나 하찮은 가격에 낙찰되었는지 보는 치욕을 면제해주었다."[3]

지금 우리가 관심을 두는 것은 이런 허무한 재테크로서의 수집이 아니다. '새로운 역사를 만드는 작업'으로서 수집이다. 발자크가 그의 형편없는 수집 취향을 소설 속으로 가져와 수집물들에 투영했을 때 그것들은 한 시대의 진실을 새기는 유물들이 되었다. 그렇다. 어떤 진실은 역사가의 공식적인 기록에 남지만, 그보다 더욱 귀중한 진실은 어쩌면 개인적인 수집품들 속에 남을 것이다. 하나하나 모은 수집품들은 프루스트의 마들렌 과자와 같은 효과가 있다. 잊힌 과거를 갑자기 의미심장한 보석으로 만드는 효과 말이다.

수집가는 많은 경우 과거의 사물에 관여한다. 현재의 사물이라도, 술이 익듯 과거가 되었을 때 빛을 발할 것들만 수집한다는 점에서 수집가는 현재 속에서도 과거만을 읽는다. 반면 미래의 사물에 관심을 쏟는 자는 발명가다. 그래서 수집가는 레트로마니아이기 십상이다. 우리 시대 하나의 트렌드를 형성하는 '레트로'란 'retrospect'(추억)의 줄임말이다. 이는 '복고풍', 과거에 대한 취향을 뜻한다.

과거에 대한 취향이란 역사가와 박물관 학예사의 취향이

아닌가? 수집가로서 레트로마니아는 역사가와 박물관의 전
시기획자 앞에 명함도 못 내민다. 레트로마니아 또는 사적인
수집가는 공적 가치를 대표하지 못하는 까닭이다. 그러나 바
로 여기에 수집가의 위대함이 있다. 발터 벤야민은 〈수집가
이자 역사가 에두아르트 푹스〉에서, 독일의 수집가 푹스Eduard
Fuchs나 프랑스 소설가 공쿠르Goncourt 형제가 공공기관인 박물
관에 대해 품었던 혐오감을 이렇게 기록한다.

> 수집가들 중에서 박물관에 대해 혐오감을 품고 있었던
> 사람은 유독 그[푹스]만이 아니었다. 공쿠르 형제는 그
> 점에서 그의 선배이다. 박물관에 대해 품었던 혐오감의
> 격렬함을 두고 보면 그들은 푹스를 능가한다. 공공기관
> 의 소장품들이 개인의 소장품보다 사회적으로 덜 문제
> 시되고 학문적으로 더 유용할 수도 있다. 그러나 공공기
> 관의 수집물들은 그것들의 가장 큰 가능성을 놓치고 있
> 는 셈이다. (…) 박물관들이 노리고 있었던 것은 이른바
> 걸작들이었다.[4]

이런 공식적 가치를 지닌 박물관과 반대되는 내밀하고 독
특한 박물관을 자기 집에다 세우는 자들이 바로 수집가들이
다. 벤야민이 말하듯 "위대한 수집가들에게서 볼 수 있는 가
장 두드러진 특징은 대상을 선택하는 그들의 독창성이다."[5]

진정한 수집가란 이미 공적으로 가치가 정해진 물건의 뒤를 쫓아다니는 자가 아니다. 그의 독창성이란 니체처럼 새로운 가치를 세우는 것이다. 이런 독창적 수집의 극단화된 형태를 상징적으로 보여주는 것이 페리 로시Cristina Peri Rossi의 단편 〈쓸 모없는 노력의 박물관〉에 나오는 박물관이다. 여기에는 공식적 역사에서는 전혀 가시화될 수 없는 '쓸모없는 노력'의 흔적들이 소장되어 있다.

누구에게도 중요하지 않은, 거의 잊힌 물건을 찾아 헤매는 사람의 이야기를 담은 작품으로 하루키의 《1973년의 핀볼》이 있다. 레트로 감성에 젖은 주인공은 '스페이스십'이라는 단종된 핀볼머신을 애타게 찾다가 한 수집가의 창고에서 이를 만나게 된다. 누구도 기억하지 않는 이 장난감을 왜 찾는가? 이 핀볼머신은 주인공의 잃어버린 젊은 날 전부를 담은 귀중한 보석상자 같은 것이기 때문이다. 주인공은 마치 애인을 회상하듯 이 핀볼머신에 대해 말한다.

> 우리들이 같이 나누고 있는 것은 훨씬 전에 죽어버린 시간의 단편에 지나지 않았다. 그래도 그 따뜻한 추억의 얼마인가는 낡은 빛처럼 내 마음속을 지금도 계속 헤매고 있었다. 그리고 죽음이 나를 사로잡아 다시 한번 무의 소용돌이에 집어넣을 때까지의 찰나를 나는 그 빛과 함께 걸을 것이다.[6]

프루스트의 소설에서 마들렌 과자 안에 주인공의 소중한 과거 전체가 담겨 있듯이, 핀볼머신은 빛과도 같은 추억을 간직하고 있다. 레트로마니아의 소중한 장난감은 호롱불처럼 추억의 빛을 간직한 채 주인공에게 살아 있을 힘을 주는 것이다.

그렇기에 사람들은 남들이 거들떠보지도 않는, 즉 재테크와 아무 상관이 없는 사물들을 수집한다. 그것들은 공적인 박물관의 수집물과 전혀 다르다. 박물관이 공인된 역사적 시간을 표현하는 사물들에 몰두한다면, 수집가들이 눈독 들이는 레트로 감성의 아이템들은 사적 추억의 역사 또는 알려지지 않았거나 사소한 역사의 조각을 간직한다. 전자가 공식 역사 교과서에 해당한다면, 후자는 재야의 비사에 해당하리라.

비밀스러운 역사가 깃든 사물들의 수집은 그냥 한 개인의 추억에 머무는 것일까? 열 살 때의 내가 이갈이하면서, 톰 소여 풍으로 모아둔 작은 이빨 몇 개처럼 말이다. 그러나 공적 가치에 아랑곳하지 않는 사적인 수집가의 과업은 개인적 추억의 기록물을 만드는 데서 멈추지 않는다. 단적으로 각 지방에 흩어져 있는, 카메라와 오디오와 장난감 같은 개인적 수집품에 특화된 사설 박물관은 여러 여행객에게 존중받으며 보편적 가치의 차원으로 진입한다.

또 이런 흥미로운 수집도 있다. 벤야민이 말하듯, 수집가 푹스는 복제해 대량 생산한 당나라 도자기들을 수집했다. 이는 박물관이 수집하는 유명 작가의 유일무이한 작품과 정반대의 것이다. 특정 창작자가 만든 개별 작품을 특정 소유주가 감상하는 귀족적 향유와 반대로, 익명의 예술이 대중의 실생활 자체에 스며든 사회의 모습을 푹스의 저 수집품들은 증언한다. 이 수집품들은 새로운 가치와 새로운 경제 체제로 이루어진 세계를 '주상'하고 있는 것이다. 과거의 감성이 이끄는 대로 옛날 게임을 손에 들거나 오래된 잔에 술을 따르는 레트로 마니아는 기존의 가치를 떠나, 이제 막 발견한 진귀한 가치의 역사를 새로 쓰는 자다.

죽음을
어떻게 볼 것인가

철학은
날씨를
바꾼다

우리는 이 기분 나쁜 주제를 외면할 수 없다. 죽음은 누구도 피해가지 않는다. 죽음은 얌전히 오지 않으며 기분 나쁜 폭력을 데리고 온다. 가령 한평생 균형 잡힌 이상적 인간을 구현해온 괴테는 어떻게 죽었는가? 프리덴탈Richard Friedenthal이 쓴 괴테의 전기는 이 시인의 마지막을 돌본 의사의 기록을 전한다. 《파우스트》가 인간의 승리와 구원을 노래할 때 저자 괴테는 죽음의 폭력 앞에서 절망하고 있다.

애처로운 광경이 나를 기다리고 있었다. 무서운 불안과
동요 때문에, 이 오랫동안 깔끔한 자세로 움직이는 것에
길들여왔던 고령의 노인도 침대 위에서 쉬지 않고 몸을
뒤치고 또 침대 옆의 안락의자 위로 옮겨가 앉고 하면

308

서, 쉬지 않고 고통을 덜려고 했지만 헛된 일이었다. 용
모는 경련을 일으키고, 얼굴은 잿빛, 두 눈은 둔한 색의
눈구멍에 깊이 떨어져 한없이 흐려져 있었다. 눈매는 이
를 데 없이 무서운 죽음의 불안을 나타내고 있었다.[1]

누구도 죽기를 원하지 않는다. 간혹 영웅들은 죽음을 하찮
게 보는 듯도 하다. 전쟁에 나가면 단명한다는 예언을 아랑곳
하지 않은 채 트로이 전쟁에 출전했던 아킬레우스는 예언대
로 일찍 죽는다. 후에 오뒷세우스가 저승으로 가서 그를 만난
다. 그런데 《일리아스》의 영웅 아킬레우스와 《오뒷세이아》에
서 저승의 유령으로 등장하는 아킬레우스는 딴판이다. 저승
에서 그는 죽음도 마다하지 않는 자가 아니라 삶을 구걸하는
자이다. 죽은 영웅은 품팔이의 삶이라도 좋으니 삶을 돌려달
라고 한다.

> 나는 세상을 떠난 모든 사자들을 통치하느니
> 차라리 지상에서 머슴이 되어 농토도 없고
> 재산도 많지 않은 가난한 사람 밑에서
> 품이라도 팔고 싶소이다.[2]

이런 역겨운 죽음은 검은 짐승처럼 삶에 덤벼들 기회를 엿
보고 있다. 그러니 삶의 중요한 문제란 바로 이 죽음을 이해

하는 일, 죽음을 달래는 일일 수밖에 없다. 죽음을 길들여보려는 최초의 중요한 시도는, 서로 매우 상반된 생각을 하는 플라톤과 에피쿠로스에게서 찾아볼 수 있다. 플라톤의 작품《파이돈》은 소크라테스가 감옥에서 죽음을 앞두고 사람들과 나누는 대화를 연출한 작품이다. 여기서 소크라테스는 죽음 이후 영혼은 살아남아 진리의 세계인 이데아의 영역으로 간다고 말한다. 그러니 죽는 일은 철학이 그토록 애써도 잘하지 못한 일, 즉 진리에 가닿는 일이 된다. 그렇다면 철학이란 죽지 못하고 살아 있는 자가 죽으면 도달하는 진리에 욕심이 나서 죽는 시늉을 해보는 일이라 표현해도 되지 않을까? 여기서 '죽는 연습'으로서 철학이라는 개념이 생겨난다.

죽은 뒤 참다운 이데아의 세계에서 영혼은 계속 살아남으니까 살아생전에도 영혼을 잘 양육하는 일이 중요하다. 살아서 살인과 약탈 같은 악행을 일삼았다면, 죽은 뒤에도 영혼은 살인과 약탈의 죄인으로서 영원히 사는 것이다. 이런 플라톤의 생각은 이후 기독교가 의지하는 중요한 사상이 되었다. 죽은 뒤 영혼은 살아생전의 죄과를 계속 지고 불멸하므로, 살아 있는 동안의 과제란 영혼이 좋아지도록 돌보는 것이라는 사상 말이다.

결국 살아 있는 시간은 죽은 뒤를 위해 헌신하는 삶인가? 이는 삶 자체가 존중받기보다는, 죽음 이후의 세계에 삶이 종속되는 일이라 해야 할 것이다. 삶은 온종일 죽은 뒤에 벌어질 일만 걱정해야 하는 것이다! 현실로 주어진 삶보다는 있을지 없을지 모를 죽음 뒤의 영혼에 더 가치를 두는 사상, 삶을 죽음 이후의 노예로 만드는 이런 사상은 훗날 니체에게 혹독히 비판받는다.

그러나 니체 이전, 고대 세계에선 이미 에피쿠로스가 플라톤과 전혀 다른 방식으로 죽음을 바라보고 있었다. 에피쿠로스 학파에게 죽음 뒤에 계속 살아가는 영혼 따위는 없다. 걸음마 하는 유아부터 지팡이 짚는 노인까지 육체가 성장하고 쇠퇴하듯, 영혼 역시 성장했다가 쇠퇴하며 육신과 더불어 사라진다. 따라서 죽음은 영혼이 영원한 세계로 가는 관문이 아니다. 그건 그냥 끝이다.

이런 끝은 공포스러운 것이 아닐까? 그렇지 않다. 사실 사람들이 두려워하는 죽음은 아무것도 아니다. 우리가 존재할 때 죽음은 우리와 같이 있지 않고, 죽음이 왔을 때 이미 우리는 존재하지 않기 때문이다. 따라서 죽음은 산 사람도 만날 수 없고 죽은 사람도 만날 수 없다. 인간은 영원히 승리하는 숨바꼭질 놀이 속에 들어선 듯 죽음과 마주칠 일이 없다. 그러므로 우리는 불멸하는 영혼 없이 소멸하지만, 죽음을 두려워할 필요가 없다. 니체가 《안티크리스트》에서 말하듯 에피쿠로스의 이런 지혜가 로마 시대의 존경할 만한 사람들을 사로잡았다.

죽음의 문제 앞에서 에피쿠로스의 가르침을 받아들인 로

마인들은 우리에게 경외감을 일으킨다. 흔히 우리는 죽음을 너무 두려워하며, 죽음 이후에도 어떤 형태로든 계속될 자아를 열망한다. 그러나 로마인들은 죽음 이후 영생에 미련을 두지 않으면서도 구원받을 수 있는 길을 에피쿠로스의 사상에서 찾았다. 니체는 이 로마인들의 시대에 대해 이렇게 말한다. "불멸을 부정한다는 것은 당시에 이미 진정한 '구원'이었다."[3] 죽음은 산 자를 건드리지 못하고, 이미 죽은 자는 건드릴 필요가 없다. 인생은 두려운 죽음과 만날 일이 없는 것이다. 이런 철학적 사유를 버팀목 삼아 로마인들은 불멸에의 욕구 때문에 내세를 상상하는 일 없이 유한한 인생에서 평온을 찾았다. 이것은 철학이, 내세에 대한 갈망이라는 채워지지 않는 욕구 때문에 종교 속으로 움츠러들곤 하는 인간을 해방시킨 위대한 경우가 아닌가?

그러나 한편으로는 죽음에 대해 논리적으로 인식하는 일, 즉 삶이 있으면 죽음이 없고 죽음이 있으면 더 이상 죽음이 공격할 삶이 없다는 생각은 죽음의 본질을 놓치고 있다. 아무리 삶과 죽음은 마주칠 일이 없으며 죽음은 삶을 고통스럽게 하지 못한다고 자신을 논리적으로 설득하고 또 수긍하더라도 여전히 우리는 죽음이 두렵다. 죽음은 논리와 이성적 깨달음이 간신히 세운 수비벽을 무자비하게 파괴하며 침입한다. 인간은 죽음을 사유하는 데 그치지 못하고 실제 죽어야 할 운명인 까닭이다.

플라톤, 그리고 플라톤의 영향을 받은 서구 종교가 그랬듯 지금의 삶을 죽음 이후 내세의 그림자로, 내세를 위한 준비 기간으로 강등할 수는 없을 것이다. 그렇다고 에피쿠로스처럼 우리가 죽음과 마주칠 일이 전혀 없는 듯 마음을 다스리는 것도, 이성의 경탄할 만한 시도이지만 쉬운 과제는 아니다. 삶은 죽음을 염두에 두고 전진한다. 보르헤스는 〈죽지 않는 사람들〉에서 이렇게 쓰고 있다. "인간을 제외하고 모든 피조물들은 죽음에 대해 무지하기 때문에 불사의 존재들이다."[4] 반면 죽음을 늘 염두에 둔 인간은 유한하다. 하이데거의 표현을 빌리자면 우리 삶은 '죽음을 향하며 존재'한다. 죽음은 삶 너머의 내세로 인도하지 않고, 삶과 무관한 것도 아니며, 삶 자체에 속한 것이다. 늘 죽음을 향해 미리 달려가보고 나서 삶을 결정한다는 것, 그것이 '죽음을 향한 존재'의 의미이다.

삶의 '경계'로서 죽음을 염두에 둠으로써 우리는 삶의 좌표를 찾을 수 있다. 가령 우리가 죽지 않는 자라고 생각해보라. 죽지 않으므로 시간을 다투어 급하게 해야 할 일도 없다. 청춘의 시간을 아껴 쓸 필요도 없다. 왜 아끼겠는가? 죽지 않는 인간에겐 시간이 무한한데.

이렇게 죽음이 없어짐으로써 끝없는 시간을 갖게 된다는 것은, 사실 그 어떤 일도 할 수 없다는 뜻이다. 종말이 없으니 노년을 준비할 필요도 없고, 시간이 많으니 제때 공부를 하지 않아도 된다. 인간의 모든 계획은 불가능해진다. 죽음이 삶을 한정시켜 주어야만 삶 안에는 급히 지나가는 청춘도 생기고, 시간을 낭비한 후회도 자리 잡으며, 말년에 대한 예비도 가능해진다. 요컨대 우리가 죽음을 향하기에 삶의 모든 좌표가 가능해지는 것이다. 그렇다면 죽음은 단지 모든 것을 할 수 없게 만드는 폭력이 아니라, 모든 것을 할 수 있도록 해주는 가능성의 원천일 것이다.

우리 의식의 저 밑바닥에도 죽음이 있다. 어쩌면 죽음은 삶의 모든 가능성을 열어주는 '무의식' 깊은 곳의 '충동'이라 해야 좋을지도 모르겠다. 프로이트는 '죽음 충동(타나토스)'이라는 개념 아래 이 문제를 숙고했다. 생명이란 물질에 들어온 일종의 긴장 상태인데, 근본적으로 생명은 긴장이 사라진 근원적인 물질의 상태로 회귀하려 한다는 것이 프로이트의 생각이다. 즉 죽음을 향한 충동이 생명의 바닥에는 자리 잡고 있다.

철학은
날씨를
바꾼다

> 모든 생명체의 목적은 죽음이다. (…) 무생물체였던 것 속에 생겨난 긴장은 긴장 그 자체를 없애버리려고 노력했다. 이런 식으로 해서 첫 번째 본능, 즉 무생물 상태로 돌아가려는 본능이 생기게 된 것이다.[5]

생명의 뿌리에는 죽음이 있다. 우리 삶은 겉으로 다양한 방식의 쾌락을 추구하지만, 근본적으로 그 쾌락은 긴장이 모두 사라진 죽음의 상태로 돌아가려는 노력 외에 다른 것이 아니다. 대표적인 예가 성행위일 것이다. "우리가 얻을 수 있는 가장 큰 즐거움인 성행위가 고도로 강화된 흥분의 순간적 소멸과 연관되어 있다는 것을 우리 모두는 경험한 바 있다."[6] 결국 "무생물계의 정지 상태로 돌아가고자 하는 노력"[7]이 선택한 수단이 쾌락의 흥분이다. 고조된 긴장 상태로 올라가야만, 긴장이 소멸한 죽음의 상태를 조금이라도 맛볼 수 있으니까 말이다.

이렇게 죽음은 존재 저편으로 건너가는 다리가 아니라, 존재의 바탕에 놓여 있는 것이다. 우리가 가장 싫어하고 꺼리는 것이 실은 우리의 본모습이었다.

축제

축제만큼 설레게 하는 것도 없다. 따분한 날들을 보내는 어린 학생들은 학교 축제를 기다린다. 그때만 잠시 예외적인 자유와 창의적인 생각을 폭죽처럼 터트릴 기회가 찾아온다. 대학 생활의 꽃 가운데 하나도 축제다. 억지로 만들려 하지 않아도 공동체가 만들어지고, 마음도 다른 마음에게 열린다. 축제는 공동체의 즐거움과 아름다움, 그리고 그 공동체만의 개성을 가시화해주는 힘이다. 거기에 더해 경제적 효과까지 창출하기에 지자체들도 경쟁적으로 축제를 만들어낸다. 수많은 축제는 우리 삶의 방식이 되었다.

왜 사람들은 축제를 원하며, 공동체는 축제를 자신의 소중한 자산으로 간직하려는 걸까? 축제의 사전적 뜻은 '축하하여 벌이는 큰 행사'이다. '제사'의 의미 또한 지닌다. 세속적 삶과 종교가 구분되지 않은 고대 세계에서는 신에게 바치는 제사가 곧 축제였다. 축제는 성스럽고도 세속적인 것이다. 무엇보다 축제에는 노래와 춤, 볼거리와 먹을거리가 있다. 즉 일상의 기분을 바꾸어줄 즐거움이 있다. 이는 축제가 노동으로부터의 방면을 뜻한다는 것, 축제란 곧 '놀이'임을 알려준다. 하위징아Johan Huizinga의 《호모 루덴스》(놀이하는 인간)는 종교 의례와 축제와 놀이가 서로 겹쳐 있다는 사실을 다음과 같이 잘 지적한다. "사람들이 성소에 모여드는 것은 집단적인 즐거움을 얻기 위해서이다. 성사, 희생, 성스러운 춤, 경기, 공연, 신비 의례 등은 축제를 축하하는 행위이다."[1]

축제의 또 다른 얼굴이라 해도 좋을 '놀이'란 무엇인가? 우리는 놀이를 주체와 동떨어진 어떤 대상처럼 여길 수 없다. 놀이를 즐기려면 하나의 고립된 주체가 대상을 멀거니 바라보듯 해서는 안 되고, 놀이 속으로 휩쓸려 들어가야 한다. 그러니 놀이 속에는 놀이의 고유한 법칙이 있을 뿐, 자신의 독자성을 고집하는 주체는 사라진다. 여럿이 함께 넘는 줄넘기나 강강술래 같은 놀이에는 놀이 자체의 법칙이 있지, 주체의 독자적인 의지가 들어설 여지는 없다.

이런 놀이의 고유한 법칙이란 무엇인가? 바로 '반복 운동'이다. 가다머는 하위징아처럼 '놀이'의 본성을 깊이 숙고하는 사상가인데, 《진리와 방법》에서 놀이의 특성에 대해 이렇게 말한다.

놀이는 운동이며, 이 운동은 끝나게 될 어떤 목표가 있는 것이 아니라, 끊임없는 반복을 통해 새롭게 시작되는 것이다. 왕복운동은 명백히 놀이의 본질을 규정하는 데 중심적인 역할을 하며, 따라서 이 운동을 누가 혹은 무엇이 수행하는가는 중요하지 않다.[2]

해가 지는 줄도 모르고 몰두하던 어린 시절의 놀이를 떠올려보라. 예컨대 딱지치기는 최종 목적이 없으며, 반복 자체가 원리이다. 잃을 딱지가 바닥이 나는, 놀이 외적인 조건을 통해서만 이 놀이는 종결된다. 배드민턴이나 탁구 같은 놀이도 마찬가지다. 끊임없이 반복되는 구조 속에서 특정 점수에 도달하면 놀이를 멈추도록 하는 '임의적인 강제'가 있을 뿐, 놀이 자체가 내적 발전을 통해 완성하는 최종 형태는 없다. 강강술래는 어떤가? 손을 잡고 원형으로 춤추는 반복의 원리만 있을 뿐 종결점도 목적지도 없다. 노름꾼들의 카드놀이 역시 마찬가지다. 돈을 따고 일어서려 하면 분위기가 험악해지기에 도리없이 다시 앉아 끝없이 반복되는 놀이를 해야 한다. 이 놀이에 내재적인 종결점이 없는 까닭이다. 축제 또한 이런 '반복'의 놀이이다.

일단 축제는 놀이와 같이 거기에 '참여'하지 않고는 성립하지 않는다. 놀이는 참여이며, 실천이다. 심지어 스포츠 경기를 보기 위해 좌석에 앉아 있는 관람객 역시 바깥의 관찰자가 아니라 응원을 통해 놀이 속에 참여하는 자이다. 우리는 축제를 '보러 간다'라고 말한다. 이때 보거나 구경하는 일은 뭘까? '바라봄', '관조'에 해당하는 고대 그리스말은 '테오리아theoria, θεωρία'이다. 가다머가 분석하듯 이 말로부터 유래한 '테오로스theoros'라는 말은 축제에 뛰어드는 '참여자'를 뜻한다. 그러니까 '바라봄'(테오리아)은 나와 무관한 외부의 대상을 거리를 두고 바라본다는 뜻이 아니라, 참여를 통해 그 대상과 합일한다는 뜻이다. 이런 맥락에서 축제를 '보러 간다'는 것은 곧 놀이에서처럼 참여한다는 의미이다.

축제의 시간은 어떤 의미에서 놀이와 같은 '반복'의 시간인가? 이 점을 토마스 만의 소설《요셉과 그 형제들》보다 잘 알려주는 작품도 없을 것이다. 이 작품은 인류가 가진 신화의 가장 오래된 모습까지 추적해가는데, 그 결과 알게 되는 것은 신화 자체가 반복된다는 점이다. 그리스도는 죽고 3일 만에 부활했다. 3일 또는 3년 만에 부활한 신이 그 이전에는 없었을까? 너무도 많다. 그리스도는 죽고 부활하는 신들의 전통에서 막내에, 최신에 속한다고 해야 할 것이다. 토마스 만은 이 소설에서 주인공 요셉의 입을 빌려 고대 바빌로니아의 탐무즈 신에 대해 말한다. 다음의 인용에서 탐무즈 신의 이름을 가리면 그리스도의 이야기로 들린다.

탐무즈는 살아 계시네! 주인님께서 부활하셨네! 오, 위대하신 주님! 그분은 죽음의 그림자 집을 무너뜨리셨네! 위대한 주님! (…) 무덤은 그를 붙잡아두지 못했어. 겨우 사흘밖에 못 붙잡은 거야. 그는 부활하셨어. (…) 마침내 기쁨의 축제가 시작되는 거야. "비었네, 비었네, 텅 비었네!" 모두들 그렇게 외친단다. "무덤이 비었네. 아돈은 부활하셨네."**3**

여기서 축제는 종교적 의례이다. 기독교의 부활절처럼 말이다. 부활하는 신의 이야기는 이집트의 신화에서도 반복된다. 바로 동생 세트에 의해 갈기갈기 찢어졌다가 부활한 신 우시르(오시리스)의 이야기 말이다. 요컨대 신화 자체가 다른 신화에서 반복되는 것이다.

중요한 것은, 신들을 기리는 축제 역시 해마다 이루어지는 반복이라는 점이다. 토마스 만은 우시르 신의 반복된 부활에 대해 이렇게 말한다. "이 위대한 신은 단순히 한 번 죽었다 부활하는 게 아니고, 죽었다 다시 살아나는 일을 계속 반복한다."**4** 바로 겨울에 물이 줄어들어 마른 땅을 드러냈다가 파종 시기에 다시 풍부해지는 나일강의 모습으로 말이다. 우시르 신의 모습인 나일강이 풍부해질 때마다, 즉 일 년마다 사람들은 황소를 잡아 바치는 축제를 연다. 탐무즈 신에게 바치는 해마다 반복되는 축제 역시 마찬가지다. "축제에는 다 때가 있는 거야. 그래서 사람들도 다음에 일어날 일을 다 알면서도,

지금 현재에 일어난 일을 거룩하게 생각하는 거야. 그렇게 자신을 속이는 거라니까."[5]

이 구절은 반복으로서 축제의 비밀이 무엇인지 잘 알려준다. '자신을 속이는 일'이란, 바로 축제를 지금 이 순간 단 한 번 생겨난 새로운 사건처럼 여기는 것을 가리킨다. 지난해에도, 지지난해에도, 그리고 백 년, 이백 년 전에도 '전통적으로' 축제는 열렸는데 말이다. 축제는 매해 반복되는데도 이를 단 한 번의 사건처럼 여기는 것, 이것이 축제의 시간이 지닌 독특한 점이다. 이를 가다머는 《진리와 방법》에서 다음과 같이 표현한다.

> 정기적인 축제는 반복된다는 데 특성이 있다. 우리는 이러한 반복을 축제가 돌아온다고 말한다. 이때 돌아오는 축제는 원래 경축되었던 것의 단순한 회고도 아니고 전혀 다른 축제도 아니다. 모든 축제가 갖는 근원적으로 신성한 성격은, 우리가 현재, 회상, 기대라는 시간 경험을 통해 알고 있는 그러한 구별을 명백히 배제한다. (⋯) 축제가 언제나 다른 것이라는 사실은 (비록 축제가 '아주 똑같이' 경축된다고 하더라도) 축제 본래의 근원적 본질에 속한다.[6]

축제는 해마다 다르고 새로운 것이다. 이런 점에서 축제의 시간은 우리의 통상적인 직선적 시간을 통해서는 전혀 이해할 수 없다. 축제는 '회상'이 아니다. 우리는 석가탄신일이나 부활절 축제를 맞아 '어, 작년에 태어난 부처님이 어떻게 올해도 또 태어나시지?' 또는 '예수님 작년에 이미 부활하셨어, 부활은 이미 옛날 일이야'라는 식으로 반응하지 않는다. 축제는 언제나 새로운 사건으로 찾아온다. 그것이 축제의 시간, 반복의 본질이다. 반복은 이미 존재한 것의 반복이 아니라, 모든 것을 새롭게 시작하도록 하는 반복이다.

이런 의미에서 토마스 만의 다음과 같은 말 또한 이해할 수 있다. "축제는 시간의 극복이다." 직선적인 시간 속에서 우리는 태어나고 자라며 일하고 사랑하고 좋은 추억과 나쁜 기억을 쌓고서 죽을 날을 향해 간다. 죽음 앞에 놓였을 때 우리에게 남는 것은, 좋은 것이든 나쁜 것이든 회한 속에 돌아보아야 하는 사라진 시간뿐이다. 반면 축제는 이런 시간을 극복한다. 축제 속에서 과거는 사라지지 않고 새롭게 다시 시작한다. 올해 석가모니의 탄생은 유일무이하고 일회적인 소중한 사건이지, 작년 석가탄신일의 재탕이 아니다. 누구도 이 반복된 탄생을 이미 이루어진 일의 김빠진 재방송이라 하지 않고, 새로운 사건으로서 소중히 여긴다. 즉 축제 속에 들어선 인간은 탄생으로부터 죽음을 향해 가는 덧없는 일직선의 이야기를 만드는 자가 아니라, 반복 속에서 매번 새롭게 태어나는 자다. 매해 반복되는 벚꽃 축제의 꽃들이 새로운 꽃들이듯 말이다.

그러니 인간에게 축제가 있는 것은 축복이다. 축제는 인간이 하루하루를 잃어가며 늙어가는 운명을 벗어나 매번 새로 태어날 기회이기 때문이다. 축제 속에서 삶은 되찾을 수 없는 시간으로 추억되는 것이 아니라 매번 새롭게 실현된다. 우리가 설레는 마음으로 축제를 기다린다면, 축제가 시작과 삶을 돌려주기 때문이다.

쓰다듬는
손길

모든 삶은 위안을 필요로 한다. 강한 이에게도 약한 이에게도 삶은 끌고 가기 힘든 수레인 까닭이다.

우리는 무엇에 위로받는가? 어떤 이들은 희망이나 미래나 발전 같은 말이 우리를 지탱해준다고 이야기할지도 모르겠다. 이런 개념들은 물론 의미 있으나, 위안을 준다기보다는 우리에게 과제를 부여하는 것 같다. 희망이나 미래나 발전을 어떤 내용으로 꼭꼭 채워 넣으라고 요구하는 것 같다.

겨울바람이 지나다니는 문 없는 복도처럼 삶이 고달프게 내던져져 있을 때 우리는 무엇으로부터 위로받는가? 모든 이에겐 그들을 따뜻하게 감싸는 것이 있다. 겨울날 추운 거리를 지날 때 보이는 불 켜진 창문, 사람들이 즐거운 표정으로 이야기를 나누는 음식점의 환한 불빛은 마음도 램프처럼 따뜻

324

하게 켜지게 한다. 김이 나는 국수 한 그릇 또는 자욱한 수증기 속에서 열리는 거리의 만두 찌는 솥도 지친 삶에 온기를 불어넣어준다. 하루 일과를 마치고 잔에 따른 붉은 포도주에서 천천히 동심원을 그리듯 퍼지는 향기는 감동을 준다. 어떻게 여름은 병 하나에 담긴 채 이런 겨울까지 기다렸다가 온기를 건네는 걸까? 이 모든 것들은 관념처럼 머리를 통해서가 아니라, 신체에 직접 퍼지며 기운을 나누어준다. 우리의 삶은 우리 신체 속에 깃들어 있고, 먹거리는 신체를 그가 가장 잘 알아듣는 말로 위로하는 마술이다.

그런데 신체 자신이 하는 가장 놀라운 위로는 신체의 일부인 '손'이 담당한다. 손은 우리를 위해 봉사하는 가장 발달한 도구이지만, 물건을 조립하거나 운반하는 실용적인 일만 하진 않는다. 악수하고 끌어안으며 타인을 만난다. 최초의 에로스는 손으로부터 시작한다. 손을 잡으며 모든 마술적인 일들이 일어난다. 무엇보다 이 손은 부드럽게 쓰다듬는 손이다. 아이의 머리를 쓰다듬으며 위로하고 칭찬한다. 지친 애인의 어깨를 쓰다듬으며 그를 외롭지 않게 만든다. 강아지나 고양이 같은 동물들을 쓰다듬으며 그들이 사랑받고 보호받는다는 사실을 알려준다.

쓰다듬는 손은 단지 다른 이에게 위로만 주는 손일까? 오히려 손으로 다른 이를 쓰다듬고 보호하는 자가 더 큰 위로와 힘을 얻는다. 그는 위로하면서 위로받고 보호하면서 보호받는다. 세상에는 나를 믿고 내 손길에 머리와 어깨를 맡긴 아이와 사랑하는 이와 동물들이 있다. 쓰다듬을 이가 없으면 당연히 쓰다듬는 손이 사라지는 것처럼, 사랑을 베풀 이가 곁에 없다면 사랑하며 세상을 살아가는 나의 힘도 없어진다. 그러니 내 품 안에 들어와 있는 어린 생명, 사랑하는 사람이 오히려 나를 살려놓고 있다.

놀랍지 않은가? 쓰다듬는 손길은 다른 이에게 베푸는 손길이지만, 동시에 세상에서 가장 부드러운 것을 어루만지는 손길이다. 그 손은 자신이 가장 좋아하는 것을 꼭 끌어안고 있는 손, 축복받은 손이다. 어느 겨울의 이야기처럼 말이다.

갑자기 실신하듯 기온이 떨어진 저녁, 주점의 문을 열고 들어갈 때 보았던 길가의 고인 물은 나올 땐 이미 생명을 빼앗긴 듯 얼어 있었다. 모든 것들이 겨울의 빠른 계획에 깜짝 놀란다. 붉은빛은 모두 게토의 안쪽에 갇힐 수밖에 없다는 듯 온도계 끝으로 몰려간다. 무례한 운전자처럼 속도를 내며 골목길을 빠져나가는 차가운 바람을 피하며 우리는 걸었고, 너는 점점 짧아지는 나무 끝에서 곧 떨어질 것 같은 성냥불처럼 떨기 시작했다.

금이 가고 있다는 사실을 겨우 참아내는, 차가운 조각상이 된 너의 손을 잡아 내 외투 주머니에 넣었다. 온기 속에서라면 네 손은 현絃들 위에서 쉴 새 없이 춤추며 현들을 고독에서 깨워내고, 생명들이 살아 있도록 음악을 들려주고 있었을 것

326

이다. 그러나 지금은 손이 생명을 받아야 할 시간이다. 이윽고 내 손 안에선 작은 지구가 조금씩 움직여 계절을 바꾸려 했고, 이내 봄과 초여름이 겨우 부화한 동물들처럼 조심조심 움직였다.

그렇게 나는 네 손을, 아니 지구 하나를 쥐고 있었고, 두 손이 잠시 피해 있던 외투 주머니 속에선 별자리들이 어지럽게 움직이며 모든 것이 무사할 것이라 말하듯 날씨가 바뀌었다. 하나의 손이 또 다른 손에게 다가가 네가 나의 전부라며 가만히 안아줄 때.

—
에필로그

1부 우리는 성숙할 수 있을까

● **삶, 우주, 그리고 모든 것에 대한 해답**

1 더글러스 애덤스 저, 김선형·권진아 역,《은하수를 여행하는 히치하이
커를 위한 안내서》, 책세상, 2005년, 198~199쪽.

2 같은 책, 199쪽.

● **기생충의 예술과 철학**

1 나쓰메 소세키 저, 송태욱 역,《도련님》(나쓰메 소세키 소설 전집 2), 현암
사, 2013년, 149쪽.

2 미셸 투르니에 저, 이원복 역,《메테오르》1권, 서원, 2001년, 267쪽.

3 같은 책, 268쪽.

4 미셸 세르 저, 김웅권 역,《기식자》, 동문선, 2002년, 298~299쪽.

5 같은 책, 319쪽.

6 같은 곳.

● **반복, 인생의 역사와 예술의 비밀**

1 쇠얀 키르케고르 저, 임춘갑 역,《공포와 전율/반복》, 다산글방, 2007
  년. 383~384쪽.
2 프리드리히 횔덜린 저, 장영태 역,《엠페도클레스의 죽음》, 문학과지성
  사, 2019년, 63~91쪽.
3 G. W. F. 헤겔 저, 임석진 역,《정신현상학》1권, 한길사, 2005년, 44쪽.
4 얀 카이에르스 저, 홍은정 역,《베토벤》, 길, 2018년, 346쪽.
5 아우구스티누스 저, 성염 역,《고백록》, 경세원, 2016년, 383~384쪽.
6 마르틴 하이데거 저, 박휘근 역,《형이상학 입문》, 문예출판사, 1994년,
  75쪽.

- ## 자기기만, 영혼의 질병

1 폴 오스터 저, 황보석 역,《거대한 괴물》, 열린책들, 1996년, 199쪽.
2 같은 곳.
3 토마스 만 저, 장지연 역,《요셉과 그 형제들》, 4권, 살림, 2001년, 719쪽.
4 같은 책, 569쪽.
5 아벨라르·엘로이즈 저, 정봉구 역,《아벨라르와 엘로이즈》, 을유문화
  사, 1975년, 29쪽.
6 토마스 만 저, 김철자 역,《파우스트 박사》 상권, 학원사, 1984년,
  278~279쪽.

- ## 서양의 본질, 우울과 여행: 바다 이야기 1

1 발터 벤야민 저, 최성만 외 역,《독일 비애극의 원천》, 한길사, 2009년,
  223쪽.
2 같은 책, 208~209쪽.
3 블레즈 파스칼 저, 이환 역,《팡세》, 민음사, 2003년, 142~146쪽.
4 에마뉘엘 레비나스 저, 서동욱 역,《존재에서 존재자로》, 민음사, 2003
  년, 33쪽.
5 파트리크 쥐스킨트 저, 강명순 역,《향수》, 열린책들, 1991년, 176~
  177쪽.
6 에마뉘엘 레비나스 저,《존재에서 존재자로》, 34쪽.

7 샤를 보들레르 저, 윤영애 역,《악의 꽃》, 문학과지성사, 2003년, 163~164쪽.

8 같은 책, 325~327쪽.

9 허먼 멜빌 저, 김석희 역,《모비딕》, 작가정신, 2011년, 31쪽.

10 종말론적 신비주의자로서 콜럼버스의 면모에 대해서는 주경철 저,《크리스토퍼 콜럼버스》, 서울대학교출판문화원, 2013년 참조.

11 같은 책, 294쪽에서 재인용.

12 옴베르토 에코 저, 이윤기 역,《전날의 섬》상권, 열린책들, 1996년, 291쪽.

● 물과 바다의 철학: 바다 이야기 2

1 요한 볼프강 폰 괴테 저, 정서웅 역,《파우스트》2권, 민음사, 1999년, 201쪽.

2 요한 볼프강 폰 괴테 저, 박영구 역,《괴테의 이탈리아 기행》, 푸른숲, 1998년, 283쪽.

3 호메로스 저, 천병희 역,《오뒷세이아》, 숲, 2006년, 128쪽.

4 같은 책, 218쪽.

5 프리드리히 니체 저, 백승영 역,《차라투스트라는 이렇게 말했다》, 사색의 숲, 2022년, 167, 248, 415쪽.

6 게오르그 빌헬름 프리드리히 헤겔 저, 임석진 역,《법철학》, 한길사, 2008년, 431쪽.

7 같은 책, 432~433쪽.

8 같은 책, 433쪽.

9 칼 슈미트 저, 김남시 역,《땅과 바다》, 꾸리에, 2016년, 17쪽.

10 같은 책, 106쪽.

11 같은 책, 93쪽.

12 같은 책, 87쪽.

● 아이네아스, 보트피플의 로마 건국: 바다 이야기 3

1 호메로스 저, 천병희 역,《일리아스》, 숲, 2007년, 555쪽.

2 크리스토퍼 B. 크레브스 저, 이시은 역,《가장 위험한 책》, 민음인, 2012년, 117쪽.

철학은
날씨를
바꾼다

3 단테 알리기에리 저, 한형곤 역,《신곡》, 서해문집, 2005년, 47쪽.

4 베르길리우스 저, 천병희 역,《아이네이스》, 숲, 2007년, 88~91쪽.

5 같은 책, 99쪽.

6 같은 책, 113쪽 참조.

7 같은 책, 45쪽.

8 같은 책, 47쪽.

9 같은 책, 149쪽.

10 호메로스 저, 천병희 역,《오뒷세이아》, 숲, 2006년, 305쪽.

11 베르길리우스 저,《아이네이스》, 228쪽.

● 남녀관계는 평생의 학습을 요구한다

1 밀란 쿤데라 저, 김병욱 역,《불멸》(밀란 쿤데라 전집 7), 민음사, 2011년, 428~429쪽.

2 질 들뢰즈 저, 박기순 역,《스피노자의 철학》, 민음사, 1999년, 26~27쪽.

● 동물은 우리에게 무엇인가

1 디오게네스 라에르티오스 저, 김주일 외 역,《유명한 철학자들의 생애와 사상》2권, 나남, 2021년, 178쪽.

2 E. Levinas, "The Paradox of Morality," R. Bernasconi & D. Wood(eds.), *The Provocation of Levinas*, London & NewYork: Routredge, 1988, p.172.

3 J. Derrida, "'Il faut bien manger' ou le calcul du sujet," *Points de suspension*, Paris: Galilée, 1992, p.293.

4 린 화이트 저, 이유선 역, 〈생태계 위기의 역사적 기원〉,《과학사상》, 봄호, 1992년, 290쪽.

5 밀란 쿤데라 저, 이재룡 역,《참을 수 없는 존재의 가벼움》(밀란 쿤데라 전집 6), 민음사, 2011년(3판), 470쪽.

6 마르틴 부버 저, 표재명 역,《나와 너》, 문예출판사, 1977년, 140~142쪽.

7 자크 데리다 저, 최성희 외 역, 〈동물, 그러니까 나인 동물〉,《문화과학》, 76호, 2013년, 316쪽.

8 같은 책, 374쪽.

9   G. Deleuze, *Francis Bacon: Logique de la sensation*, Paris: Éd. de la différence, 1981, Tome. I, pp.20~21.

10 G. Deleuze & F. Guattari, *Kafka: Pour une littérature mineure*, Paris: Éd. de Minuit, 1975, p.24.

● 희생양 없는 사회를 향하여

1   르네 지라르 저, 김진식 역,《희생양》, 민음사, 2007년(신장판), 8쪽.

2   같은 책, 9쪽.

3   볼테르 저, 이봉지 역,《캉디드 혹은 낙관주의》, 열린책들, 2009년, 35쪽.

4   르네 지라르 저,《희생양》, 175쪽.

5   같은 책, 172쪽.

6   토마스 만 저, 장지연 역,《요셉과 그 형제들》4권, 살림, 2001년, 959쪽.

7   같은 책, 959~960쪽.

8   플루타르코스 저, 이성규 역,《플로타르코스 영웅전》, 1권, 현대지성, 2016년(2판), 216쪽 참조.

9   클로드 레비스트로스 저, 박옥줄 역,《슬픈열대》, 한길사, 1998년, 699쪽.

2부 세상을 견뎌내기 위하여

● 바보와 천재

1   볼테르 저, 사이에 역,《불온한 철학사전》, 민음사, 2015년, 314~315쪽.

2   임마누엘 칸트 저, 백종현 역,《판단력비판》, 아카넷, 2009년, 339쪽.

3   게오르그 빌헬름 프리드리히 헤겔 저, 두행숙 역,《헤겔의 미학강의》1권, 은행나무, 2010년, 493쪽 참조.

4   마르틴 하이데거 저, 신상희 역, 〈예술작품의 기원〉,《숲길》, 나남출판, 2008년, 111쪽.

5   미셸 푸코 저, 이규현 역,《광기의 역사》, 나남출판, 2003년, 109쪽.

6   표도르 도스토예프스키 저, 김근식 역,《백치》, 상권, 열린책들, 2000년, 33쪽 참조.

7   같은 책, 250쪽.

- 늑대인간
1   헤로도토스 저, 천병희 역,《역사》, 숲, 2009년, 422쪽.
2   지그문트 프로이트 저, 김명희 역,《늑대인간》(프로이트 전집 11), 열린책
    들, 1996년, 171~172쪽.
3   같은 책, 204쪽.
4   조르조 아감벤 저, 박진우 역,《호모 사케르》, 새물결, 2008년, 215쪽에
    서 재인용.
5   같은 책, 215쪽.
6   같은 책, 215쪽.
7   같은 책, 213쪽에서 재인용.

- 인공지능과 인공양심
1   한스 게오르그 가다머 저, 이길우 외 역,《진리와 방법》 1권, 문학동네,
    2012년, 59쪽.
2   질 들뢰즈 저, 서동욱 역,《칸트의 비판철학》, 민음사, 2006년, 112쪽
    참조.
3   한스 게오르그 가다머 저,《진리와 방법》 1권, 61쪽.
4   같은 책.
5   같은 책, 69쪽.

- 철학과 매스미디어
1   김수영 저,《김수영 전집 2-산문》, 민음사, 2018년, 730쪽.
2   마르틴 하이데거 저, 이기상 역,《진리의 본질에 관하여: 플라톤의 동굴
    의 비유와 테아이테토스》, 까치, 2004년, 94쪽.
3   마르틴 하이데거 저, 이기상 역,《존재와 시간》, 까치, 1998년, 236쪽.
4   같은 책, 177쪽.
5   같은 책, 237~238쪽 참조.
6   질 들뢰즈 저, 김종호 역,《대담 1972~1990》, 솔, 1993년, 144쪽.
7   질 들뢰즈 저, 이정하 역,《시네마 II: 시간-이미지》, 시각과 언어, 2005
    년, 522~523쪽 참조.
8   같은 책, 527쪽.
9   같은 책.

10 같은 책, 528쪽.

11 토마스 핀천 저, 김성곤 역, 《제49호 품목의 경매》, 민음사, 2007년, 218쪽(번역 수정).

● 철학자와 계몽군주

1 미셸 푸코 저, 심세광·전혜리 역, 《비판이란 무엇인가/자기수양》, 동녘, 2016년, 76~77쪽.

2 같은 책, 45쪽.

3 같은 책, 55쪽.

4 임마누엘 칸트 저, 홍우람 역, 〈계몽이란 무엇인가에 관한 답변〉, 《비판기 저작 I (1784~1794)》(한국칸트학회 기획 칸트전집 10), 한길사, 2019년, 39쪽.

5 같은 책, 46쪽.

6 같은 책, 41, 47쪽.

7 같은 책, 45쪽.

8 미셸 푸코 저, 《비판이란 무엇인가/자기수양》, 52쪽(대괄호-인용자).

9 같은 책, 53쪽.

10 스피노자 저, 이근세 역, 《스피노자 서간집》, 아카넷, 2018년, 288~289쪽.

11 스티븐 내들러 저, 김호경 역, 《스피노자》, 텍스트, 2011년, 581쪽.

12 스피노자 저, 《스피노자 서간집》, 290~291쪽.

● 서유기와 혹성탈출의 정치

1 오승은 저, 서울대학교 서유기 번역 연구회 역, 《서유기》 10권, 솔출판사, 2004년, 284~286쪽.

● 근대와 인간 주체의 탄생

1 위르겐 하버마스 저, 이진우 역, 《현대성의 철학적 담론》, 문예출판사, 1994년, 23쪽.

2 G.W.F. 헤겔 저, 임석진 역, 《정신현상학》 1권, 한길사, 2005년, 44쪽.

3 잠바티스타 비코 저, 조한욱 역, 《새로운 학문》, 아카넷, 2019년, 859~860쪽.

4 임마누엘 칸트 저, 백종현 역,《순수이성비판》1권, 아카넷, 2006년, 339쪽.

5 세키카와 나쓰오 저. 다니구치 지로 그림, 오주원 역,《도련님의 시대》3 권, 세미콜론, 2015년, 181쪽.

● **근대 이후, 하이브리드의 삶 또는 AI**

1 르네 데카르트 저, 이현복 역,《방법서설》, 문예출판사, 1997년, 68쪽.

2 위르겐 하버마스 저, 이진우 역,《현대성의 철학적 담론들》, 문예출판 사, 1994년, 379쪽.

3 같은 책, 375쪽.

4 미셸 푸코 외 저, 정일준 역,《자유를 향한 참을 수 없는 열망》, 새물결, 1999년, 65~66쪽.

5 브뤼노 라투르 저, 홍철기 역,《우리는 결코 근대인이었던 적이 없다》, 갈무리, 2009년, 341쪽.

6 같은 곳.

7 질베르 시몽동 저, 김재희 역,《기술적 대상들의 존재 양식에 대하여》, 그린비, 2011년, 10쪽.

8 같은 책, 345쪽.

9 브뤼노 라투르 저,《우리는 결코 근대인이었던 적이 없다》, 343쪽.

10 질 들뢰즈 저, 권영숙·조형근 역,《들뢰즈의 푸코》, 새길, 1995년, 136쪽.

3부 위안의 말

● **산책**

1 엠마누엘 레비나스 저, 강영안 역,《시간과 타자》, 문예출판사, 1996년, 65쪽.

2 장자크 루소 저, 문경자 역,《고독한 산책자의 몽상》, 문학동네, 2016년, 14~15쪽.

3 케리 앤드류스 저, 박산호 역,《자기만의 산책》, 예문아카이브, 2022년, 206쪽에서 재인용.

4 프리드리히 니체 저, 안성찬·홍사현 역,《즐거운 학문 메시나에서의 전 원시 유고(1881년 봄-1882년 여름)》(니체전집 12), 책세상, 2005년, 366쪽.

5 같은 책, 366~367쪽.

6 같은 책, 367쪽.

7 로베르트 발저 저, 배수아 역,《산책자》, 한겨레출판, 2017년, 339~340쪽.

8 같은 책, 309쪽.

● 염세주의

1 이하 저, 이동향 역,〈진상陳商에게〉,《이하시선》, 민음사, 1976년, 64쪽.

2 이하 저, 송행근 역,〈상심해서 부르는 노래〉,《이하시선집》, 문자향, 2003년, 97쪽.

3 윌리엄 셰익스피어 저, 최종철 역,《맥베스》, 민음사, 1993년, 156쪽.

4 윌리엄 셰익스피어 저, 최종철 역,《리어왕》, 민음사, 1997년, 192쪽.

5 테오도르 아도르노 저, 이정하 역,《말러-음악적 인상학》, 책세상, 2004 년, 290쪽.

6 같은 책, 292쪽.

7 옌스 말테 피셔 저, 이정하 역,《구스타프 말러-위대한 세기말의 거장》 2권, 을유문화사, 2018년, 683쪽.

8 루크레티우스 저, 강대진 역,《사물의 본성에 관하여》, 아카넷, 2012년, 112쪽.

9 아르투어 쇼펜하우어 저, 홍성광 역,《의지와 표상으로서의 세계》, 을유 문화사, 2019년, 426쪽.

10 같은 책, 426쪽.

11 같은 책, 527쪽.

12 같은 책, 543쪽.

13 같은 책, 527쪽.

- 유머

1 지그문트 프로이트 저, 정장진 역, 〈유머〉, 《창조적인 작가와 몽상》(프로이트 전집 18), 열린책들, 1996년, 17쪽.

2 움베르토 에코 저, 이윤기 역, 《장미의 이름》, 열린책들, 2016년, 823쪽.

3 같은 책, 834~836쪽.

4 앙리 베르그송 저, 정연복 역, 《웃음》, 문학과지성사, 2021년, 52~53쪽.

5 같은 책, 29쪽.

6 같은 책, 207쪽.

7 프리드리히 니체 저, 백승영 역, 《차라투스트라는 이렇게 말했다》, 사색의숲, 2022년, 374쪽.

8 질 들뢰즈 저, 김종호 역, 《대담 1972~1990》, 솔, 1993년, 144쪽.

9 디오게네스 라에르티오스 저, 《유명한 철학자들의 생애와 사상》 2권, 나남, 2021년, 130~135쪽 참조.

10 질 들뢰즈 저, 이정우 역, 《의미의 논리》, 한길사, 1999년, 239~240쪽.

11 플라톤 저, 박종현 역, 《국가》, 서광사, 1997년, 79쪽 참조.

12 지그문트 프로이트 저, 《창조적인 작가와 몽상》, 14쪽.

13 같은 책, 17쪽.

14 같은 책, 17쪽.

15 가라타니 고진 저, 박유하 역, 《일본근대문학의 기원》, 민음사, 1997년, 237쪽(대괄호-인용자).

16 밀란 쿤데라 저, 김병욱 역, 《배신당한 유언들》(밀란 쿤데라 전집 12), 민음사, 2013년, 50~51쪽.

- 기차 이야기

1 W. G. 제발트 저, 안미현 역, 《아우스터리츠》, 을유문화사, 2009년, 247쪽.

2 쇠얀 키르케고르 저, 임춘갑 역, 《공포와 전율/반복》, 다산글방, 2007년, 267~268쪽.

3 같은 책, 273쪽.

4 클레어 칼라일 저, 임규정 역, 《마음의 철학자》, 사월의책, 2022년, 31쪽.

5 레프 니콜라예비치 톨스토이 저, 연진희 역,《안나 카레니나》, 민음사, 2019년, 1429~1430쪽.

6 같은 책, 202~203쪽.

7 미야자와 겐지 저, 심종숙 역,《은하철도의 밤》, 북치는마을, 2004년, 43쪽.

8 나쓰메 소세키 저, 송태욱 역,《산시로》(나쓰메 소세키 소설 전집 7), 현암사, 2014년, 18쪽.

9 나쓰메 소세키 저, 송태욱 역,《풀베개》(나쓰메 소세키 소설 전집 3), 현암사, 2013년, 182~183쪽.

10 마르셀 프루스트 저, 김희영 역,《잃어버린 시간을 찾아서》, 4권, 민음사, 2014년, 31쪽.

11 질 들뢰즈 저, 서동욱·이충민 역,《프루스트와 기호들》, 민음사, 2004년, 194~195쪽.

- 피젯스피너와 너무 지친 인간

1 프란츠 카프카 저, 이주동 역, 〈가장家長의 근심〉,《변신》(카프카 전집 1), 솔, 1997년, 241~242쪽.

2 밀란 쿤데라 저, 이재룡 역,《참을 수 없는 존재의 가벼움》(밀란 쿤데라 전집 6), 민음사, 2011년(3판), 483쪽.

- 혼밥

1 김지하 저,《밥》, 분도출판사, 1984년, 74쪽.

2 황지우 저, 〈거룩한 식사〉,《어느 날 나는 흐린 酒店에 앉아 있을 거다》, 문학과지성사, 1998년, 50쪽.

3 마르셀 프루스트 저, 김희영 역,《잃어버린 시간을 찾아서》 4권, 민음사, 2014년, 307쪽.

4 같은 책, 312쪽.

5 얀 카이에르스 저, 홍은정 역,《베토벤》, 길, 2018년, 533~534쪽.

6 같은 책, 717~718쪽.

7 뤼디거 자프란스키 저, 정상원 역,《쇼펜하우어 전기》, 꿈결, 2018년, 537~538쪽.

8 스티븐 내들러 저, 김호경 역,《스피노자》, 텍스트, 2011년, 493쪽에서 재인용(대괄호- 인용자).

9 같은 곳.

10 나쓰메 소세키 저, 송태욱 역, 《도련님》(나쓰메 소세키 소설 전집 2), 현암
    사, 2013년, 47쪽.

11 무라카미 하루키 저, 양억관 역, 《노르웨이의 숲》, 민음사, 2013년, 91쪽.

12 같은 책, 159쪽.

● 바람과 허파의 철학

1 루크레티우스 저, 강대진 역, 《사물의 본성에 관하여》, 아카넷, 2012년,
    507쪽.

2 호메로스 저, 천병희 역, 《일리아스》, 숲, 2007년, 157쪽.

3 슈테판 츠바이크 저, 원당희 외 역, 《천재와 광기》, 예하, 1993년, 279쪽.

4 박완서 저, 〈사랑의 입김〉, 《살아 있는 날의 소망》(박완서 산문집 4), 문학
    동네, 2015년, 31~34쪽.

5 E. Levinas, *Autrement qu'être ou au-delàde l'essence*, la haye:
    Martinus Nijhoff, 1974, p.228.

● 《홍루몽》의 시회

1 조설근 저, 안의운 · 김광렬 역, 《홍루몽》, 3권, 청년사, 1990년, 75쪽.

2 마르틴 하이데거 저, 신상희 역, 〈예술작품의 기원〉, 《숲길》, 나남, 2008
    년, 84쪽(대괄호-인용자).

4부 예술과 세월과 그 그림자

● 느려질 권리

1 질 들뢰즈 저, 김상환 역, 《차이와 반복》, 민음사, 2004년, 463~464쪽.

2 같은 책, 463쪽 참조.

3 밀란 쿤데라 저, 김병욱 역, 《느림》, 민음사, 2012년(2판), 9쪽.

4 마르틴 하이데거 저, 이기상 역, 《존재와 시간》, 까치, 1998년, 534쪽.

5 밀란 쿤데라 저, 《느림》, 102쪽.

6 같은 책, 176쪽.

- **환생 이야기**

1 풍몽룡 저, 김진곤 역, 〈명오선사가 오계선사를 제도하다〉, 《유세명언》 3권, 민음사, 2020년, 39~75쪽.
2 같은 책, 58쪽.
3 소소생 저, 강태권 역, 《금병매》 10권, 솔, 2002년, 310쪽.
4 디오게네스 라에르티오스 저, 《유명한 철학자들의 생애와 사상》 2권, 나남, 2021년, 151~152, 178쪽 참조.
5 제임스 조이스 저, 김종건 역, 《율리시즈》 상권, 범우사, 1988년, 140~141쪽.
6 제임스 조이스 저, 《율리시즈》 중권, 216쪽.
7 질 들뢰즈 저, 김상환 역, 《차이와 반복》, 민음사, 2004년, 198쪽.
8 질 들뢰즈 저, 이정하 역, 《시네마》 2권, 시각과 언어, 2005년, 235쪽.
9 질 들뢰즈 저, 김재인 역, 《베르그송주의》, 문학과지성사, 1996년, 105쪽.

- **쓰레기의 철학**

1 플라톤 저, 천병희 역, 〈파르메니데스〉, 《플라톤의 다섯 대화편》, 숲, 2016년, 482~483쪽.
2 같은 책, 483쪽.
3 에마뉘엘 레비나스 저, 김도형 외 역, 《전체성과 무한》, 그린비, 2018년, 98쪽(번역 수정).
4 보들레르 저, 윤영애 역, 《악의 꽃》, 문학과지성사, 2003년, 269~270쪽.
5 T. S. 엘리엇 저, 황동규 역, 《황무지》, 민음사, 2017년, 69쪽.
6 발터 벤야민 저, 조형준 역, 《아케이드 프로젝트》 1권, 새물결, 2005년, 864~865쪽.
7 같은 책, 855쪽.
8 자크 랑시에르 저, 유재홍 역, 《문학의 정치》, 인간사랑, 2011년, 38쪽.
9 같은 책, 33쪽.
10 미셸 투르니에 저, 이원복 역, 《메테오르》 1권, 서원, 2001년, 112쪽.
11 같은 책, 113쪽.

- 디자인, 예술로서의 장식품

1 임마누엘 칸트 저, 백종현 역, 《판단력비판》, 14절, 아카넷, 2009년, 219~223쪽 참조.
2 J. Derrida, *La véritéen peinture*, Paris: Flammarion, 1978, p.69.
3 한스 게오르크 가다머 저, 이길우 외 역, 《진리와 방법》 1권, 문학동네, 2012년(개정판), 225쪽.
4 같은 책, 223~224쪽.

- 인생의 빛나는 한순간

1 위르겐 하버마스 저, 이진우 역, 《현대성의 철학적 담론》, 문예출판사, 1994년, 33쪽.
2 움베르토 에코 저, 이윤기 역, 《푸코의 추》 하권, 열린책들, 1990년, 813쪽.
3 장자크 루소 저, 문경자 역, 《고독한 산책자의 몽상》, 문학동네, 2016년, 163~164쪽.
4 같은 책, 166쪽.
5 움베르토 에코 저, 《푸코의 추》 하권, 813쪽.
6 마르셀 프루스트 저, 김희영 역, 《잃어버린 시간을 찾아서》 1권, 민음사, 2012년, 91쪽.
7 발터 벤야민 저, 김영옥·황현산 역, 《보들레르 작품에 나타난 제2제정기의 파리/보들레의 몇 가지 모티브에 관하여 외》(발터 벤야민 선집 4권), 길, 2010년, 221쪽.
8 같은 책, 167쪽.
9 위르겐 하버마스 저, 《현대성의 철학적 담론》, 28쪽(대괄호- 인용자).
10 발터 벤야민 저, 최성만 역, 《역사의 개념에 대하여 외》(발터 벤야민 선집 5권), 길, 2008, 333~334쪽.
11 질 들뢰즈 저, 김상환 역, 《차이와 반복》, 민음사, 2004년, 211쪽 이하 참조.

- 나이 드는 인간을 위한 철학

1 요한 볼프강 폰 괴테 저, 정서웅 역, 《파우스트》 2권, 민음사, 1999년, 364쪽.
2 같은 책, 84쪽.
3 호메로스 저, 천병희 역, 《오뒷세이아》, 솔, 2006년, 125쪽.
4 게오르그 빌헬름 프리드리히 헤겔 저, 임석진 역, 《법철학》, 한길사, 2008년, 53쪽.
5 같은 책, 54쪽.
6 마르셀 프루스트 저, 김희영 역, 《잃어버린 시간을 찾아서》 1권, 민음사, 2012년, 86쪽.
7 W. G. 제발트 저, 이재영 역, 《토성의 고리》, 창비, 2019년, 208쪽.

- 레트로마니아 또는 수집가

1 오느레 드 발자크 저, 정예영 역, 《사촌 퐁스》, 을유문화사, 2018년, 164쪽.
2 슈테판 츠바이크 저, 안인희 역, 《발자크 평전》, 푸른숲, 1998년, 584쪽.
3 같은 책, 595쪽.
4 발터 벤야민 저, 최성만 역, 《역사의 개념에 대하여 외》(발터 벤야민 선집 5), 길, 2008년, 318쪽(대괄호- 인용자).
5 같은 책, 319쪽.
6 무라카미 하루키 저, 윤성원 역, 《1973년의 핀볼》, 문학사상사, 2007년, 198쪽.

- 죽음을 어떻게 볼 것인가

1 R. 프리덴탈 저, 곽복록 역, 《괴테―생애와 시대》, 평민사, 1985년, 850쪽.
2 호메로스 저, 천병희 역, 《오뒷세이아》, 숲, 2006년, 258쪽.
3 프리드리히 니체 저, 백승영 역, 《바그너의 경우. 우상의 황혼. 안티크리스트. 이 사람을 보라. 디오니소스 송가. 니체 대 바그너》(니체전집 15), 책세상, 2002년, 310쪽.
4 호르헤 루이스 보르헤스 저, 황병하 역, 〈죽지 않는 사람들〉, 《알렙》(보르헤스 전집 3), 민음사, 1989년, 26쪽.

5 지그문트 프로이트 저, 박찬부 역,《쾌락원칙을 넘어서》(프로이트 전집 14), 열린책들, 1997년, 53~54쪽.

6 같은 책, 87쪽.

7 같은 곳.

● 축제

1 요한 하위징아 저, 이종인 역,《호모 루덴스》, 연암서가, 2018년, 67쪽.

2 한스 게오르그 가다머 저, 이길우 외 역,《진리와 방법》1권, 문학동네, 2012년(개정판), 153~154쪽.

3 토마스 만 저, 장지연 역,《요셉과 그 형제들》2권, 살림, 2001년, 108~110쪽.

4 토마스 만 저,《요셉과 그 형제들》3권, 53쪽.

5 토마스 만 저,《요셉과 그 형제들》2권, 109쪽.

6 한스 게오르그 가다머 저,《진리와 방법》1권, 178~179쪽.

철학은

날씨를
바꾼다